neukirchener
theologie

Theologische Bibliothek

Herausgegeben von
Christoph Auffarth / Irene Dingel /
Bernd Janowski / Friedrich Schweitzer /
Christoph Schwöbel und Michael Wolter

Band II
Friedrich Schweitzer
Bildung

Friedrich Schweitzer

Bildung

Neukirchener Theologie

MIX
Papier aus verantwortungsvollen Quellen
FSC® C016439

Dieses Buch wurde auf FSC®-zertifiziertem Papier gedruckt. FSC® (Forest Stewardship Council) ist eine nichtstaatliche, gemeinnützige Organisation, die sich für eine ökologische und sozialverantwortliche Nutzung der Wälder unserer Erde einsetzt.

Bibliografische Information der Deutschen Nationalbibliothek

Die Deutsche Nationalbibliothek verzeichnet diese Publikation in der Deutschen Nationalbibliografie; detaillierte bibliografische Daten sind im Internet über http://dnb.d-nb.de abrufbar.

Lektorat: Ekkehard Starke
DTP: Breklumer Print-Service
Gesamtherstellung: Hubert & Co., Göttingen
Printed in Germany
ISBN 978-3-7887-2821-2 (Print)
ISBN 978-3-7887-2822-9 (E-Book-PDF)
ISBN 978-3-7887-2777-2 (E-Pub)

www.neukirchener-verlage.de

Vorwort

Was hat Bildung mit Religion zu tun? Trifft es zu, dass im Bildungsverständnis greifbar wird, woran sich eine Gesellschaft letztlich orientieren will – etwa in der Gestalt von Zielsetzungen, in denen sich Bilder von Mensch und Wirklichkeit sowie von Zukunft und Hoffnung Ausdruck verschaffen? Oder kann Bildung überhaupt nur noch säkular gedacht werden?

Obwohl Bildung als „Mega-Thema" und Schlüsselproblem gilt sowie als eine Ressource für das individuelle ebenso wie für das gesellschaftliche Leben, sind dies eher ungewöhnliche Fragen. Sie stehen quer zum geläufigen Bildungsdiskurs und wirken sperrig. Zugleich bedeuten sie – so die These dieses Buches – eine Bereicherung des Bildungsdenkens, weil sie Horizonte vergegenwärtigen, die einer drohenden Verflachung und Verengung des Bildungsverständnisses entgegenwirken können.

Das Bildungsverständnis schwankt seit der Aufklärungszeit immer wieder zwischen einer entschiedenen Verpflichtung auf Rationalität und Säkularität auf der einen und religiösen Begründungen und Ausdeutungen auf der anderen Seite. Zumindest in gewisser Hinsicht schließt schon der Bildungsbegriff selbst eine religiöse Dimension ein, die immer wieder besonderes Interesse geweckt und doch zugleich auch Befürchtungen sowie Ablösungsbewegungen gegenüber allen religiösen Bestimmungen ausgelöst hat. So steht das Bildungsverständnis zwischen den Polen von Religiosität und Säkularität, von existenziellen Grundüberzeugungen und Ansprüchen auf allgemeine Rationalität. Derzeit bedingt dabei der Kontext religiös-weltanschaulicher Vielfalt in unserer Gesellschaft eine gleichsam neue Runde in der Bildungsdiskussion, die in veränderter Weise nach den religiösen Verwurzelungen unterschiedlicher Bildungsverständnisse fragen lässt, beispielsweise im Christentum und im Islam. Insofern gewinnt der Zusammenhang von Bildung und Religion an Aktualität und zieht verstärkt Aufmerksamkeit auf sich.

So freue ich mich, dass dieses Buch als zweiter Band in der Reihe „Theologische Bibliothek" erscheinen kann. Zu besonderem Dank verpflichtet bin ich den Tübinger Kollegen Bernd Janowski und Christoph Schwöbel, die den Aufriss des Buches kommentiert und Anregungen zu einer früheren Fassung gegeben haben. Ebenfalls danken möchte ich unserem Tübinger religionspädagogischen Kolloquium, mit dem Teile des Manuskripts diskutiert werden konnten – mit dem Ergebnis wichtiger Anregungen, vor allem aber der Ermutigung für den Autor, das Buch tatsächlich zu Ende zu schreiben. Lara Beiermeister und Daniela Rühle waren als studentische Mitarbeiterinnen wieder bereit, die Aufgabe erster Leserinnen zu übernehmen. Für ihre Sorgfalt und Genauigkeit bin ich ihnen sehr verpflichtet. In anderer Weise bin ich der Bildungskammer der EKD verpflichtet, in der parallel zu diesem Buch die Denkschrift „Religiöse Orientierung gewinnen. Evangelischer Religionsunterricht als Beitrag zu einer pluralitätsfähigen Schule" erarbeitet wurde. Nicht zuletzt danke ich dem Verlag sowie Ekkehard Starke im Lektorat für die gewohnt gute Betreuung.

Tübingen, im Frühjahr 2014 Friedrich Schweitzer

Inhalt

I. Bildung als Thema der Theologie? Einleitende Überlegungen

Ist Bildung eine Angelegenheit des Glaubens? Was hat Religion mit dem heute maßgeblichen Bildungsdiskurs zu tun? Ein Band zu „Bildung“, der in einer „Theologischen Bibliothek“ erscheint, kann viele Fragen aufwerfen.

Dass Bildung und Glaube, Religion und Theologie zusammengehören, verstand sich allerdings lange Zeit von selbst. Das gilt ebenso für Religion als Gegenstand und Thema der Bildung wie, jedenfalls in der Vergangenheit, auch für das Interesse an Bildung insgesamt, das immer wieder auf religiöse Motive verweist. Insbesondere der Protestantismus galt als eine Quelle für ein ausgeprägtes Interesse an Bildung, das sich nicht nur an zahlreichen Biographien ablesen lässt, sondern das auch durch bildungssoziologische Studien bis weit hinein ins 20. Jahrhundert belegt wird.

In der Gegenwart ist der Zusammenhang von Bildung und Glaube, Religion und Theologie demgegenüber eher in den Hintergrund getreten. Fast könnte man von einem vergessenen Zusammenhang sprechen, der eigentlich nur noch von historischer Bedeutung erscheint und eben deshalb, weil Bildung heute vor allem mit Zukunft und Zukunftsherausforderungen assoziiert wird, nur mehr wenig Aufmerksamkeit auf sich zieht.

Doch ist dies offenbar nur die eine Seite der Medaille. Denn während der traditionelle religiöse Horizont des Bildungsverständnisses in Vergessenheit gerät, treten gerade in unserer eigenen Gegenwart Fragen und Probleme auf, die ohne den Beitrag der Theologie kaum angemessen bearbeitet oder wenigstens nicht erfolgreich gelöst werden können. Ein hervorgehobenes Beispiel für solche Probleme betrifft das Verhältnis von Glaube und Wissen. Dieses häufig als konflikthaft wahrgenommene Verhältnis ist besonders der neuzeitlichen Bildungsgeschichte eingeschrieben, in der Folge der Entwicklung der modernen Naturwissenschaft, aber auch der Geschichtswissenschaft, der Soziologie und der Psychologie oder, in neuester Zeit, auch der Gehirnforschung. Alle diese Disziplinen – und es ließen sich noch weitere anführen – bieten Erkenntnisse zu Bereichen, die früher dem Glauben vorbehalten schienen oder die den Glauben selbst erklären sollen – etwa als Produkt menschlicher Wunschvorstellungen, die der aufgeklärte Mensch nicht mehr zu hegen brauche. Im Zentrum steht dabei vielfach und exemplarisch das Verhältnis zwischen Schöpfungsglaube und Evolutionstheorie, mit dem sich sehr unterschiedliche Auffassungen des Menschen und damit auch seiner Bildung verbinden können. Die größte öffentliche Aufmerksamkeit erhält hier die fundamentalistische Reaktion, die eine Versöhnung zwischen Glaube und Wissen prinzipiell ausschließt und die auf dem Vorrang des Glaubens vor dem Wissen beharrt. Weil der religiöse Fundamentalismus kein privat-religiöses Phänomen darstellt, sondern in Politik und Öffentlichkeit eine nachhaltige Wirkung ausübt, kann er nicht einfach auf sich beruhen bleiben. Vielmehr stellt er auch die Bildung vor die Frage, wie der Konflikt zwischen Glaube und Wissen etwa durch gebildete Reflexion zumindest abgemildert werden kann.

Fundamentalistische Reaktionen sind nicht auf eine einzelne Religion beschränkt. Sie finden sich im Christentum ebenso wie im Judentum oder im Islam sowie in anderen Religionen. Das erinnert zugleich daran, dass der Zusammenhang von Bildung und Glaube oder Religion heute im Blick auf die multireligiöse Situation in unserer Gesellschaft analysiert und erörtert werden muss. Anders als in früheren Zeiten ist dabei nicht mehr automatisch an das Christentum zu denken, jedenfalls nicht ausschließlich. Bemerkenswerterweise werden gerade dadurch die religiösen Voraussetzungen von Bildung in neuer Weise interessant und klärungsbedürftig. Solange in Deutschland und Zentraleuropa ein christlicher Hintergrund als selbstverständlich vorausgesetzt werden konnte, musste darüber kaum weiter nachgedacht werden. Dies erklärt, warum die vielfach in der Erziehungswissenschaft bis heute als maßgeblich angesehenen bildungstheoretischen Entwürfe auch in ihrer neuzeitlichen, sich nicht auf die Theologie berufenden Gestalt ganz selbstverständlich von einem christlichen Menschenbild geprägt sind. Exemplarisch abzulesen ist dies an der Wahrnehmung des Kindes, dessen für die Pädagogik weithin als fraglos gültig angesehene Hochschätzung sich im Kulturvergleich kaum ohne den Einfluss der biblischen Überlieferung und des Christentums erklären lässt. Besonders manifest ist dies für viele Kulturen des Altertums, in denen es ohne weiteres möglich war, ein nicht gewolltes Kind auszusetzen und damit einem baldigen Tod preiszugeben – ein Schicksal, das wohl besonders Mädchen traf.[1]

---

1 Vgl. etwa *Weber*, Jesus und die Kinder; *Müller*, In der Mitte; *Bunge (Hg.)*, The Child.

Religiös bestimmte Menschenbilder betreffen nicht nur das Kind, sondern den Bildungsprozess insgesamt, beispielsweise in seinen Zielen. Vielfach blieb dies in der Vergangenheit eine selbstverständliche Voraussetzung, über die nicht weiter diskutiert werden musste. In einer multireligiösen Situation hingegen verlieren religiöse Prägungen ihre Selbstverständlichkeit. Genauer gesagt werden solche Prägungen in ihrer keineswegs alternativlosen Bestimmtheit allererst sichtbar und damit neu klärungs- und begründungsbedürftig.

Solche Beobachtungen machen auch verständlich, warum wir überhaupt von einem Zusammenhang zwischen Bildung und Glaube, Religion und Theologie sprechen müssen. Im Folgenden wird nach der Bedeutung des christlichen Glaubens gefragt, der das westliche Bildungsverständnis entscheidend beeinflusst hat. Zugleich reicht die religiöse Dimension nicht erst seit heute über das Christentum hinaus, sowohl im Blick auf individuelle Glaubensüberzeugungen, die sich selbst nicht ohne weiteres als christlich oder kirchlich verstehen, als auch hinsichtlich nichtchristlicher Religionen. In der Theologie schließlich begegnen wir der Disziplin, die sich in wissenschaftlicher Weise mit dem Verständnis des christlichen Glaubens sowie anderer religiöser Überzeugungen befasst. Die Expertise dieser Disziplin soll in den nachfolgenden Kapiteln zur Geltung kommen.

Beispielsweise wird der in dem biblischen Buch Sprüche Salomos enthaltene Satz „Die Furcht des Herrn ist der Anfang der Erkenntnis“ (Spr 1,7) in der Geschichte des Bildungsdenkens immer wieder zitiert. Er gehört zur biblischen Weisheitsliteratur. Schon in Sprüche 1,2 heißt es: „um zu lernen Weisheit und Zucht und zu verstehen verständige Rede“. Was aber ist damit genau gemeint? Welche Art von Weisheit wird hier versprochen? Und was hat das mit Bildung zu tun? Eine Klärung solcher Fragen, die für die Geschichte des Bildungsdenkens von erheblicher Bedeutung waren, wird immer wieder auch die Theologie als Gesprächspartner ins Spiel bringen. Doch kann es nicht bei historischen Zusammenhängen bleiben, wenn auch für unsere Gegenwart plausibel werden soll, dass die Theologie in weiterführender Weise zum Bildungsverständnis beitragen kann. Der historische Sachverhalt besitzt zwar auch im Falle der Geschichte des Bildungsverständnisses ein eigenes Gewicht. Er bleibt eindrucksvoll und kann inspirierend wirken, aber Konsequenzen für unsere Gegenwart ergeben sich nach heutiger Auffassung daraus zumindest nicht in unmittelbarer Weise. Deshalb ist diese Darstellung von vornherein nicht allein historisch ausgerichtet, sondern fragt zugleich nach Sachzusammenhängen im Blick auf die Gegenwart.

Bildung als Thema der Theologie verstehen zu wollen kann allerdings auch Befürchtungen auslösen, und dies sowohl in der Erziehungswissenschaft als auch in der Theologie selbst. Denn theologische Bestimmungen des Bildungsverständnisses sind in der Erziehungswissenschaft nicht einfach nur vergessen. Vielmehr werden sie, mit dem Anspruch auf pädagogische Autonomie, also auf eine von religiösen Bestimmungen und Autoritäten unabhängige Erziehungswissenschaft, vielfach auch ausdrücklich abgelehnt. Die Erziehungswissenschaft der Gegenwart will sich nicht von religiösen Überzeugungen oder Weltanschauungen leiten lassen, sondern möchte ihr eigenes Bildungsverständnis begründen.

Wird erziehungswissenschaftlich jede Form einer

theologischen Kolonisierung entschieden abgelehnt, so steht dem auf Seiten der Theologie die komplementäre Befürchtung einer *Pädagogisierung des Glaubens* gegenüber. Eine solche Pädagogisierung wurde in der Vergangenheit besonders im Blick auf das Menschenbild wahrgenommen, das sich ganz unvermeidlich mit einer Bildungstheorie verbindet. Das für den christlichen Glauben leitende Verständnis der Vollendung des Menschen, so der theologische Einwand, widerspreche jedem Versuch, diese Vollendung als Resultat eines pädagogischen Bildungshandelns zu verstehen. Dabei würden die menschlichen Möglichkeiten in unangemessener Weise idealisiert. In der Sicht des Glaubens kann nur Gott selbst den Menschen vollenden.

Angesichts dieser doppelten Befürchtung sei schon an dieser Stelle hervorgehoben, dass im Folgenden beides konsequent vermieden werden soll – eine theologische Bevormundung der Erziehungswissenschaft ebenso wie eine idealistische Entgrenzung der Pädagogik. Stattdessen gehe ich davon aus, dass Erkenntnisgewinne gerade dann zu erwarten sind, wenn beide Perspektiven, die der Erziehungswissenschaft und die der Theologie, in ihrem jeweils eigenen Recht gewahrt und berücksichtigt werden. Denn unter dieser Voraussetzung wird es erst möglich, denselben Sachverhalt – in unserem Falle also Bildung – aus verschiedenen Blickwinkeln zu betrachten und Neues zu entdecken. So gesehen ist es gerade die bleibende Perspektivendifferenz, die auch für das Bildungsthema neue Einsichten erbringen kann.

Unter dieser Voraussetzung ist von vornherein ausgeschlossen, dass Bildung nun beispielsweise als „eigentlich theologisches" Thema herausgestellt oder dass hier überhaupt theologische Besitzansprüche erhoben werden sollen. Auch wenn im Folgenden etwa auf die religiösen oder theologischen Wurzeln des Bildungsbegriffs hinzuweisen ist, liegt das Ziel keineswegs in einer Art ohnehin nicht aussichtsreichen „Heimholung" im besserwisserischen Gestus der Überlegenheit. Stattdessen soll es durchweg darum gehen zu zeigen, wie eine theologische Perspektive das Bildungsverständnis bereichern kann.

Am Beginn des 21. Jahrhunderts ist die Bildungsdiskussion durch ein neues Interesse an empirischen Befunden und Einsichten geprägt. Dafür steht die empirische Bildungsforschung, die als Disziplin in den letzten Jahren, nicht zuletzt im Anschluss an die PISA-Untersuchungen, weithin einen enormen Aufschwung erfahren hat. Auch vor diesem Hintergrund könnte die Intention der vorliegenden Darstellung missverstanden werden. Der Versuch, Bildung als Thema der Theologie zu begreifen, verweist zwar von Anfang an darauf, dass sich das Bildungsverständnis nicht mit empirischen Untersuchungen allein klären lässt. Insofern geht es tatsächlich um Aspekte und Dimensionen von Bildung, die heute leicht übergangen werden. Es wäre aber keineswegs sinnvoll, darin eine Alternative zu empirischen Zugangsweisen sehen zu wollen. Denn zum einen lässt sich der Zusammenhang zwischen Bildung und Religion durchaus auch empirisch untersuchen; und zum anderen gilt auch im Blick auf die empirische Bildungsforschung meine bereits oben formulierte These, dass es um eine theologische Bereicherung und nicht um einen theologischen Besitzanspruch gehen muss.

Damit ist zugleich die Theologie nicht nur angesprochen, sondern mit einer Anforderung konfrontiert, die sich nicht immer von selbst versteht. Im

Blick auf die Theologie soll deutlich werden, dass das Thema Bildung keineswegs als ein Spezialthema anzusehen ist, das etwa nur die Disziplin der Religionspädagogik betrifft. Im Folgenden beziehe ich mich bewusst auf alle Disziplinen der Theologie – vom Alten und Neuen Testament über die Kirchengeschichte bis hin zur Systematischen Theologie und Religionswissenschaft. Alle diese Disziplinen tragen mit ihren Erkenntnissen zum Bildungsverständnis in seinen verschiedenen Voraussetzungen und Dimensionen bei. Dies begründet zugleich die Auffassung, dass alle diese Disziplinen – und damit die Theologie insgesamt – das Bildungsthema stärker aufnehmen sollten, als es in der Vergangenheit weithin der Fall war. Denn offenbar werden bei diesem Thema Fragen verhandelt, die konstitutiv zum Gegenstand der Theologie gehören. Darüber hinaus bieten sich hier Chancen einer interdisziplinären Kooperation mit anderen Wissenschaften, die sich auf das Bildungsverständnis beziehen.

Zu manchen Zeiten – vor allem im zweiten Drittel des 20. Jahrhunderts, dessen Entwicklungen das Bild von Theologie in der Wissenschaft bis heute vielfach zu prägen scheinen – hat sich die Theologie allerdings besonders auf die Formulierung grundlegender Anfragen an den Bildungsbegriff konzentriert. Im Vordergrund stand dabei der bereits genannte Verdacht einer Idealisierung und einer Überhöhung der menschlichen Möglichkeiten im Sinne einer Vervollkommnung durch Bildung. Diese theologische Bildungskritik ist in der Literatur mehrfach dargestellt worden und soll deshalb hier nicht erneut zu einem eigenen Thema gemacht werden.[2] Dafür spricht auch die Beobachtung,

---

[2] Vgl. zuletzt ausführlich *Preul,* Evangelische Bildungstheorie, 33ff.

dass diese Form der theologischen Fundamentalkritik inzwischen überholt ist. Sie war auf eine durch den Idealismus geprägte pädagogische Diskussionslage bezogen, die es in dieser Form heute nicht mehr gibt, und sie folgt einer theologischen Sichtweise, die sich als wenig gesprächsfähig erwiesen hat. Der kritische Akzent meiner eigenen Darstellung erwächst von vornherein nicht aus einer Ablehnung des Bildungsbegriffs, sondern aus dem Ziel, das Bildungsverständnis theologisch zu präzisieren und zu erweitern. Bildung wird dadurch nicht zu einer Glaubensfrage, wird aber als ein Thema erkennbar, zu dessen reicherem Verständnis auch die Theologie beizutragen vermag.

Vor diesem Hintergrund lässt sich nun auch der Aufbau des Bandes erläutern:

- Das Verhältnis von Bildung und Theologie soll im Folgenden zunächst als ein *geschichtlicher Zusammenhang* in Erinnerung gerufen werden. Angefangen bei den religiösen Wurzeln schon des Bildungsbegriffs selbst über biblische und christentumsgeschichtliche Entwicklungen bis hin zu unserer eigenen Gegenwart kann so die These begründet werden, dass sich das Bildungsverständnis, wie es bis heute zumindest hintergründig wirksam geblieben ist, ohne seinen biblischen und christlichen Hintergrund gar nicht erfassen lässt.
- Über diesen geschichtlichen Befund hinaus soll in einem weiteren Teil gezeigt werden, dass die Zusammenhänge zwischen Bildung und Glaube, Religion und Theologie eine *bleibende sachliche Bedeutung* besitzen. Entsprechend wird hier die Auffassung vertreten, dass eine Bildungstheorie, die ihre eigene Thematik umfassend klären möchte, an theologischen Fragen kaum vorbeigehen kann.

Zumindest müsste dafür auf eine mögliche Bereicherung des Bildungsverständnisses verzichtet und ein empfindlicher Verlust an Wahrnehmungs- und Klärungsfähigkeit in Kauf genommen werden.

- Nach heutigem Verständnis sind solche Argumente freilich erst dann überzeugend, wenn sich daraus auch *praktische Konsequenzen* ergeben. Mitunter wird in der Erziehungswissenschaft ausdrücklich gegen theologische Bestimmungsversuche von Bildung eingewendet, dass es sich dabei bestenfalls um eine Rhetorik handele, die in praktischer Hinsicht weithin folgenlos bleibe. Darüber zu streiten lohne sich deshalb nicht mehr. Gegenüber solchen Auffassungen muss die These belegt werden, dass die bewusste Wahrnehmung des Zusammenhangs von Bildung und Glaube, Religion und Theologie gerade auch für die Praxis Konsequenzen zeitigt, die keineswegs als gleichgültig abgetan werden können – nicht zuletzt aus erziehungswissenschaftlicher Sicht.
- Am Ende lässt sich die Absicht meiner Darstellung anhand der Frage nach den Grenzen noch einmal bündeln und weiter zuspitzen, indem der doppelte Zusammenhang von *Entgrenzung und Begrenzung* des Bildungsverständnisses im Blick auf Transzendenz pointiert wird. Denn der Bezug auf Transzendenz verspricht beides, sowohl ein erweitertes Verständnis von Bildung als auch die Identifikation einer heilsamen Grenze – als Möglichkeit der Unterbrechung jener Steigerungslogik, die dem Bildungsbegriff vor allem in der Neuzeit eingeschrieben ist.

Der – mögliche – Gewinn einer solchen Darstellung kann nach mehreren Seiten hin verdeutlicht werden. Gesellschaftlich gesehen verspricht eine solche Klärung Transparenz im Blick auf das biblisch-christliche Bildungsverständnis, das dann neben das Verständnis anderer Religionen und Weltanschauungen gestellt und mit diesem verglichen werden kann. In der gegenwärtigen gesellschaftlichen Situation gilt das vor allem im Blick auf den Islam, der in Deutschland und in Europa eine nachhaltige Präsenz gewonnen hat und mit dem sich auch Bildungsfragen verbinden. Für die Erziehungswissenschaft kann es gewinnbringend sein, sich die eigenen Wurzeln und Prägungen vor Augen zu führen und bewusster auch mit solchen Fragen umzugehen, die trotz – oder wegen – ihres religiösen Charakters auch für eine sich selbst säkular verstehende Erziehungswissenschaft bedeutsam bleiben. Für die Theologie schließlich kann es darum gehen, die Bedeutung des Bildungsthemas über den Bereich der praktischen Gestaltung und also der Religionspädagogik oder der Praktischen Theologie hinaus als ein biblisches, historisches und systematisch-theologisches Thema in den Blick zu nehmen.

Voraussetzung für alle diese Überlegungen und Klärungen, auch dies muss schon an dieser Stelle klar hervorgehoben werden, ist der Versuch, in einer doppelten Spur zu denken. Zum einen wird es – für viele besonders naheliegend – um *religiöse Bildung* gehen und damit um solche Bildungsprozesse, deren Inhalt etwa im Religionsunterricht ausdrücklich Religion ist. Zum anderen aber – und dies ist vielleicht überraschend – muss durchweg das *Bildungsverständnis insgesamt* in den Blick genommen werden. Thema der Theologie ist Bildung nicht nur bei der religiösen Bildung, die dann neben anderen

Bildungsbereichen etwa von Sprache, Naturwissenschaft, Kunst und Geschichte zu sehen ist, sondern auch hinsichtlich der Gesamtausrichtung und Begründung von Bildung selbst. Eben dies ist gemeint, wenn das einem bestimmten Bildungsverständnis zugrunde liegende Menschenbild angesprochen wird. Im Folgenden wird die Frage nach der übergreifenden Ausrichtung des Bildungsverständnisses im Vordergrund stehen. Da sich diese Ausrichtung aber immer auch mit bestimmten Auffassungen religiöser Bildung verbindet, kann auch diese Spur nicht außer Betracht bleiben.

Schließlich soll am Ende dieser Einleitung meine eigene Perspektive transparent gemacht werden. Zum einen sehe ich mich als promovierter Erziehungswissenschaftler und habilitierter Theologe beiden Disziplinen verpflichtet, der Erziehungswissenschaft wie der Theologie, auch wenn im Folgenden notwendig die theologische Perspektive im Vordergrund stehen muss. Zum anderen ist meine Sichtweise durch das Christentum und also ausdrücklich durch die christliche Theologie bestimmt, genauer gesagt, durch die evangelische Theologie. Andere Religionen, die ebenfalls eine ausgeprägte Bildungsbedeutung gewonnen haben – besonders genannt seien vor allem das Judentum und der Islam, daneben der Konfuzianismus und der Buddhismus – werden nicht gleichermaßen berücksichtigt, auch wenn der multireligiöse Horizont unserer Gegenwartssituation durchweg im Blick bleiben soll. Hinsichtlich eines heute gewiss anzustrebenden interreligiösen Bildungsdialogs lässt sich die vorliegende Darstellung als ein erster Schritt verstehen – als Klärung der christlichen Voraussetzungen, neben die ausdrücklich andere Klärungen treten sollen, über die dann gemeinsam diskutiert werden kann. An zentralen Stellen, die vor allem die für unsere Gegenwart bezeichnende Begegnung mit religiös-weltanschaulicher Pluralität betreffen, soll auch herausgearbeitet werden, welche Aufgaben sich daraus für das Bildungsverständnis ergeben.

Im Folgenden muss ein sehr weitgespannter thematischer Umkreis aufgenommen werden. Ich selbst habe mich mehr als 30 Jahre lang mit entsprechenden Fragen befasst und vielfach auch dazu publiziert. In dieses Buch gehen so gesehen zahlreiche Vorarbeiten ein, die ich auch dort, wo ich mich auf frühere Veröffentlichungen stütze, nicht immer in der Form des Selbstzitats kennzeichne.[3] Dem Ziel der vorliegenden Reihe entsprechend, die nicht nur ein Fachpublikum ansprechen soll, wurden die weiteren Literaturhinweise ebenfalls stark beschränkt. Vertretbar ist dies beim Thema Bildung auch deshalb, weil dazu umfangreiche Darstellungen allgemeiner Art vorliegen und dort auch entsprechende Literaturhinweise leicht zu finden sind.[4] Die Bibel wird im Folgenden nach der aktuellen Luther-Übersetzung zitiert, der Koran in der Wiedergabe von Abu-r-Riḍā' Muhammad ibn Ahmad ibn Rassoul.

---

[3] Stellvertretend verweise ich auf *Schweitzer,* Pädagogik und Religion; *ders.,* Religionspädagogik; *ders.,* Menschenwürde und Bildung sowie als Sammelband *ders. (Hg.),* Der Bildungsauftrag des Protestantismus.

[4] Vgl. bes. *Schaarschmidt,* Der Bedeutungswandel der Begriffe „Bildung" und „bilden"; *Lichtenstein,* Zur Entwicklung des Bildungsbegriffs; *Dohmen,* Bildung und Schule; *Schilling,* Bildung als Gottesbildlichkeit; *Vierhaus,* Art. Bildung; *Koselleck,* Einleitung; *Bollenbeck,* Bildung und Kultur. Diese Darstellungen stehen im Folgenden auch dann im Hintergrund, wenn sie nicht immer wieder eigens zitiert werden.

II. Geschichtliche Zusammenhänge

Wenn Bildung in theologischer Perspektive thematisiert werden soll, bietet sich zunächst die Rückfrage nach geschichtlichen Zusammenhängen an. Denn der Bildungsbegriff steht in einem historisch weit zurückreichenden Horizont, vor dem sich die religiösen Bezüge des Bildungsverständnisses besonders klar erschließen lassen.

Der Bildungsbegriff selbst weist religiöse Wurzeln auf und geht auf einen ausgesprochen religiösen Entstehungskontext zurück. Darauf wird im Folgenden eigens einzugehen sein. Zugleich stellt sich im Blick auf die geschichtlichen Zusammenhänge aber das Problem, dass die mit dem Begriff bezeichnete Sache nicht erst mit dieser Bezeichnung entsteht. Deshalb muss zunächst geklärt werden, wie Begriffe und Sachen sich in diesem Falle zueinander verhalten und was dies für unsere Untersuchung bedeutet.

1. Begriffe und Sachen

Wer sich mit bildungsgeschichtlichen Entwicklungen und Zusammenhängen befasst, stößt früher oder später unweigerlich auf die Frage nach dem Verhältnis zwischen Begriffen und Sachen. Begriffe weisen oft eine ganz bestimmte Geschichte auf. Bei vielen wissenschaftlichen Begriffen kann man geradezu von einer Erfindung sprechen. Sie tauchen erst zu einer bestimmten Zeit in Sprache und Literatur auf und gewinnen dann mitunter doch eine solche Selbstverständlichkeit, dass es kaum mehr möglich scheint, zwischen Sache und Begriff zu unterscheiden.

Besonders leicht lässt sich dies etwa an dem heute geläufigen Begriff der Identität nachvollziehen. Inzwischen wird ganz selbstverständlich von einer persönlichen Identität, einer nationalen Identität, einer ethnischen Identität usw. gesprochen. Vor dem 20. Jahrhundert hätte dies kaum jemand verstanden. Denn niemand sprach damals von einer solchen „Identität". Aber man wird doch kaum sagen können, dass deshalb auch alle Fragen und Probleme, die heute mit dem Identitätsbegriff assoziiert werden, vor dem Aufkommen des Identitätsbegriffs gar nicht vorhanden waren. Die Sache ist hier offenbar älter als der Begriff.

Ähnlich verhält es sich auch mit dem Bildungsbegriff.[1] Noch im späten 18. Jahrhundert konnte der Philosoph Moses Mendelssohn feststellen, dass der Bildungsbegriff noch recht neu sei und von den meisten Menschen außerhalb der Wissenschaft kaum verstanden werde: „Die Worte Aufklärung, Kultur, Bildung sind in unserer Sprache noch neue Ankömmlinge, sie gehören vor der Hand bloß zur Büchersprache. Der gemeine Haufe versteht sie kaum".[2] Der allgemeine Gebrauch des Bildungsbegriffs geht demnach erst auf das 18. und 19. Jahrhundert zurück. Bemerkenswert ist auch, dass der Bildungsbegriff vor dem 14. Jahrhundert überhaupt nicht nachweisbar ist. Es handelt sich um eine Wortschöpfung, die offenbar auf die deutsche Mystik zurückgeht.

Ist daraus zu schließen, dass es Bildung vor dem 14. Jahrhundert oder gar vor dem 19. Jahrhundert

---

[1] Die Geschichte des Bildungsbegriffs ist vielfach untersucht worden; vgl. zum Folgenden die S. 21 genannten Literaturhinweise.

[2] Zitiert nach *Vierhaus*, Bildung, 508.

gar nicht gegeben hat? Diese Auffassung vermag kaum einzuleuchten. Kinder, Jugendliche und Erwachsene haben auch lange davor schon gelernt, sie haben Schulen und andere Bildungseinrichtungen besucht und also genau das getan, was heute als „sich bilden" bezeichnet wird. Die Sache ist auch in diesem Falle älter als der Begriff.

Zumindest ein Stück weit gilt also, dass die Sachen oder Sachverhalte ganz unabhängig von den Begriffen zu existieren scheinen. Der Bildungsbegriff lässt sich bekanntlich nur in wenige andere Sprachen übersetzen, aber deshalb lässt sich noch lange nicht behaupten, dass Bildung ausschließlich in Deutschland zu finden sei.

Mit dem Theologen und Erziehungsphilosophen Friedrich Schleiermacher begann man das Verhältnis zwischen Begriff und Sache im Bereich der Pädagogik auch so auszudrücken, dass die Praxis hier grundsätzlich „viel älter" ist als die Theorie.[3] Lange bevor es eine Theorie der Erziehung im wissenschaftlichen Sinne gegeben hat, wurde in der Praxis erzogen, gleichsam „schon immer". Doch mit Bedacht fügt Schleiermacher dem hinzu, dass die Praxis „mit der Theorie eine bewusstere" werde.[4] Begriffe und Theorien treten demnach nicht einfach zu einer bestehenden Praxis hinzu, um diese gedanklich, mit Hilfe eines Begriffs oder einer Theorie, geistig zu verdoppeln. Durch die begriffliche Fassung und die dadurch ermöglichte theoretische Durchdringung verändert sich vielmehr auch die Sache selbst. Sie wird anders verstanden, anders ausgelegt und dann, in der Fol-

---

[3] *Schleiermacher*, Vorlesungen, 11.
[4] Ebd.

ge, eben auch vielfach anders gestaltet. Genau dies lässt sich auch für den Bildungsbegriff behaupten. Die Bildungspraxis ist älter als jede Bildungstheorie, aber indem diese Praxis als Bildung verstanden und reflektiert wird, wird sie auch selbst anders. Sie wird einem veränderten Anspruch unterstellt, und dies zieht auch praktische Konsequenzen nach sich. Deshalb ist es wichtig, im Folgenden auf beides zu achten, auf die Sache ebenso wie auf den Begriff der Bildung.

Damit ist eine erste Klärung erreicht, an der wir uns orientieren können. Zugleich ist aber noch eine weitere Unterscheidung zu bedenken, die sich auf das Verhältnis zwischen historischen Voraussetzungen und deren wirkungsgeschichtlicher Bedeutung bezieht. Immer wieder kommt es vor, dass sich erst in späterer Zeit zeigt, welche Folgen sich aus einer bestimmten Entscheidung oder Veränderung ergeben. Als beispielsweise Jean-Jacques Rousseau im Jahre 1762 seinen berühmten Erziehungsroman „Emile" veröffentlichte[5], konnte noch niemand wissen, dass sich die moderne Pädagogik später jahrhundertelang auf dieses Buch als Gründungsurkunde berufen würde. Zugespitzt kann man sagen, dass sich dieser Roman erst durch die Wirkungsgeschichte als eine Voraussetzung für spätere Entwicklungen erwies. Dem Buch selber war das nicht sofort anzumerken. Heute muss es aufgrund seiner Wirkungsgeschichte als eine solche Voraussetzung angesehen und erschlossen werden.

Solche nicht immer leicht zu durchschauenden Zusammenhänge zwischen historischen Vorausset-

---

5 *Rousseau*, Emil.

zungen und wirkungsgeschichtlicher Bedeutung sind auch für das Verhältnis zwischen Theologie und Bildung zu berücksichtigen. Aus der Wirkungsgeschichte heraus erweisen sich bestimmte theologische Sichtweisen, die zunächst kaum etwas mit Bildung zu tun zu haben schienen, dann doch bildungsgeschichtlich als höchst bedeutsam. Das lässt sich etwa am Beispiel der biblischen Schöpfungserzählungen am Anfang der Bibel (Gen 1f.) besonders eindrücklich nachvollziehen. Denn obwohl in diesen Texten von Bildung oder Erziehung nicht ausdrücklich die Rede ist, besteht doch ein überaus enger Zusammenhang zwischen der biblischen Schöpfungstheologie und dem späteren Verständnis von Bildung. Das gilt sogar bis hin zum Begriff der Bildung selbst, der nicht nur in einem allgemeinen Sinne religiöse Wurzeln aufweist, sondern ganz direkt mit dem ersten Kapitel der Bibel und den dort zu findenden Aussagen über den Menschen – die Gottebenbildlichkeit des Menschen – verbunden ist. Deshalb kann mit guten Gründen die Auffassung vertreten werden, dass es ohne das biblische Schöpfungsverständnis kaum möglich gewesen wäre, den Bildungsbegriff in der uns heute vertrauten Form zu konzipieren. Anders ausgedrückt zeigt sich die Bildungsbedeutung des biblischen Schöpfungsglaubens in der Wirkungsgeschichte und muss anhand dieser Geschichte erschlossen werden.

Wenn hinter die Begriffe auf die Sachen vor den Begriffen zurückgegriffen werden soll, muss freilich ein bestimmtes Verständnis zugrunde gelegt werden, weil eine nicht am Bildungsbegriff orientierte Darstellung sonst ins Grenzenlose zerfließt. Von welchem Bildungsverständnis also werden die im

Folgenden weit in die Geschichte zurückgreifenden Beobachtungen geleitet?

Einen hilfreichen Ausgangspunkt bietet hier der Historiker Reinhart Koselleck, der drei Merkmale nennt, die in seiner Sicht für den spezifisch deutschen, vom Sprachgebrauch in anderen Ländern unterscheidbaren Bildungsbegriff kennzeichnend sind: erstens der „Autonomieanspruch, die Welt sich selbst einzuverwandeln" – das unterscheide Bildung grundsätzlich von Erziehung; zweitens der Bezug auf eine „Gesellschaft, die sich primär durch ihre mannigfaltige Eigenbildung begreift" und also nicht mehr einfach von politisch-hierarchischen Bestimmungen her; und drittens die Rückbindung der „kulturellen Gemeinschaftsleistungen" an eine „persönliche Binnenreflexion"[6]. Diese drei Merkmale lassen sich, Koselleck zufolge, erst ab etwa der Zeit nach 1800 finden. Insofern können sie nicht in frühere Epochen zurückverfolgt und deshalb zunächst auch nicht einfach als Orientierung für den Versuch genutzt werden, Bildung als Sachverhalt vor dem Begriff zu identifizieren. Sie stellen aber sicher, dass das mit dem Bildungsbegriff Gemeinte tatsächlich im Blick ist. Damit ist ebenfalls gesagt, dass die genannten Merkmale zumindest in einer früheren Form auch dort zu finden sein müssen, wo der Begriff der Bildung noch fehlt. Sonst könnte es nicht einleuchten, einen früher zu findenden Sachverhalt überhaupt mit dem Bildungsverständnis in Verbindung zu bringen. In dieser Spannung schlage ich eine Art Mittelweg vor: Bildung als Sachverhalt soll im Folgenden anhand des von Koselleck genannten Bezugs auf

[6] *Koselleck*, Einleitung, 14f.

einen menschlichen „Autonomieanspruch" sowie eine „persönliche Binnenreflexion" etwa von Sozialisation oder Erziehung unterschieden werden. Dies entspricht auch erziehungswissenschaftlichen Auffassungen in unserer Gegenwart, die hier etwa von Selbstbestimmung und von der Bildung des Selbst sprechen.[7] Bezeichnend für ein solches Bildungsverständnis ist auch, dass es sich entschieden von jeder Gleichsetzung von Bildung mit Schule löst. Bildung meint Welterschließung, und diese beginnt in der frühesten Kindheit.

2. Der Bildungsbegriff und seine religiösen Wurzeln

Der Bildungsbegriff gilt als eine Besonderheit der deutschen Sprache. Er stellt einerseits eine sprachgeschichtliche Neubildung dar und weist andererseits eine lange Geschichte auf.[8] Viele Sprachen, etwa die romanischen Sprachen oder das Englische, kennen mit *education* nur einen Begriff als Übersetzung für „Erziehung" und „Bildung" (zumindest die skandinavischen Sprachen und das Russische unterscheiden hier allerdings, was häufig übergangen wird). Dies bedeutet freilich nicht, dass das mit Bildung Gemeinte sich in anderen Sprachen gar nicht wiedergeben ließe. Es muss aber umschrieben werden, und teilweise wird im Englischen dann auch auf das Fremd-

---

[7] Vgl. etwa *Benner,* Allgemeine Pädagogik, bes. 122ff.; *Schäfer,* Bildungsprozesse im Kindesalter; *Tenorth,* „Alle alles zu lehren"; *Rittelmeyer,* Bildung, 13ff.

[8] Auch dazu sei noch einmal auf die Literaturhinweise auf S. 21 verwiesen.

wort aus dem Deutschen (*Bildung*) oder aus dem Griechischen (*Paideia*) zurückgegriffen.

Wie ist der Bildungsbegriff entstanden? Welche Wurzeln lassen sich erkennen? Der Ursprung des deutschen Bildungsbegriffs liegt im Spätmittelalter, und hier in der religiösen Mystik. Den sprachgeschichtlichen Befunden zufolge fließen im Bildungsbegriff mehrere Bedeutungsmöglichkeiten zusammen, die sich in drei Gruppen zusammenfassen lassen, jeweils mit lateinischen Begriffen im Hintergrund: „‚Bild', ‚Abbild', ‚Ebenbild' (imago)", „‚Nachbildung', ‚Nachahmung' (imitatio)", aber auch „‚Gestalt' (forma) und vor allem ‚Gestaltung' (formatio)".[9]

Besonders deutlich wird der religiöse Gehalt des Bildungsbegriffs in der dreifachen Unterscheidung zwischen *Entbilden, Einbilden* und *Überbilden*. Denn hier wird der Bildungsprozess unmittelbar auf das Verhältnis des Menschen zu Gott bezogen. Für die Mystik besteht das höchste und letzte Bildungsziel darin, sich von Gott überbilden zu lassen, neu zu werden aus dem Verhältnis zu Gott – das entspricht ganz dem für die Mystik leitenden Gedanken einer Vereinigung mit Gott (unio mystica). Ein sich in Gott Hineinbilden und Überbildet-Werden wird der Überzeugung der Mystik zufolge aber erst möglich, wenn der Mensch sich von den weltlichen Bindungen und Vorstellungen, die ihn bestimmen, gelöst hat, um auf diese Weise frei oder leer zu werden. Dies ist die Aufgabe der Entbildung als Voraussetzung für eine Überbildung durch Gott. Insofern bezeichnen die drei Begriffe – Entbilden, Einbilden, Überbilden – drei Momente in einem Prozess

---

[9] *Vierhaus*, Art. Bildung, 509.

der Erneuerung und Verwandlung des Menschen durch Gott. Allerdings ist dabei nicht an einen pädagogischen Prozess zu denken und auch nicht an eine Bekehrungssituation. Es geht vielmehr um ein Handeln Gottes am Menschen. Folgendes Zitat aus Meister Eckharts „Buch der göttlichen Tröstung" lässt das gut erkennen:

„Und wie vorhin vom Leer-Sein oder Bloß-Sein gesagt wurde, dass die Seele, je lauterer, entblößter und ärmer sie ist und je weniger Kreaturen sie hat und je leerer an allen Dingen sie ist, die Gott nicht sind, um so reiner Gott und um so mehr in Gott erfasst und mehr eins mit Gott wird und in Gott schaut und Gott in sie von Antlitz zu Antlitz, wie in einem Bilde überbildet, wie Sankt Paulus sagt".[10]

Um zu verstehen, warum der Aspekt des Bildes für diesen Prozess der inneren Verwandlung so wichtig ist und was damit gemeint war, muss man sich den doppelten Ursprung des zugrunde liegenden Verständnisses von Bild und Bildung klarmachen. In der Mystik fließen hier zwei Traditionen ineinander, nicht im Sinne unabhängiger Einflussgrößen, sondern als ein doppelt bestimmtes semantisches Feld: Auf der einen Seite ist es das biblische Verständnis von Gottebenbildlichkeit nach Gen 1,26f. („Gott schuf den Menschen zu seinem Bilde") sowie im Sinne des von Meister Eckhart direkt genannten Paulus im Neuen Testament („wir werden verklärt in sein Bild", 2 Kor 3,18), und auf der anderen Seite sind es die von Platon ausgehenden Vorstellungen im Blick auf die Ideen, an denen die Seele des Menschen im Sinne von Urbildern teilhat. Der in der Mystik beschriebene Prozess, für den dann der neue Begriff

[10] *Meister Eckhart,* Das Buch der göttlichen Tröstung, 482.

der Bildung steht, führt in dieser Sicht zu der wahren Gestalt des Menschen, die ebenso als Urbild wie als bestimmendes Vorbild aufgefasst werden kann.

Dass der Bildungsbegriff so deutlich religiöse Wurzeln aufweist, ist als Beleg für die These, dass Bildung als Thema der Theologie verstanden werden kann, bereits als sprachgeschichtlicher Befund von hohem Interesse. Der auf den Ursprung des Bildungsbegriffs bezogene Befund wäre jedoch nur von musealem Erinnerungswert, wenn sich damit nicht auch für die weitere geschichtliche Entwicklung des Bildungsverständnisses maßgebliche Voraussetzungen verbinden würden. Solche Voraussetzungen lassen sich schon an dieser Stelle in mehreren Hinsichten namhaft machen:

- Durch den grundlegenden Bezug des Bildungsbegriffs auf die jedem Menschen eigene Gottebenbildlichkeit enthält der Bildungsbegriff eine religiös begründete egalitäre Bedeutung. Bildung in diesem Sinne kann keine Angelegenheit nur für eine gesellschaftliche Elite sein, sondern muss als Recht jedes einzelnen Menschen verstanden werden. Im Mittelalter konnte sich eine solche, an der Gleichheit aller Menschen ausgerichtete Vorstellung aufgrund der damaligen sozialen Voraussetzungen im Aufbau der ständischen Gesellschaft, allerdings kaum durchsetzen. Dass sie zumindest in späterer Zeit dennoch auch geschichtlich wirksam wurde, und zwar deutlich vor der Einführung moderner Formen von Demokratie, zeigt sich etwa im 17. Jahrhundert bei dem evangelischen Theologen und Bildungsphilosophen Johann Amos Comenius. Denn Comenius begründet sein programmatisch auf *alle* Menschen (omnes) bezogenes Bildungsverständnis ausdrücklich von der Gottebenbildlichkeit her: „Wo Gott keinen Unterschied gemacht hat, da soll auch der Mensch keine Schranken aufrichten."[11] Zwar schreibt Comenius hier lateinisch und verwendet nicht den deutschen Begriff der Bildung, aber das ändert nichts an dem sachlichen Zusammenhang zwischen der von Comenius als Argumentationsgrundlage vorausgesetzten Gottebenbildlichkeit und seiner darauf gründenden egalitären Pädagogik.

- Das von der Mystik ausgehende Bildungsverständnis bedingt eine grundlegende Neuorientierung: Es geht bei Bildung nicht mehr allein um Fähigkeiten und Fertigkeiten, die sich als Handlungs- oder Leistungsvermögen in einem äußerlichen Sinne beschreiben lassen. Im Zentrum steht hier vielmehr ganz der innere Mensch, mit seinen individuellen Erfahrungen, Haltungen, Gefühlen und Lebensorientierungen. Mit der religiösen Wurzel verbindet sich so gesehen eine Bedeutung, die auch für die weitere Entwicklung des Bildungsverständnisses von enormer Bedeutung ist. Denn die so verstandene Bildung kann prinzipiell nicht auf ein allein von äußeren Anforderungen her bestimmtes Vermögen reduziert werden. Bildung muss mehr sein als dies. Sie betrifft immer auch den inneren Menschen.
- Der Bildungsbegriff ist von seinem religiösen Ursprung her in doppelter Weise relational und kommunikativ verfasst. Die Gottebenbildlichkeit meint weder einen paradiesischen Ursprungszustand, den der Mensch später verlassen und ver-

[11] *Comenius*, Pampaedia, 31.

loren hätte, noch eine menschliche Eigenschaft.[12] Im Zentrum steht vielmehr die Beziehung oder Relation zwischen Gott und Mensch, aus der die Gottebenbildlichkeit resultiert. Darüber hinaus heißt es in Gen 1,27: „zum Bilde Gottes schuf er ihn; und schuf sie als Mann und Weib". Die Gottebenbildlichkeit ist demnach auch in zwischenmenschlicher Hinsicht relational und kommunikativ angelegt. Sie kann nicht bloß individuell oder gar individualistisch verstanden und realisiert werden. Damit ist dem Bildungsverständnis von seiner Entstehungsgeschichte her eine auf kommunikativ auszugestaltende Beziehungen angelegte Bedeutung zu eigen.

- Im Vergleich zu anderen Begriffen wie Erziehung oder, in neuerer Zeit: Lernen und Sozialisation weist der Bildungsbegriff insofern eine Art überschießende Bedeutung auf, als er von Anfang an einen Transzendenzbezug einschließt. Dies verleiht dem Bildungsverständnis eine beständige Dynamik: Bildung ist ein nicht abschließbarer Prozess, dessen Ausrichtung auf Gott oder Transzendenz vor aller innerweltlichen Verdinglichung bewahren kann. Bildung als kommunikative und relationale Größe bezieht sich zugleich auf das menschliche Zusammenleben wie auf Transzendenz. Dass daraus auch eine heilsame Begrenzung der vom Menschen zu realisierenden Bildung erwachsen kann, soll im letzten Teil des Buches herausgearbeitet werden.
- Schließlich weist der Bildungsbegriff philosophische und theologische Anschlussmöglichkeiten

12 Vgl. *Pannenberg*, Gottebenbildlichkeit und Bildung.

> auf, die auch in einem interdisziplinären Sinne genutzt werden können. In ihm fließen von Anfang an philosophische und theologische Traditionen so ineinander, dass sie zur Grundlage eines veränderten Verständnisses von Pädagogik werden. Auch dies bedingt einen überschießenden Gehalt. Welche Vorteile dies bietet, soll dieses Buch im Blick auf die Theologie zeigen.

Das religiöse Verständnis des Bildungsbegriffs ist keineswegs auf Meister Eckhart beschränkt. Auch spätere Vertreter der Mystik wie Heinrich Seuse oder auch stärker naturphilosophisch argumentierende Theoretiker wie Paracelsus folgen einer religiösen Bestimmungsabsicht.[13] Insofern handelt es sich hier um eine mehrere Jahrhunderte durchziehende Tradition theologisch-philosophischer Deutungen. Wie sich dazu dann die späteren Bildungsauffassungen der Aufklärungszeit und des Idealismus verhalten, wird noch eigens zu klären sein. Zunächst aber sollen die biblischen Hintergründe des Bildungsverständnisses in den Blick genommen werden.

---

[13] Auch dies ist in der auf S. 21 genannten Literatur mehrfach dargestellt.

3. Biblische Bezüge

Es ist schon deutlich geworden, dass der Bildungsbegriff von seinen Ursprüngen her nicht nur allgemeine religiöse Wurzeln aufweist. Er verbindet sich keineswegs mit einem lediglich unbestimmten, also letztlich bloß diffusen Transzendenzbezug, sondern er ist in grundlegender Weise mit der Sprache und mit dem Denken der Bibel verbunden. Das Wort „Bildung" kommt in den deutschen Übersetzungen der Bibel zwar nicht vor, aber zahlreiche biblische Begriffe, Motive, Themen und Traditionen schließen eine Bildungsbedeutung ein, die als solche in vielen Fällen unmittelbar geschichtlich wirksam geworden ist. Auch in diesem Falle muss also beides im Blick sein, der Bildungsbegriff mit seinen biblischen Wurzeln, aber auch solche Sachverhalte, die nicht an die Verwendung des Begriffs gebunden sind. Dies soll im Folgenden zumindest für ausgewählte biblische Motive, Sichtweisen und Begriffe gezeigt werden.

Zur Bildungsbedeutung exemplarischer biblischer Grundbegriffe: Schöpfung, Weisung und Weisheit, Erneuerung des Menschen

Nachdem der biblische Schöpfungsglaube und besonders die Gottebenbildlichkeit nach Gen 1,27 das Bildungsverständnis und speziell auch den Bildungsbegriff selbst von Anfang an mitbestimmt haben, liegt es auf der Hand, dass auch an dieser Stelle mit dem Schöpfungsthema begonnen werden soll. Für das biblische Erziehungsdenken selbst ist aber der für die Bibel und besonders für das Alte Testament bezeichnende Zusammenhang von Weisung und Weisheit ebenfalls von großer Bedeutung. Deshalb soll auch diesem Thema ein eigener Abschnitt gewidmet werden. Die Erneuerung des Menschen schließlich ist einerseits ein gesamtbiblisches Grundmotiv, hat aber andererseits ihre besondere Zuspitzung im Neuen Testament erfahren. So bieten die drei ausgewählten Motive Gelegenheit, sowohl alttestamentliche wie neutestamentliche Zusammenhänge aufzunehmen.

Auch bei der erforderlichen Konzentration auf diese wenigen Motive wird immer wieder deutlich werden, dass noch weitere biblische Sichtweisen im Blick auf das Bildungsverständnis bedeutsam sind und deshalb ebenfalls hier aufgenommen werden könnten. Das gilt für die biblische Sicht des Kindes ebenso wie für das Verhältnis von Mann und Frau, das Verständnis von Gemeinschaft und Gesellschaft, für das biblische Gerechtigkeitsdenken sowie für viele andere Themen. Insofern muss durchweg bewusst bleiben, dass es sich im Folgenden um eine exemplarische Auswahl von Aspekten handelt, an denen die Bedeutung biblischer Bezüge für das Bildungsverständnis insgesamt aufgezeigt werden soll.

Schöpfung

Der biblische Schöpfungsglaube ist für das biblische Verständnis von Mensch, Welt und Gott grundlegend.[14] Es ist kein Zufall, dass die ersten beiden Kapitel der Bibel genau diesen Glauben entfalten. Zugleich wird gerade der Schöpfungsglaube bis heute vielfach missverstanden. Besonders in der populären Kritik des sogenannten neuen Atheismus wird er gerne als eine überholte, unwissenschaftliche Erklärung

[14] Vgl. etwa *Janowski*, Die Welt als Schöpfung; *Schmid (Hg.)*, Schöpfung.

der Weltentstehung dargestellt, die möglichst rasch durch wissenschaftliche Erkenntnisse vor allem im Sinne der Evolutionstheorie ersetzt werden müsse.[15] Unterstützt werden solche Missverständnisse auch von bestimmten religiösen Auffassungen im Bereich des Fundamentalismus („Kreationismus"), wie er sich seit dem späten 19. Jahrhundert als vermeintlich rettende Antwort des Glaubens auf die kritischen Anfragen der modernen Naturwissenschaft herausgebildet hat.[16] In der Gestalt des sogenannten Intelligent Design schließlich wird bis heute ein pseudowissenschaftlicher Schöpfungsglaube vertreten, vor allem in den USA, mitunter aber auch in Deutschland und Europa. Der Kreationismus will an einem wortwörtlichen Verständnis der Bibel festhalten (Erschaffung der Welt in sieben Tagen) und stellt insofern einen Biblizismus dar. Das Intelligent Design versteht sich hingegen als wissenschaftliche Theorie, die beweisen soll, dass die Weltentstehung ohne Rückgriff auf einen „Designer", der die Welt „intelligent" entworfen hat, nicht zu erklären sei.

Von einem Missverständnis ist hier zu sprechen, weil der biblische Schöpfungsglaube selbst keineswegs auf eine wissenschaftliche Erklärung der Weltentstehung zielt, sondern auf eine im Gottesglauben zu gewinnende Erfahrung.[17] Dieser Erfahrung zufolge versteht sich die eigene Existenz ebenso wie der als Ordnung wahrnehmbare Weltzusammenhang nicht einfach von selbst, sondern geht auf Gottes Willen

---

15 So bekanntlich *Dawkins,* Gotteswahn; dazu religionspädagogisch *Schweitzer,* Schöpfungsglaube.

16 Eine sehr gute Darstellung dazu bietet *Numbers,* The Creationists.

17 Vgl. *Rat der Evangelischen Kirche in Deutschland,* Weltentstehung, Evolutionstheorie und Schöpfungslaube.

und Wirken zurück. Seinen angemessenen Ausdruck findet dieser Glaube deshalb nicht in wissenschaftlichen Welterklärungen, sondern als Lob und Dank – etwa im Sinne von Ps 8 oder Ps 104 – sowie mit der vielgestaltigen Frage, wie der Mensch dem auf Förderung des Lebens zielenden Willen Gottes entsprechen kann. Im Schöpfungsglauben ist die Sicht Gottes als lebensermöglichendem Schöpfer der Welt sowie die Sicht der Welt als Schöpfung Gottes begründet, aber auch die Auffassung des Menschen als Geschöpf von besonderer Würde findet hier ihre Begründung. Dem entspricht dann auch eine Schöpfungsethik, die auf ein Handeln zielt, das der Geschöpflichkeit des Menschen sowie der Welt insgesamt gerecht wird. Mit den von Einzelwissenschaften wie etwa der Physik oder der Biologie ausgehenden Untersuchungen, die an Hypothesen und deren naturwissenschaftlicher Bewährung oder Widerlegung ausgerichtet sind, darf eine solche umfassende Sicht von Gott, Mensch und Welt von vornherein nicht auf eine Ebene gestellt werden. Der Schöpfungsglaube verfolgt ein grundlegend anderes Ziel als naturwissenschaftliche Erklärungen.

Dieses Verständnis des Schöpfungsglaubens, das nicht mit (natur-)wissenschaftlichen Erklärungen zu verwechseln ist, schließt gleich in mehrfacher Hinsicht wichtige Implikationen für den Bildungsbegriff ein. Unmittelbar wirksam geworden ist, wie bereits an der Entstehungsgeschichte des Bildungsbegriffs und seinen religiösen Wurzeln abzulesen war, die dem Menschen besonders im ersten Kapitel der Bibel zugesprochene Gottebenbildlichkeit: „Und Gott schuf den Menschen zu seinem Bilde, zum Bilde Gottes schuf er ihn“ (Gen 1,27).

In heutiger Sicht stellt die Gottebenbildlichkeit die theologisch entscheidende Begründung für die Menschenwürde dar.[18] Um diese Begründung einsichtig zu machen, müssen allerdings Deutungen der Gottebenbildlichkeit, die in früherer Zeit zum Teil durchaus verbreitet waren, aufgegeben oder, besser gesagt: korrigiert und überwunden werden. Gottebenbildlichkeit meint keine wie auch immer zu verstehende Ähnlichkeit des Menschen mit Gott, die auf bestimmten Eigenschaften des Menschen beruhen würde. Stattdessen ist eine grundlegende Beziehung zwischen Gott und Mensch gemeint, die sich auf den ganzen Menschen und auf dessen Stellung in der Welt bezieht. Als Gottes Ebenbild hat der Mensch einen besonderen Auftrag in Gottes Schöpfung. Der Alttestamentler Bernd Janowski etwa schlägt als Übersetzung des entsprechenden hebräischen Begriffs daher „Repräsentationsbild" vor und spricht von der „lebendigen Statue Gottes".[19] Als „Repräsentant des Schöpfergottes in der Schöpfung" soll der Mensch eine *„universale Ordnungsfunktion"* übernehmen.[20] Ähnlich wird in der neueren Systematischen Theologie die Gottebenbildlichkeit als Bestimmung des Menschen ausgelegt und damit auf die Zukunft bezogen.[21] Weil diese von Gott herkommende Bestimmung durch menschliches Handeln und Fehlverhalten nicht aufgehoben werden kann, ist sie als unverlierbar zu bezeichnen. Damit ist zugleich deutlich, dass die Gottebenbildlichkeit nicht eine Art idealen,

---

[18] Vgl. *Härle/Preul (Hg.),* Menschenwürde; *Schweitzer,* Menschenwürde und Bildung.

[19] *Janowski,* Die Welt als Schöpfung, 147.

[20] Ebd., 159.

[21] S. exemplarisch dazu *Pannenberg,* Gottebenbildlichkeit und Bildung.

später dann verloren gegangenen Urzustand meint, an den nur gleichsam nostalgisch erinnert werden kann. Als Bestimmung des Menschen verweist die Gottebenbildlichkeit stattdessen von Anfang an nach vorn, auf Gegenwart und Zukunft.

Die biblische Sicht des Menschen unterscheidet sich an dieser Stelle markant von anderen Traditionen, etwa im Alten Orient. Dort wurde allein der König als „Bild Gottes" bezeichnet. Demgegenüber bedeutet die biblische Sicht des Menschen – modern formuliert – eine „Demokratisierung"[22] bzw., eher in Übereinstimmung mit biblischen Begriffen ausgedrückt, eine „Verköniglichung" des Menschen[23]: Alle Menschen haben demnach teil an der Gottebenbildlichkeit und damit auch an der besonderen Würde, die dadurch begründet wird. Erneut stoßen wir hier auf eine bemerkenswert egalitäre Tendenz, also nicht erst in der Neuzeit und im Zuge der Einrichtung moderner Demokratien, sondern schon in alttestamentlicher Zeit. Die enorme Wirkungsgeschichte der alttestamentlichen Texte reicht dabei freilich bis zu modernen demokratischen Verfassungen, wie besonders in der Unabhängigkeitserklärung der Vereinigten Staaten von Amerika (1776) deutlich wird: „Folgende Wahrheiten erachten wir für selbstverständlich: Dass alle Menschen gleich geschaffen sind, dass sie von ihrem Schöpfer mit gewissen unveräußerlichen Rechten ausgestattet sind."[24] Die in dieser modernen Erklärung genannten Rechte schließen auch den Anspruch auf Bildung ein.

---

[22] *Koch*, Imago Dei, 13.

[23] Vgl. *Janowski*, Die Welt als Schöpfung, 146ff.

[24] Darauf verweist auch etwa *Koch*, Imago Dei, 24.

Im biblischen Schöpfungslauben geht es von Anfang an auch um Leben und Handeln des Menschen, das in spezieller Weise wahrgenommen und beschrieben wird. Der besondere Auftrag des Menschen lässt sich im Fortgang des ersten Kapitels der Bibel gut verfolgen. Dort heißt es:

„Und Gott segnete sie und sprach zu ihnen: Seid fruchtbar und mehret euch und füllet die Erde und machet sie euch untertan und herrschet über die Fische im Meer und über die Vögel unter dem Himmel und über das Vieh und über alles Getier, das auf Erden kriecht." (Gen 1,28)

Die dem Menschen zugesprochene Gottebenbildlichkeit führt nicht in die Passivität, sondern es gehört zu der besonderen Stellung des Menschen in der Schöpfung, dass er selbst gestalterisch aktiv wird. Besonders plastisch tritt dies im zweiten Kapitel der Bibel hervor, wo es heißt (Gen 2,19), dass Gott die Tiere zu dem Menschen brachte, „dass er sähe, wie er sie nennte; denn wie der Mensch jedes Tier nennen würde, so sollte es heißen." An diesem Recht zur Benennung, die dann auch gelten soll, wird die besondere Stellung des Menschen in der Schöpfung noch einmal besonders deutlich. Gott räumt dem Menschen dieses Recht ein und ist bereit, dessen Konsequenzen anzunehmen.

In unserer Gegenwart ist allerdings bewusst geworden, dass die Formulierungen „untertan machen" und über die Tiere „herrschen" in einer äußerst problematischen Art und Weise aufgefasst und missdeutet werden können. Allzu oft wurden sie – zwar nicht in biblischer Zeit, wohl aber in der jüngeren Vergangenheit – als Rechtfertigung für ein ausbeuterisches und letztlich zerstörerisches Verhältnis des Menschen gegenüber der Natur in Anspruch genommen, was allerdings ohne Grundlage in den biblischen Texten selbst ist. Deshalb wird heute lieber – mit einer freien Übersetzung – von einem Auftrag der Pflege und des Bewahrens gesprochen, um solche Missverständnisse von vornherein auszuschließen.

Dass Gott es den Menschen überlässt, den Tieren ihre Namen zu geben, weist im Übrigen auch darauf hin, dass die Bildungsbedeutung des Schöpfungsglaubens zugleich mit der hier beschriebenen Art der Gottesbeziehung und also mit einem bestimmten Gottesverständnis verbunden ist. In dieser Beziehung zu Gott bleibt Raum für menschliche Kreativität und Selbständigkeit. Zugespitzt kann sogar gesagt werden, dass diese Gottesbeziehung die menschliche Autonomie begründet. Denn es ist ja ausdrücklich Gott selbst, der hier dem Menschen Raum zu eigener Tätigkeit gibt.

Interessant und aufschlussreich ist dabei der interreligiöse Vergleich. Im Koran ist es, anders als in der Bibel, nämlich Gott, der dem Menschen mitteilt, wie die Dinge heißen:

> „Und er brachte Adam alle Namen bei, dann brachte Er diese vor die Engel und sagte: ‚Nennt mir die Namen dieser Dinge, wenn ihr wahrhaftig seid!' Sie sprachen: ‚Gepriesen bist Du. Wir haben kein Wissen außer dem, was Du uns gelehrt hast; wahrlich, Du bist der Allwissende, der Allweise.' Er sprach: ‚O Adam, nenne ihnen ihre Namen.'" (Koran 2:31-33)

Wird im Koran die Allmacht und Allwissenheit Allahs unterstrichen – selbst die Engel heben hervor: „Wir haben kein Wissen außer dem, was Du uns gelehrt hast" –, so ist es in der biblischen Darstellung die von Gott gewollte Eigenaktivität des Menschen, der selbst tätig werden soll. Der Vergleich zwischen Bibel und Koran lässt an dieser Stelle die unterschiedliche Sicht und Bewertung menschlicher Autonomie klar hervortreten.

Mit der Gottebenbildlichkeit wurde bislang vor allem akzentuiert, wie sich der Schöpfungsglaube im Blick auf den einzelnen Menschen oder, modern gesprochen: auf das Subjekt oder die Subjektivität durch die dem Einzelnen zugesprochene Gottebenbildlichkeit und besondere Würde mit dem Bildungsverständnis verbindet. Ebenso wichtig ist aber auch die gleichsam objektive Seite, also die Art und Weise, wie hier die Welt wahrgenommen wird. Nach biblischem Verständnis steht der Schöpfung das Chaos gegenüber, wie es gleich zu Beginn der Bibel beschrieben wird: „Und die Erde war wüst und leer, und es war finster auf der Tiefe“ (Gen 1,2). Schritt für Schritt wird das Chaos im Prozess der Schöpfung eingedämmt und überwunden. Auf diese Weise entstehen allererst geordnete Verhältnisse, welche ein Leben von Pflanzen und Tieren zulassen. In einer solchen Sicht der Welt als Schöpfung liegt – das ist für den Bildungsgedanken zentral – zugleich eine tiefe Ermutigung für den Menschen, die Welt zu erkunden sowie die ihr innewohnenden Ordnungen oder Gesetzmäßigkeiten wahrzunehmen und zu begreifen. In der Fortsetzung kann dies dann auch bedeuten, die Welt mit den Mitteln der Wissenschaft zu erforschen. Im Schöpfungsglauben kann gleichsam das Versprechen gesehen werden, dass der Mensch dabei nicht immer weiter im Chaos versinkt, sondern dass er auf für ihn erkennbare Strukturen stößt.

Dem Schöpfungsglauben zufolge besitzt die Welt zudem eine Sinnhaftigkeit, die nicht nur um des bloßen Überlebens willen erkannt zu werden verdient, sondern auch als eine Wohlordnung und letztlich als überwältigende Schönheit und Vollkommenheit. An solchen Formulierungen ist zugleich abzulesen, warum dieser Glaube immer einen kritischen Gehalt einschließt. Die Welt wird keineswegs schön geredet, sondern mit dem Schöpferwillen als kritischem Maßstab kontrastiert und bewertet. Das gilt schon für den biblischen Schöpfungsglauben selbst – bis dahin, dass Gott seine Schöpfung angesichts menschlichen Fehlverhaltens grundlegend in Frage gestellt sieht:

„Als aber der Herr sah, dass der Menschen Bosheit groß war auf Erden und alles Dichten und Trachten ihres Herzens nur böse war immerdar, da reute es ihn, dass er die Menschen gemacht hatte auf Erden, und es bekümmerte ihn in seinem Herzen“ (Gen 6, 5f.).

Der wertschätzende Blick Gottes auf die Schöpfung – „Und Gott sah an alles, was er gemacht hatte, und siehe, es war sehr gut“ (Gen 1,31) – verhindert in der Bibel nicht eine grundlegende Infragestellung dieser Schöpfung, die dann in die Sintflut führt. Wenn der biblische Schöpfungsglaube insgesamt als Ermutigung und Stärkung des Menschen als eines erkennenden und verantwortlich handelnden Subjekts und damit auch seiner Bildsamkeit verstanden werden soll, so muss deshalb zugleich ein weiterer Aspekt im Blick bleiben: Dieser Schöpfungsglaube hält immer auch die Grenzen menschlicher Autonomie bewusst. Nicht der Mensch ist der Schöpfer aller Dinge, nicht er ist Herr über Leben und Tod, und nicht alles, was der Mensch zu tun vermag, soll und darf er deshalb auch tun. Zur Bildung gehört so gesehen ein grundlegendes Grenzbewusstsein, das vor verzerrender Selbstwahrnehmung und Selbstüberhöhung bewahren kann. Ein solches Grenzbewusstsein kann aus der Unterscheidung zwischen Schöpfer und Geschöpf erwachsen. Biblisch setzt Bildung immer Weisheit als Fundament voraus. Dies macht verständlich, warum es heißen kann: „Die Furcht des Herrn ist der Anfang der Erkenntnis" (Spr 1,7).

Neben den auf das Subjekt sowie auf die Welt als Ordnung bezogenen Voraussetzungen des Bildungsverständnisses, die beide zugleich im biblischen Gottesverständnis begründet sind, verweist der Schöpfungsglaube auch auf die soziale Dimension von Bildung. Die egalitäre Bedeutung der Gottebenbildlichkeit wurde bereits mehrfach angesprochen. Dazu kommt aber noch die gemeinschaftliche oder kommunikative Dimension. Denn zum Bilde Gottes wird der Mensch nicht allein geschaffen, sondern „als Mann und Frau" (Gen 1,27, wobei in der Lutherbibel noch mit „Weib" übersetzt wird). Für den Schöpfungsglauben ist der Mensch demnach von Anfang an ein Beziehungswesen, dessen Existenz ebenso von der Beziehung zu Gott wie von der Beziehung zu anderen Menschen geprägt wird und abhängig ist. Im Bildungsverständnis findet diese Dimension Beachtung, wo der Prozess der Bildung kommunikativ ausgelegt wird und wo Bildungsziele auf den Menschen als soziales Wesen eingestellt sind.

Die Beziehungen zu Gott und zu anderen Menschen ermöglichen und tragen die besondere Form des menschlichen Daseins, aber sie sind in biblischer Sicht auch gefährdet und zerbrechlich. Wenn dies in der biblischen Darstellung nicht ebenfalls zum Ausdruck käme, könnte der Schöpfungsglaube leicht als eine bloße Idealisierung des Menschen in Frage gestellt werden. Spätestens mit dem dritten Kapitel der Bibel („Sündenfall", Gen 3) wird aber die Zerbrechlichkeit aller Beziehungen manifest und thematisch. Und wiederum sind dabei verschiedene Beziehungen angesprochen, die Beziehung zu Gott, zu sich selbst und zu anderen Menschen. Menschliches Fehlverhalten, das hier als Missachtung heilsamer Grenzen gegenüber Gott beschrieben wird, bedroht und beeinträchtigt zugleich das menschliche Selbstverhältnis wie die soziale Beziehungsexistenz in grundlegender Weise. Sie endet in der „Feindschaft" (Gen 3,15).

An dieser Stelle wird sichtbar, wie das erste hier im Blick auf Bildung aufgenommene biblische Motiv, also der Schöpfungsglaube, mit den beiden anderen Motiven, die im Folgenden betrachtet werden sollen, innerlich zusammenhängt. Der Mensch braucht Weisung und Weisheit, nicht zuletzt angesichts der Zerbrechlichkeit der Lebensordnungen, und er bedarf einer Erneuerung, die aus zerbrochenen Beziehungen herausführt. Zu diesen Beziehungen gehört auch das Verhältnis des Menschen zu sich selbst. Auch dieses Verhältnis wird nach Gen 3 zutiefst gestört – schon im Blick auf die eigene Leiblichkeit, die nun als Nackt-Sein erfahren wird („und sie wurden gewahr, dass sie nackt waren", Gen 3,7), oder auch die menschliche Daseinssicherung, die als Schicksal getragen werden muss („Im Schweiße deines Angesichts sollst du dein Brot essen", Gen 3, 19). Der Bildsamkeit des Menschen entspricht biblisch eine ebenso ausgeprägte Verführbarkeit, der der Mensch verfallen und aufgrund derer er besonders tief fallen kann.

Weisung und Weisheit

Während für den Schöpfungsglauben erst herausgearbeitet werden musste, welche wirkungsgeschichtliche Bedeutung er für das Bildungsverständnis besitzt und welche pädagogischen Implikationen er in dieser Hinsicht tatsächlich einschließt, stellen sich die Verhältnisse bei den beiden Begriffen Weisung und Weisheit von Anfang an anders dar. Weisung und Weisheit stehen schon in der Geschichte des Judentums, bereits in alttestamentlicher Zeit, in einem auch pädagogischen Zusammenhang und prägen umgekehrt das Verständnis von Erziehung und Unterweisung.[25]

Weisung oder Gesetz (Tora) und Weisheit gehören dabei im Blick auf die Erziehung der Kinder eng zusammen. Das wird an weisheitlichen Formulierungen etwa im Buch der Sprüche unmittelbar sichtbar: „Mein Sohn, gehorche der Zucht deines Vaters und verlass nicht das Gebot deiner Mutter“ (Spr 1,8). Oder: „Mein Sohn, bewahre das Gebot deines Vaters und lass nicht fahren die Weisung deiner Mutter“ (Spr 6,20).

Erziehung wird demnach als Unterweisung in den Einsichten der Weisheit verstanden. Diese Weisheit wird dabei in einem spezifischen Sinne aufgefasst. Bei der alttestamentlichen Weisheit handelt es sich um ein Wissen oder eine Literaturgattung, die auch im gesamten Orient des Altertums verbreitet war.[26] Überliefert werden Erkenntnisse und Einsichten in der Gestalt eines Erfahrungswissens, das häufig in Sentenzen, Sprüchen oder Sprichwörtern verdichtet und tradiert wurde. In der Bibel bietet vor allem das

[25] Vgl. etwa *Crenshaw*, Education in Ancient Israel.

[26] Vgl. *Lange*, Weisheitsliteratur; grundlegend: *von Rad*, Weisheit in Israel; zur neueren Diskussion *Clines u.a.*, Weisheit in Israel.

Buch der Sprüche Salomos dafür ein markantes Beispiel. Schon die ersten Verse dieses Buches machen das Anliegen deutlich:

„Dies sind die Sprüche Salomos, des Sohnes Davids, des Königs von Israel, um zu lernen Weisheit und Zucht und zu verstehen verständige Rede, dass man annehme Zucht, die da klug macht, Gerechtigkeit, Recht und Redlichkeit, dass die Unverständigen klug werden und die Jünglinge vernünftig und besonnen. Wer weise ist, höre zu und wachse an Weisheit, und wer verständig ist, der lasse sich raten" (Spr 1,1-5).

Leicht zu erkennen ist schon an diesen Formulierungen, dass die weisheitliche Unterweisung nicht in einer distanzierten, bloß informierenden Art und Weise mit der Ordnung der Welt vertraut machen will, sondern dass diese Weisheit eine betont ethische Zielsetzung einschließt. Weisheit zielt auf eine normativ gehaltvolle Sicht der Welt, die insofern über eine beschreibende Absicht klar hinausgeht. Sie soll die individuelle und gesellschaftliche Lebensführung orientieren und unterstützen.

Das hängt mit einem weiteren Wesensmerkmal der alttestamentlichen Weisheitsliteratur zusammen. Die ethische Sichtweise wird der Wirklichkeit nicht einfach von außen, also durch menschliche Interpretation, hinzugefügt. Stattdessen ist in weisheitlicher Sicht bereits die Wirklichkeit selbst ethisch strukturiert. Darin kommt die Überzeugung zum Ausdruck, dass die Ordnung der Welt einen klaren Tun-Ergehens-Zusammenhang einschließt: Das menschliche Tun ist so gesehen die Voraussetzung dafür, wie es dem Menschen in der Folge ergeht. Zwischen dem eigenen Tun und dessen Folgen besteht ein voraussehbarer Zusammenhang, den die weisheitliche Ethik aufnimmt und in Gestalt von erfahrungsgesättigten Lebensregeln zusammenfasst sowie, besonders der jüngeren Generation, aber auch den Erwachsenen, als weisheitlich-ethische Unterweisung weitergibt.

Für die Weisheit gilt: Das Handeln der Menschen hat Folgen, die sich der Mensch selbst zurechnen muss. Wer dies einsieht und für das eigene Handeln beachtet, dem wird es wohl ergehen. Psalm 1 bringt dies sehr klar zum Ausdruck:

> „Wohl dem, der nicht wandelt im Rat der Gottlosen noch tritt auf den Weg der Sünder noch sitzt, wo die Spötter sitzen, sondern hat Lust am Gesetz des Herrn und sinnt über seinem Gesetz Tag und Nacht! Der ist wie ein Baum, gepflanzt an den Wasserbächen, der seine Frucht bringt zu seiner Zeit, und seine Blätter verwelken nicht. Und was er macht, das gerät wohl. Aber so sind die Gottlosen nicht, sondern wie Spreu, die der Wind verstreut" (Ps 1,1-4).

Hier wird zugleich eine weitere Bedeutung von Weisung (Tora) greifbar, nämlich als das Gesetz, das in den fünf Büchern Mose zu finden ist. Erziehung oder, modern gesprochen, Bildung ist dann als Tora-Studium zu verstehen, als „Lust am Gesetz des Herrn", über das „Tag und Nacht" nachzusinnen ist (Ps 1,2). Weisung und Weisheit gewinnen dabei über das Vertrautwerden mit der Ordnung der Welt aufgrund überlieferter Erfahrung hinaus einen weiteren, immer deutlicher ausgeprägt religiösen oder theologischen Sinn durch den Bezug auf Gott. Dieser Transformationsprozess kann als „Theologisierung der Weisheit" bezeichnet werden.[27] Statt einer in sich selbst ruhenden oder eigengesetzlichen Ordnung der Welt, wie sie im Tun-Ergehens-Zusammenhang zu-

[27] Vgl. *Lange*, Weisheitsliteratur, 1367.

nächst einfach als innere Struktur der Wirklichkeit wahrgenommen und beschrieben werden kann, ist es nun ausdrücklich Gottes Handeln, das als Lohn und Strafe wirksam wird. Auch dies wird im Buch der Sprüche greifbar, wenn es etwa heißt:

> „Im Hause des Gottlosen ist der Fluch des Herrn, aber das Haus der Gerechten wird gesegnet. Er wird der Spötter spotten, aber den Demütigen wird er Gnade geben. Die Weisen werden Ehre erben, aber die Toren werden Schande davontragen" (Spr 3,33-35).

Dass nun Gottes Handeln ins Zentrum rückt, erklärt auch, warum die Weisheit dann insgesamt unter einem theologischen Vorzeichen steht. Was oben, im Zusammenhang mit der Schöpfungstheologie unter dem Aspekt des Bewusstseins menschlicher Grenzen gesagt wurde, lässt sich auch weisheitlich und damit in einem ethischen Sinne verstehen. Dass die „Furcht des Herrn" als „Anfang der Erkenntnis" anzusprechen ist (Spr 1,7), bedeutet so gesehen, sich im eigenen Handeln auf Gottes Willen und auf die daraus erwachsenden Konsequenzen einzustellen.

Das an Weisung und Weisheit orientierte Erziehungsverständnis führt allerdings bereits in seiner Geschichte ein Problem vor Augen, das alle Bildung mit ihrem Versprechen, menschliches Handeln auf eine sichere Grundlage zu stellen, beständig begleitet und auch in unserer eigenen Gegenwart gegenwärtig bleibt, auch wenn es oft nicht ausdrücklich gemacht wird. Denn die durch Erziehung und Bildung für das eigene Leben zu gewinnende Sicherheit erweist sich immer wieder als wenig verlässlich und am Ende manchmal sogar als geradezu trügerisch. Vermeintlich gute Absichten und Handlungsweisen verbinden sich dennoch mit Misserfolg oder führen im Extremfall zu einem vollständigen Zerbrechen von Lebensentwürfen. Die Orientierung am Tun-Ergehens-Zusammenhang erscheint zumindest vordergründig als sinnlos und absurd, wenn menschliches Tun und die dann eintretenden Handlungsfolgen keinen nachvollziehbaren Zusammenhang mehr erkennen lassen. In der Frage, warum es guten Menschen schlecht ergeht, kommt dies in konzentrierter Form zum Ausdruck. Der Welt- und Lebenszusammenhang wird als zutiefst unstimmig erfahren, nicht nur als Nicht-Erkennbarkeit der Wirklichkeit, sondern ganz existenziell im Leiden, das einem Menschen im Scheitern des eigenen Lebens widerfährt. Und je mehr Gott selbst, mit der „Theologisierung der Weisheit", als Garant der Weltordnung angesehen wird, desto mehr muss diese Leidenserfahrung zu einer tiefgreifenden Gotteskrise führen. Wenn die Weltordnung zerbricht, fällt dies notwendig auf den zurück, der für diese Ordnung verantwortlich ist.

In der Bibel wird genau diese Gotteskrise paradigmatisch im Buch Hiob dargestellt und theologisch bearbeitet. Das Buch Hiob ist damit zum klassischen Ausdruck des Fragwürdigwerdens des Tun-Ergehens-Zusammenhangs geworden. Denn hier ist es gerade der Gerechte, der leiden muss.

Das Buch Hiob zeigt aber auch die vielfältigen Versuche, die Gottesbeziehung auf eine neue Grundlage zu stellen – jenseits einer von Gott mittels Lohn und Strafe gewährleisteten Ordnung der Welt im Sinne des Tun-Ergehens-Zusammenhangs. Immer deutlicher tritt dabei etwa vor Augen, dass sich Gottes Handeln grundsätzlich allen menschlichen Berechnungen entzieht. So spricht Gott zu Hiob:

„Wer ist's, der den Ratschluss verdunkelt ohne Verstand? Gürte deine Lenden wie ein Mann! Ich will dich fragen, lehre mich!
Wo warst du, als ich die Erde gründete? Sag mir's, wenn du so klug bist!" (Hi 38,2-4)

Diese Gottesrede verweist Hiob auf den Unterschied zwischen Schöpfer und Geschöpf, der sich auch auf alle menschlichen Sinnkonstruktionen bezieht. Auch der Sinn des eigenen Lebens liegt nicht in der Hand des Menschen – dieser Sinn kann ihm nur geschenkt werden.

Man kann sich allerdings fragen, ob die Souveränität des Schöpfergottes, wie sie hier zum Ausdruck kommt, den Menschen, der an anderer Stelle doch als Gottes Ebenbild bezeichnet wird (Gen 1,27), nicht allzu klein macht. Dies mag mit erklären, warum die zitierte Gottesrede im Buch Hiob nicht das letzte Wort bleibt. Angesichts der Theodizeefrage sind alle Antworten bloß vorläufig, auch im Buch Hiob.

Doch soll es im vorliegenden Zusammenhang nicht um die Theodizeefrage als solche gehen, sondern lediglich um die Konsequenzen, die sich aus dem Zerbrechen des Tun-Ergehens-Zusammenhangs ergeben. Zu einer in der Weisheit gründenden Erziehung oder Bildung muss unter Voraussetzung dieser krisenhaften Erfahrung – was im Buch Hiob allerdings nicht eigens thematisiert wird – mehr und anderes gehören als die Einweisung in eine Ordnung der Welt, die sich als Folgezusammenhang von Tun und Ergehen beschreiben lässt. Denn weder die Komplexität menschlicher Lebenszusammenhänge noch die der Gottesbeziehung kann dann noch als so einfach und linear strukturiert begriffen werden.

In diesen Horizont gehört, zumindest in bestimmter Hinsicht, auch die Neubewertung des Gesetzes, die für das Neue Testament bezeichnend ist. Dabei spielt der grundsätzliche Zweifel an der Fähigkeit des Menschen, die Gesetze etwa des Dekalogs wirklich zu erfüllen, eine entscheidende Rolle: „Niemand ist gut als Gott allein" (Mk 10,18). Anders ausgedrückt: Der Mensch vermag es auch auf der Grundlage aller Weisheit und Weisung am Ende nicht, sich in Leben und Handeln tatsächlich an die guten, von Gott gewollten Ordnungen zu halten und seine daraus erwachsenden Pflichten zu erfüllen. Insofern wäre es naiv, davon auszugehen, dass der Mensch gut ist. Vielmehr führen Weisheit und Weisung – das Gesetz – dem Menschen genau dies vor Augen, was Paulus in der Gestalt des an den ethischen Vorschriften verzweifelnden Menschen zum Ausdruck bringt:

> „Das Gute, das ich will, das tue ich nicht; sondern das Böse, das ich nicht will, das tue ich." (Röm 7,19)

Auf diese Erfahrung müssen sich, neutestamentlich gesehen, auch Erziehung und Bildung einstellen. Das kann, in späterem Sprachgebrauch, als grundlegende Unterscheidung zwischen Erziehung und Erlösung zum Ausdruck gebracht werden. So wichtig pädagogisches Handeln für den Menschen auch sein mag, bleibt die Erlösung des Menschen doch immer jenseits seiner Möglichkeiten – nämlich allein in Gottes Hand.

Im Neuen Testament erfährt die Weisung der Tora darüber hinaus eine wesentliche Konzentration. Die Liebe – zu Gott und zum Nächsten – wird von Jesus zum höchsten Gebot erklärt:

„Du sollst den Herrn, deinen Gott, lieben von ganzem Herzen, von ganzer Seele, von ganzem Gemüt und von allen deinen Kräften. Das andere ist dies: Du sollst deinen Nächsten lieben wie dich selbst" (Mk 12,30f.).

Dass dabei alttestamentliche Formulierungen zitiert werden, macht zugleich deutlich, dass hier eine Kontinuität zum alttestamentlichen Gesetz besteht. Die Tora wird nicht abgeschafft, aber sie wird neu ausgerichtet und zentriert auf die Liebe.

Allerdings kommt es im Neuen Testament auch zu einer ausdrücklich kritischen Auseinandersetzung mit der Tora. Am weitesten reicht die Kritik am Gesetz bei Paulus: „Ich bin durchs Gesetz dem Gesetz gestorben, damit ich Gott lebe" (Gal 2,19). Hier scheint von einem Übergang vom Gesetz zur Liebe die Rede zu sein, so dass das eine das andere ablöst. Derselbe Paulus kann aber auch sagen, das Gesetz sei „heilig, und das Gebot ist heilig, gerecht und gut" (Röm 7,12). Daran wird noch einmal exemplarisch deutlich, dass der mit Weisung und Weisheit umschriebene Horizont auch für das Neue Testament gilt, wenn auch in anderer Weise. Allerdings tritt die Weisheit im Neuen Testament deutlich zurück.

Insgesamt kann festgehalten werden, dass Weisung und Weisheit gerade auch dort, wo in der Bibel ausdrücklich von Erziehung gesprochen wird, die Grundlage für eine biblisch begründete Pädagogik bleiben. Sie stoßen aber bereits in der Bibel selbst mehrfach an Grenzen, früh schon dann, wenn der vorausgesetzte Zusammenhang zwischen Tun und Ergehen sich als brüchig erweist, und ebenfalls dort, wo die Gottesbeziehung nur jenseits eines an Gesetzen orientierten Verhaltens aufrechterhalten werden kann. An Grenzen kommt die an Weisung und Weisheit orientierte Lebensdeutung schließlich aber vor allem in Zusammenhängen, bei denen es um die menschliche Existenz vor Gott insgesamt geht. Dies wird besonders deutlich, wenn wir uns nun einem dritten biblischen Motiv zuwenden, das wiederum in direkter Weise in den Bildungsbegriff eingegangen ist und diesen mitgeprägt hat.

Erneuerung des Menschen

Neben der in Gen 1,27 ausgedrückten Gottebenbildlichkeit des Menschen hat vor allem eine neutestamentliche Formulierung von Anfang an den Bildungsbegriff mitbestimmt. Gemeint ist 2. Kor 3,18:

> „Nun aber schauen wir alle mit aufgedecktem Angesicht die Herrlichkeit des Herrn wie in einem Spiegel, und wir werden verklärt in sein Bild von einer Herrlichkeit zur andern von dem Herrn, der der Geist ist."

Die Auffassungen der Mystik, die sich auch in dem von ihr neu in die deutsche Sprache eingeführten Bildungsbegriff niedergeschlagen haben, konnten sich leicht mit dieser Verklärung „in sein Bild" verbinden.[28] Diese Verklärung entspricht dem, was in der Mystik dann als „Überbildung" des Menschen durch Gott bezeichnet wurde. Damit wird die Gottebenbildlichkeit zugleich in ihrer Bedeutung als Bestimmung des Menschen plastisch sichtbar. Es geht nicht um einen urgeschichtlich zurückliegenden Zustand, auf den zurückgeschaut wird, sondern um eine Zukunftsperspektive darauf, was der Mensch werden soll – freilich als Erneuerung zu dem, was

[28] Vgl. oben, S. 29ff.

seine ursprüngliche, mit der Schöpfung gegebene Bestimmung immer schon war.

Neutestamentlich muss man hier auch von einer Christusebenbildlichkeit sprechen, wie Paulus es als Gleich-Werden mit dem „Bild seines Sohnes", also Christus, an anderer Stelle hervorhebt:

> „Denn die er ausersehen hat, die hat er auch vorherbestimmt, dass sie gleich sein sollten dem Bild seines Sohnes, damit dieser der Erstgeborene sei unter vielen Brüdern" (Röm 8,29).

Dabei ist Christus das „Ebenbild Gottes" (2. Kor 4,4). Im Kolosserbrief wird dies so gefasst, dass die Christen „den alten Menschen mit seinen Werken ausgezogen und den neuen angezogen" haben, „der erneuert wird zur Erkenntnis nach dem Ebenbild dessen, der ihn geschaffen hat" (Kol 3,9f.). Die Christusebenbildlichkeit verweist demnach auf die ursprüngliche Schöpfung und zugleich auf die endzeitlich vollendete Erneuerung des Menschen. Die Erneuerung ist als Erlösung gefasst, die auf den Menschen nach dem Sündenfall zielt und die Erneuerung ermöglicht.

Dass es sich bei der Erneuerung des Menschen neutestamentlich gesehen um einen nur endzeitlich und also nicht innerzeitlich abzuschließenden Prozess handelt, macht bewusst, dass die Erneuerung des Menschen theologisch gesehen gerade kein Erziehungs- oder Bildungsziel sein kann, das mit menschlichen Mitteln anzustreben ist. Die Erneuerung ist umfassend zu verstehen und bleibt deshalb Gott vorbehalten. Darin liegt durchaus eine Hoffnungsperspektive, an der sich auch menschliches Bildungshandeln orientieren kann, aber eben nur unter der Voraussetzung, dass die Grenzen, die allem menschlichen Handeln gezogen sind, nicht aus dem Blick geraten. Sonst würde der Mensch selbst zum allmächtigen Schöpfer eines neuen Menschen, und die begrenzte Aufgabe der Bildung würde mit Erwartungen überlastet, die niemals zu erfüllen sind. Auch die beste Bildung kann und darf keine neuen Menschen hervorbringen wollen, auch wenn sich in der Geschichte durchaus Beispiele für solche Versprechungen finden. Am Ende führen solche Versprechungen nicht zu einer Erneuerung des Menschen im Zeichen der Humanität, sondern – etwa im Falle totalitärer Systeme – bloß zur tiefsten Unmenschlichkeit.

Umgekehrt wäre es aber auch problematisch, wenn sich christliches Bildungshandeln – wie in der Geschichte mitunter ebenso der Fall – allein an der Gefallenheit des Menschen ausrichten wollte. Eine sogenannte Gesetzespädagogik, die das Böse im gefallenen Menschen in Schranken halten will, indem sie ganz auf Verbote, beständige Überwachung und Strafe setzt, verliert die Hoffnungsperspektive der Erneuerung des Menschen aus den Augen. Im Extremfall plädierten Anhänger einer solchen Gesetzespädagogik in der Theologie sogar dafür, auf den Bildungsbegriff überhaupt zu verzichten.[29] Der Erziehungsbegriff bringe die realen Erfordernisse eines pädagogischen Handelns, das von der Gefallenheit des Menschen ausgeht, doch weit besser zum Ausdruck als der Bildungsbegriff, der letztlich bloß auf eine Selbstverwirklichung und eine idealistische Überhöhung menschlicher Möglichkeiten hinauslaufe.

---

[29] Vgl. dazu mit zahlreichen Nachweisen *Preul*, Evangelische Bildungstheorie, 33ff.

Vor allem in der ersten Hälfte des 20. Jahrhunderts waren solche grundsätzlich bildungskritischen Argumente in der evangelischen Theologie weit verbreitet. Auf die biblische Sicht des Menschen können sie sich aber nicht berufen.

Das biblisch begründete Verständnis der Erneuerung des Menschen hält vielmehr, recht verstanden, gerade beides im Gleichgewicht: die Einsicht in die Gefallenheit des Menschen und eine grundlegende Perspektive der Hoffnung. Es schließt ein pädagogisches Denken aus, das von einer bloßen Idealisierung des Menschen ausgehen will. Zugleich ist es aber auch nicht mit einer Gesetzeserziehung vereinbar, bei der dem Menschen – und insbesondere Kindern und Jugendlichen – nur noch mit Misstrauen begegnet wird. Ein theologisch reflektiertes Bildungsverständnis muss vor beidem zugleich bewahren – einer pessimistischen Strafpädagogik ebenso wie vor einer pädagogischen Erlösungslehre.

Religiöse Unterweisung als Zugang zum biblischen Glauben

Auf den ersten Blick klingt es ganz selbstverständlich, dass der Zugang zu einem bestimmten Glauben auf dem Weg über religiöse Unterweisung gewonnen wird. Wie sonst soll die nachwachsende Generation mit den Inhalten dieses Glaubens vertraut werden? Bei genauerer Betrachtung versteht sich dies aber keineswegs von selbst, denn im geschichtlichen oder auch interreligiösen Vergleich werden durchaus auch andere Arten und Weisen dafür sichtbar, wie die Teilhabe an einer bestimmten religiösen Gemeinschaft oder Glaubensweise erreicht werden kann. Beispiele dafür sind Gewöhnung, Sozialisation durch Teilnahme etwa an religiösen Riten oder auch solche Formen der Initiation, die weniger auf einem Wissen beruhen als auf dem Erweis persönlicher Bereitschaft im Sinne von Haltungen. Religiöse Unterweisung hingegen wird dann erforderlich, wenn der Zugang zu einem bestimmten Glauben ohne ein auf diesen Glauben bezogenes Wissen etwa in der Gestalt einer Vertrautheit mit religiösen Überlieferungen sowie weitergehend ein darauf bezogenes Verstehen nicht denkbar ist. Im Falle der biblischen Überlieferung ist dabei besonders auch an die großen Erzählungen der Verheißungsgeschichte zu denken, die zugleich eine identitätsstiftende Funktion ausüben. Dies schließt die gleichzeitige Beteiligung an religiösen Riten oder auch Sozialisationsprozesse im Sinne der Gewöhnung natürlich nicht aus, kann durch diese aber auch nicht ersetzt werden.

Religiöse Unterweisung ist besonders dann unverzichtbar, wenn die Teilhabe an einem religiösen Glauben auch die eigene Urteilsfähigkeit einbeziehen soll. Denn eine solche Urteilsfähigkeit setzt immer auch Verstehen voraus, nicht nur im Sinne eines verstehenden Nachvollzugs, sondern auch einer eigenständig fragend-kritischen Auseinandersetzung mit Riten und Glaubensweisen.

Beides, die Unverzichtbarkeit religiöser Unterweisung sowie die Unterstützung religiöser Urteilsfähigkeit, gehört im pädagogischen Sinne zum biblischen Glauben. Dies lässt es legitim erscheinen, hier ausdrücklich von religiöser Bildung zu sprechen, auch wenn der Bildungsbegriff selbst dabei naturgemäß keine Rolle spielt.

In wiederum exemplarischer Weise soll dies für eine alttestamentliche und eine neutestamentliche Anweisung zur religiösen Unterweisung aufgezeigt werden.

Das Glaubensbekenntnis Israels und die Fragen der Kinder

Bis heute kommt dem sechsten Kapitel des Buches Deuteronomium für den jüdischen Glauben eine hervorgehobene Rolle zu. Denn in diesem Kapitel findet sich das „Schema Israel", das auch als Bekenntnis Israels bezeichnet wird. In der Luther-Übersetzung lautet es so[30]:

„Höre, Israel, der Herr ist unser Gott, der Herr allein. Und du sollst den Herrn, deinen Gott, liebhaben von ganzem Herzen, von ganzer Seele und mit all deiner Kraft". (Dtn 6,4f.)

Dieses Bekenntnis fasst die „Gesetze und Gebote und Rechte, die der Herr, euer Gott, geboten hat" (Dtn 6,1), zusammen.

Unmittelbar im Anschluss an das Bekenntnis heißt es dann:

„Und diese Worte, die ich dir heute gebiete, sollst du zu Herzen nehmen und sollst sie deinen Kindern einschärfen und davon reden, wenn du in deinem Hause sitzt oder unterwegs bist, wenn du dich niederlegst oder aufstehst". (Dtn 6,f.)

[30] Meinem Kollegen Bernd Janowski verdanke ich den Hinweis, dass eine präzisere Übersetzung lauten müsste: „Höre, Israel, JHWH ist unser Gott, JHWH ist einzig! Und du sollst JHWH, deinen Gott, lieben mit deinem ganzen Herzen und mit deiner ganzen Vitalität und mit deiner ganzen Kraft."

Gesetze, Gebote, Rechte und Bekenntnis werden damit in einen pädagogischen Zusammenhang gestellt. Sie begründen einen religiösen Bildungsauftrag. Gegen eine Deutung dieser Formulierung im Sinne eines Bildungsanspruchs ließe sich allerdings einwenden, dass das hier geforderte „Einschärfen" doch eher auf ein bloßes Auswendiglernen verweise und damit weit hinter jeder Form von Bildung jedenfalls im heutigen Sinne zurückbleibe. Deshalb ist es wichtig, auch den weiteren Fortgang dieses Kapitels im Buch Deuteronomium aufzunehmen.

In Dtn 6,20f. heißt es:

> „Wenn dich nun dein Sohn morgen fragen wird: Was sind das für Vermahnungen, Gebote und Rechte, die euch der Herr, unser Gott, geboten hat?, so sollst du deinem Sohn sagen: Wir waren Knechte des Pharao in Ägypten, und der Herr führte uns aus Ägypten mit mächtiger Hand".

Hier wird nun ganz deutlich, dass auf die Frage des Kindes eine Präsentation der religiösen Überlieferung folgen soll, und zwar in narrativer Gestalt. Die Vertrautheit mit dieser Überlieferung ermöglicht eine verstehende Teilhabe, wie sie hier offenbar auch angestrebt wird. Ob sich dann wirklich von Bildung sprechen lässt, wird am Ende davon abhängig sein, wie der Prozess der Unterweisung praktisch ausgestaltet wird. Die Grundlage für eine Unterweisung, die letztlich auf eigene religiöse Urteilsfähigkeit zielt, ist aber vorgesehen und damit zumindest ein Stück weit angelegt. Das ist wirkungsgeschichtlich nicht zuletzt daran abzulesen, dass die biblischen Begründungen gerade im Judentum zu einer eigenen, auf die Heilige Schrift bezogenen Lernkultur geführt haben.

Als exemplarisch kann die angeführte Stelle aus

dem Buch Deuteronomium insofern gelten, als weite Teile der Bibel ja nichts anderes sind als eine Zusammenstellung zentraler Überlieferungen des Volkes Israel und später der Kirche. Zumindest in bestimmter Hinsicht erfüllen sie damit die in Dtn 6,20f. beschriebene Funktion. Darauf wird im Zusammenhang der Frage nach den „Buchreligionen" noch genauer einzugehen sein. Zunächst aber soll noch etwas genauer der Frage der Urteilsfähigkeit, die ihre Zuspitzung in der Forderung nach religiöser Mündigkeit findet, nachgegangen werden.

Religiöse Mündigkeit

Der Begriff der Mündigkeit lässt heute vor allem an Immanuel Kants berühmte Definition von Aufklärung denken: Aufklärung als „Ausgang des Menschen aus seiner selbst verschuldeten Unmündigkeit".[31] Bei Kant waren damit selbstredend auch alle religiösen Autoritäten gemeint, die seiner Überzeugung zufolge all diejenigen, die ihnen fraglos zu folgen bereit sind, in einer solchen Unmündigkeit halten. Auch solche Autoritäten sollen nun, für den aufgeklärten Menschen, hinter die eigene Urteilsfähigkeit zurücktreten. So gesehen steht der Anspruch der Mündigkeit auch *gegen* Religion und Glaube. Dass es jedoch auch ein Mündigwerden *im* Glauben gibt, hat demgegenüber schon Friedrich Schleiermacher hervorgehoben.[32] In der religiösen Mündigkeit kann er ein grundlegendes Ziel der religiösen Bildung sehen, die er ausdrücklich vom Unterricht der Kirche erwartet.

[31] *Kant*, Was ist Aufklärung, A 481.

[32] *Schleiermacher*, Die praktische Theologie, 396.

Unter dem Aspekt des Mündigwerdens im Glauben wird darauf noch genauer einzugehen sein.[33]

Tatsächlich findet sich aber bereits im Neuen Testament ein klarer Bezug auf den Ausgang aus religiöser Unmündigkeit, der in der Luther-Übersetzung auch begrifflich hervortritt:

> „Bis wir alle hingelangen zur Einheit des Glaubens und der Erkenntnis des Sohnes Gottes, zum vollendeten Mann, zum vollen Maß der Fülle Christi, damit wir nicht nur unmündig seien und uns von jedem Wind einer Lehre bewegen und umhertreiben lassen durch trügerisches Spiel der Menschen, mit denen sie uns arglistig verführen." (Eph 4,13f.)

„Nicht mehr unmündig" sein – das bedeutet hier offenbar die Fähigkeit, religiöse Wahrheits- oder Geltungsansprüche, wie wir es heute nennen würden, kritisch beurteilen zu können. Gemeint ist die Fähigkeit, zwischen dem wahren christlichen Glauben und menschlichen Vorspiegelungen, die diese Wahrheit verfälschen, unterscheiden zu können. Schon in neutestamentlicher Zeit waren die religiösen Verhältnisse durchaus plural, bis hinein ins Christentum selbst. Wie vor allem die Briefe im Neuen Testament deutlich erkennen lassen, gab es damals verschiedene Auffassungen des christlichen Glaubens sowie entsprechende Gruppierungen, die auch den einzelnen Gläubigen einiges an Orientierung abverlangten.

Ausdrücklich wird in diesem Zusammenhang auch das Amt des Lehrers genannt (Eph 4,11), der in den jungen christlichen Gemeinden eine feste Funktion übernehmen sollte. Der Epheserbrief gilt als Beleg und Ausdruck für die sich allmählich vollziehen-

[33] Vgl. unten, S. 142ff.

de Einrichtung einer dauerhaften Aufgabenstruktur mit bestimmten Zuständigkeiten in den Gemeinden. Dazu zählte bereits hier das Lehren, woran abzulesen ist, dass Bildung in der Geschichte der Kirche von Anfang an eine wichtige Rolle gespielt hat. Glauben und Verstehen – gebildetes Verstehen im Sinne von Mündigkeit und Kritikfähigkeit – gehören so gesehen zusammen.

4. Bildung und Kirche in Antike und Mittelalter

Auch an dieser Stelle ist zunächst ausdrücklich daran zu erinnern, dass der Zusammenhang von Bildung und Religion in der Geschichte natürlich weiter reicht als die Grenzen des Christentums. Weltweit gesehen spielte Bildung in zahlreichen religiösen Traditionen eine Rolle und wurde das jeweilige Bildungsverständnis von religiösen Traditionen mitbestimmt.[34] Religiös begründete oder zumindest religiös beeinflusste Bildungsprogramme haben die Geschichte vieler Nationen mitgeprägt. Bis heute gehen zum Beispiel in Ostasien vom Konfuzianismus, der teils als Religion und teils als Weltanschauung oder weltanschauliche Ethik gilt, bedeutsame Wirkungen aus, wie in unserer Gegenwart nicht zuletzt in wirtschaftlichen Zusammenhängen beobachtet wird. Denn der Konfuzianismus ist offenbar eine der Quel-

---

34 Vgl. etwa *Tulasiewicz/To* (Hg.), World Religions and Educational Practice.

len, aus denen die heute oftmals bestaunten Arbeitstugenden in Asien hervorgehen.

Für die Geschichte Europas sind auch unter dem Aspekt ihres Einflusses auf das Bildungsverständnis neben dem Christentum besonders das Judentum und, zumindest punktuell, der Islam hervorzuheben. Diese Religionen haben nicht nur in ihrem jeweiligen religiösen Binnenraum, den es vor der Trennung von Staat und Kirche oder Religion ohnehin kaum gab, eigene Bildungstraditionen hervorgebracht und gepflegt, sondern damit auch auf die europäischen Bildungstraditionen und -institutionen insgesamt gewirkt. Schon der in seiner prägenden Bedeutung kaum zu überschätzende Schriftcharakter der europäischen Kultur stellt dafür ein Beispiel dar, aber die religiösen Einflüsse finden sich ebenso in Kunst und Architektur, in der Philosophie oder im Recht. Dies erklärt, warum sich bildungstheoretische Positionen auch noch im 20. Jahrhundert auf die „Geschichte der abendländischen Lebensformen" berufen konnten.[35]

Es kann an dieser Stelle nicht um die notwendig kritische Auseinandersetzung mit Vorstellungen etwa vom „Abendland" gehen, bei denen das Christentum anderen religiösen Kulturkreisen gegenübergestellt wird, oft genug mit dem Anspruch auf Überlegenheit. In solchen immer auch abgrenzenden Vorstellungen liegt eine der Wurzeln für den in unserer Gegenwart mitunter erwarteten „Clash of Civilizations".[36] Diese Darstellung beabsichtigt keine Fortschreibung solcher Überlegenheitsprojektionen. Ebenso wenig geht es darum, die europäische Bildungsgeschichte zu einer

---

[35] Vgl. *Flitner,* Geschichte der abendländischen Lebensformen.

[36] Deutsche Fassung: *Huntington,* Kampf der Kulturen.

rein christlichen Geschichte umzuschreiben, um auf diese Weise vielleicht sogar für unsere Gegenwart ein christliches Bildungsmonopol zu begründen. Die Aufgabe soll vielmehr darin bestehen, zu überprüfen und gegebenenfalls sichtbar zu machen, ob und wie die biblischen Bildungsmotive in der Geschichte des Christentums aufgenommen und praktisch umgesetzt – oder auch nicht umgesetzt – wurden. Auf diese Weise soll erkennbar werden, in welchem Sinne Bildung in der weiteren Geschichte mit Religion und mit dem Christentum verbunden war. Das gilt zunächst für Antike und Mittelalter, aber auch für neuzeitliche Entwicklungen, die dann im nächsten Kapitel aufgenommen werden.

Dabei versteht sich von selbst, dass es im Folgenden nur um einige exemplarische Aspekte gehen kann. Die Auswahl orientiert sich dabei durchweg am thematischen Interesse, die Bildung aus einer theologischen Perspektive in den Blick nehmen soll.

Das Christentum als „Buchreligion"

In den Medien wird das Christentum heute häufig ganz selbstverständlich als Buchreligion bezeichnet. Vielfach steht dahinter eine zusammenfassende Betrachtung von Judentum, Christentum und Islam, die als „die Buchreligionen" bezeichnet werden. Dieses Verständnis ist jedoch aus mindestens zwei Gründen zu problematisieren oder jedenfalls zu präzisieren:

In der Religionswissenschaft werden die Religionen häufig in verschiedene Typen eingeteilt.[37] Da-

[37] Vgl. *Hoheisel,* Religionstypologie.

bei werden dann etwa Buchreligionen von Kultreligionen unterschieden. Steht im ersten Fall das in einem heiligen Buch niedergeschriebene Wort im Zentrum, so im zweiten Fall das kultische Erleben. Weiterreichend gelten Buchreligionen religionswissenschaftlich gesehen mitunter als höher entwickelte Religionen, die dann den „primitiven" Formen von Religion gegenübergestellt werden. Diese wertende Einteilung entspricht im Übrigen auch der im Koran geläufigen Rede von den „Schriftbesitzern", die hier als monotheistische Religionen (Judentum, Christentum, Islam) den polytheistischen Religionsformen gegenüber stehen (vgl. etwa Koran 3:64ff.). Solche hierarchischen Einteilungen sind jedoch an bestimmte religionsphilosophische und theologische Voraussetzungen gebunden und können nicht einfach als allgemein gültig vorausgesetzt werden. Schon die in früherer Zeit geläufige, oftmals pauschale Bezeichnung als „primitiv" muss heute kritische Rückfragen aufwerfen.

Nicht unproblematisch ist die Zusammenfassung von Judentum, Christentum und Islam als Buchreligionen theologisch gesehen aber auch deshalb, weil dabei das durchaus unterschiedliche Verhältnis zum jeweiligen heiligen Buch in diesen drei Religionen vernachlässigt wird. Für Juden und Christen spielen die Hebräische Bibel bzw. das Alte und das Neue Testament zwar eine wichtige Rolle, aber es kann nicht gesagt werden, dass Juden und Christen in diesem Buch den entscheidenden Glaubensgegenstand sehen. Juden und Christen glauben nicht einfach an die Bibel. Nach jüdischer und christlicher Überzeugung geben die biblischen Schriften vielmehr Zeugnis vom Glauben an den Gott Israels und an den Gott Jesu Christi, aber im christlichen Glaubensbekenntnis beispielsweise wird die Bibel nicht genannt. Die Bibel legt Zeugnis von Gottes Offenbarung ab, aber sie ist als Buch nicht schon diese Offenbarung selbst. Insofern trifft die Bezeichnung „Buchreligion" am ehesten auf den Islam zu, für den der Koran die unmittelbare göttliche Offenbarung darstellt.

Trotz solcher Einwände und Präzisierungen bleibt aber richtig, was Henri-Irénée Marrou in seiner „Geschichte der Erziehung im klassischen Altertum" feststellt: Das Christentum sei in konstitutiver Weise eine „Religion des Buches", in deren Entwicklung „die Rolle des geschriebenen Wortes im täglichen Leben der Kirche" immer deutlicher hervortritt. Dabei verweist er auch darauf, dass im Christentum schon die „einfache Ausübung des Gottesdienstes" auf „wenigstens ein Mindestmaß von literarischer Bildung" angewiesen sei.[38] Diese Feststellung gilt zwar nicht ohne weiteres für diejenigen, die an einem Gottesdienst teilnehmen, wohl aber für die Leiter des Gottesdienstes.

Die Bedeutung der „Religion des Buches" und der damit verbundenen Schriftkultur ist zugleich daran abzulesen, dass Christen ihre Kinder in die römische Schule schickten, damit sie lesen und schreiben lernen – und dies, obwohl dort ganz selbstverständlich antike Götterdichtungen und religiöse Mythologien behandelt wurden. Für die Anhänger des christlichen Glaubens konnte dies zu nachhaltigen inneren Konflikten führen. Von solchen Konflikten und dem Umgang mit ihnen zeugen vor allem die entsprechenden

[38] *Marrou*, Geschichte der Erziehung im klassischen Altertum, 25.

kritischen Sichtweisen des Kirchenvaters Tertullian. Dieser unterscheidet dabei zwischen den christlichen Kindern, für die der Schulbesuch eher bejaht werden könne, und den aus christlicher Sicht eindeutig abzulehnenden Aufgaben des Lehrers:

„Für Gläubige ist das Erlernen von Lesen und Schreiben eher möglich als das Lehren; denn beim Lernen und Lehren geht es jeweils ganz anders zu. Wenn der Gläubige Lesen und Schreiben lehrt, dann empfiehlt er dabei ohne Zweifel die (in den Texten) eingestreuten Preisungen der Götter; dadurch, dass er sie weitergibt, bekräftigt er sie, und indem er sie erwähnt, legt er Zeugnis für sie ab. Die Götter bezeichnet er mit eben diesem Namen, obwohl doch das Gesetz verbietet, wie wir schon sagten, sie Götter zu nennen und diesen Namen grundlos zu gebrauchen. So wird der Grund zum Glauben an den Teufel schon mit den Anfängen der Bildung gelegt. Nun untersuche noch lange, ob Götzendienst treibt, wer über die Götzen unterrichtet!“[39]

Eine Tätigkeit als Lehrer ist demnach „Götzendienst“ und müsste eigentlich für Christen ausgeschlossen sein. Allerdings tendiert die neuere Forschung dazu, den Konflikt zwischen antiker Bildung und Christentum nicht mehr so prinzipiell zu sehen, wie es im Anschluss an Äußerungen vor allem Tertullians erscheinen mag.[40] Stattdessen sei insgesamt eher von einer engen Verbindung zwischen dem Christentum und der antiken Bildung auszugehen. Bemerkenswert bleibt aber die Beobachtung, dass den Christen die Angewiesenheit auf Bildung schon in früher Zeit auch selbst vor Augen stand, so dass die zumindest möglichen Spannungen im Blick auf die in der Schule vermittelten nicht-christlichen Glaubensinhalte je-

---

[39] *Tertullian,* De idolatria, 10,5f., zitiert nach *Gemeinhardt,* Das lateinische Christentum, 67.

[40] Vgl. *Gemeinhardt,* Das lateinische Christentum.

denfalls im Blick auf die Schüler hingenommen wurden.

Die Bedeutung der Bibel als Motiv für Bildung – im Sinne der „Religion des Buches“ – ist freilich nicht auf die Zeit der frühen Kirche beschränkt. Sie ist vielmehr Teil einer langen Geschichte, deren Anfänge weiter zurückliegen. Im Grunde ist dies schon im Blick auf die Schriftwerdung der alttestamentlichen Überlieferung und ihrer allmählichen Kanonisierung zu beobachten. Der Prozess der Schriftwerdung lässt sich als ein allmählicher Vorgang beschreiben, der von der mündlichen Tradierung über verschiedene Zwischenschritte schließlich zum biblischen Kanon führte.[41] Bemerkenswert ist dabei die für lange Zeiträume kennzeichnende Gleichzeitigkeit von Kultreligion und Schriftreligion, die erst mit der Zerstörung des Zweiten Tempels im Jahre 70 nach Christus endete. Mit der Durchsetzung der Schriftreligion gewinnen entsprechende Fähigkeiten des Lesens und Schreibens, aber auch im Umgang mit anspruchsvollen Texten eine kulturgeschichtlich neue Bedeutung. Sie werden, aus religiösen Gründen, unerlässlich, weil anders der Zugang zur maßgeblichen Tradition nicht mehr möglich war.

Als Bildungsmotiv, das in der Breite und also nicht nur für kleine Eliten wirksam wird, kann allerdings auch eine Schriftreligion nur dann wirklich gelten, wenn sich die Bedeutung der Schriften und des Buches, das sie in Gestalt eines Kanons zusammenfasst, auf alle Angehörigen einer Religion bezieht. Das trifft auch für das Christentum zu. Es war ein eigener Entwicklungsschritt, die Bibel als zu le-

[41] Knapper orientierender Überblick bei *Janowski*, Weg zur Buchreligion.

sendes Buch für jeden einzelnen Christen zu verstehen – am Ende unabhängig nicht nur von der Standeszugehörigkeit, sondern auch vom Geschlecht. Wie noch gezeigt werden soll, war dieser Schritt in besonderem Maße mit der Reformation und mit der durch den modernen Buchdruck neu entstehenden Buchkultur im 16. Jahrhundert verbunden. Es ist kein Zufall, dass in dieser Zeit die Forderung nach einem allgemeinen Schulbesuch im Sinne der heutigen allgemeinen Schulpflicht einsetzt oder zumindest neu an Bedeutung gewinnt. Die vom Christentum als Buchreligion ausgehenden Impulse zur Begründung von Bildungsinstitutionen beginnen allerdings schon weit früher.

Kirchliche Bildungsinstitutionen und Traditionen

Um die Bedeutung von Bildung in der kirchlichen Tradition und in der Geschichte des Christentums insgesamt zu verstehen, ist ein veränderter Blickwinkel erforderlich. Im vorangehenden Teilkapitel wurde nach den allgemeinen Bildungsmöglichkeiten in einer Gesellschaft gefragt, um dann zu sehen, wie sich das Christentum dazu verhielt. Leitend war deshalb das Interesse am Bildungsverhalten und an der Bildungsbeteiligung von Christen im Blick auf Bildungseinrichtungen, die selbst keine christliche Wurzel aufweisen. Das Christentum hat aber auch eigene Bildungsinstitutionen sowie neue Traditionen des Lernens und der Gelehrsamkeit ins Leben gerufen. Darum soll es im Folgenden gehen.

Am bekanntesten, weil vielfach als besonders eindrücklich wahrgenommen, ist in dieser Hinsicht das *Katechumenat*, das in den ersten nachchristlichen

Jahrhunderten begründet wurde. Dabei handelte es sich um die Institutionalisierung der Taufunterweisung und also um einen Unterricht für Taufbewerber, der sich in den ersten Jahrhunderten der Kirche zu einer festen Einrichtung entwickelte.

Die katechetische Unterweisung, die damals anders als heute bei der Kindertaufe in der Regel der Taufe vorausging – die Taufbewerber waren für gewöhnlich Erwachsene –, wurde nach festen Regeln ausgestaltet, weshalb hier mit Recht von einer Institution gesprochen werden kann. Das gilt zumindest für das 4. Jahrhundert.[42] Die Taufbewerber erhielten einen eigenen Status als Katechumenen, also als zu Unterweisende. Die Teilnahme am Katechumenat bedeutete für sie insbesondere den Besuch des Unterrichts im christlichen Glauben. Dazu kamen aber noch weitere Elemente, auch eine „Prüfung des Lebenswandels“:

> „Unmittelbar vor der Taufe erfolgt eine Prüfung des Lebenswandels (examinatur vita): Ob sie ehrbar gelebt, die Witwen geehrt, die Kranken besucht, alle guten Werke getan haben. Die Bürgen haben das zu bezeugen“.[43]

Vor allem bei Augustinus finden sich spezielle Reflexionen über die inhaltliche Ausgestaltung des Katechumenats, die als Vorläufer oder frühes Beispiel für eine Katechetik als theologisch-wissenschaftliche Disziplin oder, modern gesprochen, als Vorläufer der Religionspädagogik angesehen werden können. In seiner Schrift „Vom ersten katechetischen Unterricht“

---

42 Vgl. *Paul*, Geschichte der christlichen Erziehung, 45.
43 Ebd., 50.

beschreibt er beispielsweise Überlegungen dazu, wie der Unterricht Menschen mit unterschiedlichem Bildungsstand gerecht werden kann und welche Inhalte ausgewählt werden sollten, damit der Unterricht tatsächlich seine Ziele erreicht.[44] Darüber hinaus bietet diese Schrift auch zahlreiche methodische Hinweise. Offenbar mussten die Lehrer schon damals mit dem Problem der Langeweile kämpfen und suchten deshalb nach Möglichkeiten einer anregenden Unterrichtsgestaltung. Das Katechumenat stellt insofern eine wichtige Wurzel für die Ausbildung einer theoretisch-didaktischen Reflexion religiöser Bildung insgesamt dar.

Mit dem Übergang zur Kindertaufe ab dem 5. und 6. Jahrhundert verliert das Katechumenat immer mehr an Bedeutung. Die Erinnerung an diese Institution bleibt gleichwohl bis in unsere Gegenwart hinein lebendig und wird dann beispielsweise als Begründung für christliche Erwachsenenbildung in Anspruch genommen. Eine innere Verbindung kann auch zum Religionsunterricht und vor allem zu dem dann ab dem 16. Jahrhundert sukzessive eingerichteten Konfirmandenunterricht gesehen werden. Die christliche Unterweisung vor der Konfirmation wurde vielfach ausdrücklich als nachgeholter Taufunterricht begründet, eben weil unter den Voraussetzungen der Kindertaufe eine der Taufe vorauslaufende Unterweisung nicht möglich ist. Damit schließt auch der Unterricht der Kirche im Jugendalter an Motive des Katechumenats an.

Die Unterweisung von Menschen, die sich taufen lassen wollen, war aber nicht das einzige Motiv für

---

[44] *Augustinus,* Vom ersten katechetischen Unterricht.

die Einrichtung kirchlicher Bildungsinstitutionen. Daneben ist auf die Begründung eigener *christlicher Schulen* zu verweisen. Solche Schulen fanden sich vor allem in zwei Kontexten. Seit dem 4. Jahrhundert kommt es zur Gründung von Klosterschulen, zunächst in Ägypten, später auch in anderen Ländern. Bischofsschulen, die sich am Sitz eines Bischofs entwickelten, stellen ein weiteres Beispiel für christliche Schulgründungen dar.[45] Christliche Schulen dieser Art spielten im gesamten Mittelalter eine Rolle, wobei man sich freilich klarmachen muss, dass ein Schulbesuch in dieser Zeit von vornherein, aufgrund der gesellschaftlichen Situation, nur für eine kleine Minderheit in Frage kam. Die meisten Kinder und Jugendlichen mussten schon früh in Landwirtschaft und Handwerk mithelfen, so dass für eine schulische Ausbildung keine Zeit blieb. Abgesehen von einzelnen Initiativen wie etwa den Reformen Karls des Großen im 8./9. Jahrhundert hat erst das Zusammenwirken von Humanismus und Reformation im 16. Jahrhundert zu einer zumindest intendierten und zum Teil auch realisierten Verallgemeinerung entsprechender Bildungsimpulse und -möglichkeiten geführt.

Neben den Bildungsinstitutionen, in denen die Bedeutung von Religion für die Bildungsgeschichte besonders leicht greifbar ist, müssen noch weitere Aspekte berücksichtigt werden, wenn die Bildungsbedeutung des Christentums in den Blick genommen

---

[45] Vgl. *Marrou*, Geschichte der Erziehung im klassischen Altertum, 477ff.; s. auch *Johann (Hg.)*, Erziehung und Bildung in der heidnischen und christlichen Antike; *Schwenk*, Hellenistische Paideia und christliche Erziehung.

werden soll. Dafür steht hier der bewusst offen gewählte Begriff der *Traditionen*. Er verweist an dieser Stelle ebenso auf allgemeine Bildungsmotive wie auf Mentalitäten oder Einstellungen im Blick auf Bildung sowie auf den Umgang mit den menschlichen Lebensaltern. Bildungstraditionen in diesem Sinne werden in unterschiedlichen Zusammenhängen fassbar.

Gleichsam an der Nahtstelle zwischen Bildungsinstitutionen und dem Christentum als allgemeinem Motiv für Bildung können etwa die europäischen Universitäten gesehen werden. Solche Universitäten entstehen zunächst in Italien, Frankreich und England (Bologna 1119, Paris 1200, Cambridge und Oxford 1249) und später dann auch im deutschen Bereich (Prag 1348, Wien 1365, Heidelberg 1386). An diesen Universitäten wurde nicht nur zumeist neben Recht und Medizin vor allem die Theologie gelehrt, sondern es bestand auch eine enge Beziehung zur Kirche. Vor allem in den Universitäten und insbesondere in den theologischen Fakultäten, wie sie sich später herausgebildet haben, kam eine wissenschaftliche Entfaltung christlicher Lehre zur Blüte, die bis heute als Grundlage für die Versöhnung zwischen Glaube und Wissen angesprochen werden kann. Hier liegt in der westlichen Bildungsgeschichte eine der Wurzeln für die Möglichkeit eines nicht-fundamentalistischen Umgangs mit der Spannung zwischen tradierten Glaubensüberzeugungen und moderner Wissenschaft.

Dahinter steht zugleich eine weit zurückreichende und in ihren Wirkungen auf die entsprechenden Mentalitäten kaum zu überschätzende Entwicklung. Schon in den ersten nachchristlichen Jahrhunderten entschieden sich maßgebliche christliche Theologen und Kirchenväter dazu, die christliche Glaubenslehre in den Horizont der antiken Philosophie und Wissenschaft zu stellen und sie im Dialog mit diesen zu entfalten. Eine hervorgehobene Rolle spielte dabei der ebenso in der antiken Philosophie wie im Neuen Testament verankerte Begriff des Logos (vgl. Joh 1, wo dieser Begriff mit „Wort" übersetzt wird: „Im Anfang war das Wort", Joh 1,1), der zugleich auch mit der alttestamentlichen Weisheit assoziiert werden konnte (vgl. Spr 8,22, wo die Weisheit spricht: „Der Herr hat mich schon gehabt im Anfang seiner Wege, ehe er etwas schuf, von Anbeginn her"). Unter dieser Voraussetzung konnte Christus als der Fleisch gewordene (inkarnierte) Logos verstanden werden, woraus sich bedeutsame Verbindungsmöglichkeiten zur Philosophie ergaben. Damit war der Weg zu einer wissenschaftlichen Theologie, wie sie bis heute für das Christentum kennzeichnend ist, offen, was zugleich als ein weiteres Bildungsmotiv verstanden werden kann. Dieses Motiv wurde mit der Reformation sowie vor allem in der Neuzeit in Gestalt der wissenschaftlichen Ausbildung für das Pfarramt auch weit über die Universität hinaus wirksam.

Bildung schließt zumeist auch einen engen Zusammenhang mit der Bedeutung und Ausgestaltung des menschlichen Lebenslaufs ein. Bis heute gilt: Je höher die Bildungsanforderungen in einer Gesellschaft sind, desto mehr müssen Kindheit und Jugendalter als vorbereitende Zeiten des Lernens und der Bildung von anderen gesellschaftlichen Anforderungen, vor allem einer früh im Leben einsetzenden Erwerbsarbeit, freigesetzt werden. Im Falle des Christentums und des Judentums wird die Gewährleistung dieser Voraussetzung darüber hinaus durch eine Hochschätzung von Kindern und Kindheit befördert.[46] In markanter Weise tritt dies bereits in Jesu eigenem Umgang mit Kindern hervor. Denn hier kommt eine für antike Verhältnisse keineswegs selbstverständliche Hochschätzung des Kindes zum Ausdruck – bis dahin, dass Kinder den Erwachsenen als Vorbilder vor Augen gestellt werden: Kindern „gehört das Reich Gottes" (Mk 10,14), und den Erwachsenen wird gesagt: „Wenn ihr nicht umkehrt und werdet wie die Kinder, so werdet ihr nicht ins Himmelreich kommen" (Mt 18,3). Dem entspricht es auch, dass die christliche Familienerziehung schon früh in der Geschichte des Christentums eigens thematisiert wird – prominent etwa bei Johannes Chrysostomus, der ebenso die moralische Erziehung in der Familie reflektiert wie die religiöse Unterweisung für Kinder.[47]

[46] Vgl. *Bunge* (Hg.), The Child in Christian Thought.
[47] Vgl. *Gärtner*, Die Familienerziehung in der Alten Kirche.

Die Reformation als Bildungsbewegung

Gewöhnlich wird die Reformation als eine *religiöse* Reformbewegung angesehen, die auf eine Erneuerung der Kirche zielte. Dies soll auch hier nicht in Frage gestellt werden. Je mehr religiöse Reformen aber, wie in der neueren historischen Forschung üblich, auch in einen weiteren gesellschaftlichen Zusammenhang gestellt werden, weil sie sonst nicht zu verstehen sind, desto mehr gewinnen auch bildungsgeschichtliche Perspektiven an Bedeutung und Aufmerksamkeit.[48] Zugespitzt lässt sich sagen, dass eine Reform der Kirche im 16. Jahrhundert ohne eine damit einhergehende Reform der Gesellschaft und damit auch der Bildungsverhältnisse nicht vorstellbar war.

Die enge Verzahnung von Kirchen-, Gesellschafts- und Bildungsreform erwächst in dieser Zeit zunächst daraus, dass die Kirche nicht vom Staat getrennt war, sondern beide eine unauflösliche Einheit darstellten. Das ist schon daran abzulesen, dass die Reformationsgeschichte immer auch politische Geschichte ist. Akteure sind nicht nur Theologen oder Kirchenmänner, sondern auch der Kaiser und Könige, Fürsten und Herrscher, Ratsherren und sogar politisch aktive Bauern. Für die Reformationszeit lässt sich formulieren: Wer die Kirche reformiert, verändert auch die Gesellschaft und muss dies tun, weil sonst keine Reform der Kirche zu erreichen wäre.

Kirchenreform und Bildungsreform greifen in der Reformationszeit aber darüber hinaus auch aus inneren Gründen ineinander. Diese Gründe sind be-

---

[48] Als derzeit neueste Veröffentlichung zu diesem Thema vgl. *Reformationsgeschichtliche Sozietät (Hg.)*, Spurenlese.

reits im neuen Glaubensverständnis der Reformation angelegt. Demnach ist nicht mehr der Glaube der Kirche entscheidend, der vermittelnd zwischen Gott und den Menschen so eintrete, dass es vor allem auf die Teilhabe am kirchlichen Glauben ankommt. Entscheidend ist in reformatorischer Sicht vielmehr der Glaube jedes einzelnen Menschen. Ein solcher Glaube kann sich deshalb nicht mehr allein auf die Kirche und auf den Mitvollzug ihrer Riten berufen. Vielmehr setzt Glaube im reformatorischen Sinne eigenes Verstehen voraus, zunächst als Vertrautheit mit dem Inhalt des Evangeliums von Jesus Christus, die nur aus der biblischen Überlieferung zu gewinnen ist, sodann aber auch im Sinne einer eigenen religiösen Urteilsfähigkeit. Theologisch gesehen ist dies zugleich mit dem Prinzip des allgemeinen Priestertums verbunden, das eine religiöse Aufwertung jedes und jeder einzelnen Gläubigen bedingt und zugleich eine individuelle Mitverantwortung für Kirche, Gemeinde und christliche Lehre einschließt. Zum Christsein gehören nach Luther ausdrücklich das Recht und die Pflicht, die in Gemeinde und Kirche verkündigte christliche Lehre zu beurteilen.

Damit ist bereits ein weiterer Aspekt genannt, der Implikationen im Blick auf Bildung einschließt: die Predigt in deutscher Sprache, die nun im Mittelpunkt des Gottesdienstes steht. Zum einen macht eine solche Form von Predigt natürlich Pfarrer notwendig, die aufgrund ihrer fremd- und muttersprachlichen Bildung im Stande sind, eine Predigt als eigene religiöse Rede zu gestalten. Zum anderen setzt der Gottesdienst im reformatorischen Verständnis Hörer voraus, die der Predigt tatsächlich zu folgen vermögen. Die Predigt in deutscher Sprache definiert somit neue Bildungsanforderungen, und sie trägt zugleich dazu bei, dass das erforderliche Verstehen im Gottesdienst selbst ausgebildet werden kann. Insofern wird die evangelische Predigt selbst zu einem Medium der Bildung. Der Gebrauch eines Katechismus im Gottesdienst sowie die für die Reformationszeit kennzeichnende neue Form der Katechismuspredigten unterstreichen weiter die nun angestrebte Bildungsbedeutung von Predigt und Gottesdienst. Ziel ist ein verständiger Glaube, der Bildung voraussetzt und der zu weiteren Bildungsbemühungen motiviert, auch über religiöse Bildung im engeren Sinne hinaus.

Parallel dazu erfährt in der Reformationszeit auch die religiöse Unterweisung insgesamt eine enorme Aufwertung. Denn nicht nur im Gottesdienst, sondern auch in anderer, ausdrücklich alltäglicher Gestalt soll sie allen Christen zugänglich werden. Bereits eines der ersten großen Reformprogramme der Reformationszeit von 1520, das „an den christlichen Adel deutscher Nation" adressiert ist und „von des christlichen Standes Besserung" handelt[49], spricht in diesem Sinne von beidem, vom allgemeinen Schulbesuch für Jungen und Mädchen sowie von der Schule, in der die Heilige Schrift und das Evangelium als die „vornehmste und allgemeinste Lektion" gepflegt werden sollen. Erneut greifen hier die religiösen, gesellschaftlichen und auf Bildung bezogenen Erneuerungsziele der Reformation aufs engste ineinander.

Der religiösen Unterweisung dienen darüber hinaus die in der Reformationszeit entwickelten Katechismen, allen voran Luthers Kleiner und Großer Katechismus. Der Katechismus war dabei nicht etwa

[49] *Luther*, An den christlichen Adel, 230.

als ein mechanisches, auf bloßes Memorieren angelegtes Lernprogramm für Jugendliche konzipiert, sondern als Zusammenfassung all dessen, was ein Christ zum Christsein wissen muss: „Katechismus aber heißt ein Unterricht, mit dem man die Heiden, die Christen werden wollen, lehrt und unterweist, was sie glauben, tun, lassen und wissen sollen im Christentum".[50]

Anders als heute sollte der Gebrauch des Katechismus auch keineswegs auf einen besonderen kirchlichen Unterricht beschränkt sein, wie er sich dann in späterer Zeit als Konfirmandenunterricht herausbildete. Angestrebt wurde vielmehr eine lebensweltliche Verankerung der katechetischen Unterweisung, vor allem auch in der Familie, wo der Katechismus täglich als Grundlage für eine Unterweisung durch den Hausvater dienen sollte. Gleichzeitig verbindet sich mit dem Katechismus die Perspektive eines lebenslangen Lernens, wie Luther von sich selbst sagt. Auch der Reformator hat nicht ausgelernt:

> „und muss noch täglich dazu lesen und studieren und kann dennoch nicht bestehen, wie ich gerne wollte, und muss ein Kind und Schüler des Katechismus bleiben und bleib's auch gerne."[51]

Das Verständnis der Reformation als Bildungsbewegung verweist damit einerseits zurück auf die katechetischen Bemühungen, wie sie im altkirchlichen Katechumenat zum Ausdruck kamen. Zum anderen gehen von den reformatorischen Entscheidungen wesentliche neue Impulse aus, die dann in den nach-

---

[50] *Luther*, Vorrede zu: Deutsche Messe, 78.

[51] *Luther*, Vorrede zum Großen Katechismus, 548.

folgenden Jahrhunderten zu ihrer Wirkung kommen. Dabei ist zunächst an die Aufwertung des einzelnen Menschen und seines Glaubens zu denken. Begriffe wie Individualität und Individualisierung, Verinnerlichung und Subjektivität, individuelle Autonomie und Urteilsfähigkeit, die zugleich bis in unsere Gegenwart hinein wirksame Tendenzen und Ideale der kulturellen Entwicklung bezeichnen, sind gerade für das neuzeitliche Bildungsverständnis maßgeblich geworden. Der Begriff der Bildung steht geradezu exemplarisch für den Anspruch, den inneren Menschen zu erreichen und sich nicht nur auf Fähigkeiten und Fertigkeiten zu beschränken, die dem Menschen als Person oder Persönlichkeit äußerlich bleiben. Insofern kann hier auch von einer ausgeprägten Tendenz der Subjektivierung gesprochen werden, wie sie vor allem in der reformatorischen Betonung des Gewissens greifbar wird. Das persönliche und insofern allen menschlichen Autoritäten gegenüber autonome Gewissen wird zu einer Instanz, auf die sich der einzelne Mensch für seinen Glauben berufen kann – auch gegen alle menschlichen Instanzen. Martin Luther ist dafür, mit seiner Berufung auf das im Glauben gebundene Gewissen auch gegen alle weltliche Obrigkeit, weit über die deutsche Geschichte hinaus zum symbolischen Vorbild geworden.[52]

[52] S. dazu unten, S. 170ff.

5. Bildung und Christentum im neuzeitlichen Horizont

Ganz allgemein wird angenommen, dass sich das Bildungsverständnis unter neuzeitlichen Voraussetzungen von seinen religiösen Wurzeln entfernt oder, wie vielfach gesagt wird, gelöst und frei gemacht hat, indem es säkular – weltlich also – geworden sei. Hinter dieser Sichtweise stehen verschiedene Annahmen, die in unterschiedlicher, in der Folge aber paralleler Weise den säkularen Charakter des Bildungsverständnisses hervorheben. Die Aufklärungsphilosophie und -pädagogik will prinzipiell keine der menschlichen Vernunft vorausliegenden Bindungen mehr anerkennen. Dem entspricht es, wenn später, vor allem dann in der ersten Hälfte des 20. Jahrhunderts, in den Debatten um die „Autonomie der Pädagogik" jede Form der religiösen und besonders der kirchlichen Bevormundung zurückgewiesen wird. Nicht zuletzt sind für unsere eigene Gegenwart Tendenzen bezeichnend, die Bildung allein an sogenannten Sachzwängen im Sinne des gesellschaftlichen Bedarfs bemessen wollen. Für religiöse Bezüge bleibt dabei in aller Regel kein Raum.

Ohne Zweifel ist Bildung unter den Voraussetzungen der sich neuzeitlich in der Gestalt spezialisierter Disziplinen ausdifferenzierenden Wissenschaft nicht primär ein Thema der Theologie, sondern der Pädagogik und der Philosophie, mit der die Pädagogik lange Zeit verbunden blieb. Aber hört Bildung damit auch auf, ein religiöses Thema zu sein? Die Antwort auf diese Frage fällt nicht so leicht. Historisch stehen der These vom Säkular-Werden des Bildungsverständnisses Beobachtungen entgegen, die auf die bleibenden religiösen Voraussetzungen auch der neuzeitlichen

Karriere des Bildungsbegriffs verweisen. In diesem Sinne ist gerade in unserer Gegenwart sogar von Religion als einem „verdrängten Erbe" der Pädagogik gesprochen worden.[53] Religiöse Bezüge können auch dann präsent bleiben, wenn sie nicht direkt ausgesprochen werden.

Um die Frage, ob ein rein säkulares Bildungsverständnis möglich und wünschenswert sei, soll es im zweiten Teil des Buches gehen. Zunächst bleibe ich bei der historischen Darstellung. Im Folgenden sollen drei Entwicklungen etwas genauer betrachtet werden:

- Ein neuzeitliches Bildungsverständnis, das auf die Formel „Bildung statt Religion" gebracht werden kann, lässt sich als religiöser Ausdruck des modernen Selbstverständnisses interpretieren.
- Der religiöse Horizont des Bildungsverständnisses bleibt jedoch gerade in wirkungsgeschichtlich zentralen Positionen der Pädagogik erhalten und gewährleistet dabei einen Anspruch auf Humanität.
- Unter den Voraussetzungen unserer eigenen Gegenwart mit ihrem religiösen und weltanschaulichen Pluralismus kehrt die Frage nach dem Zusammenhang von Bildung und Religion insofern wieder, als nun die lange Zeit implizit bleibenden religiös-kulturell begründeten Voraussetzungen der Pädagogik aufgrund neuer, durch die religiöse und weltanschauliche Vielfalt bedingter Differenzerfahrungen in den Vordergrund treten.

---

[53] *Oelkers/Osterwalder/Tenorth (Hg.),* Das verdrängte Erbe.

Bildung statt Religion: Bildung als religiöser Ausdruck des modernen Selbstverständnisses

Das 18. und frühe 19. Jahrhundert gelten als Zeit der Ausformung klassischer Bildungstheorien. Aus dieser Zeit stammt nicht nur die bis heute immer wieder in hervorgehobener Weise aufgerufene Bildungstheorie Wilhelm von Humboldts, sondern auch viele andere bildungstheoretische Entwürfe sind damals entstanden – man denke nur an Johann Heinrich Pestalozzi, Friedrich Schiller oder Johann Friedrich Herbart. Erneut kann hier deshalb nur exemplarisch verfahren werden. Die Pädagogik oder Erziehungswissenschaft, wie es heute heißt, hat sich immer wieder auf das Bildungsverständnis der deutschen Klassik berufen, auch als Grundlage für ein nicht mehr von den älteren Disziplinen der Philosophie und Theologie bestimmtes und insofern eigenes pädagogisches Verständnis. Gerade für diese Zeit spitzt sich daher die Frage, ob und in welchem Sinne Bildung *kein* Thema der Theologie mehr sei, noch einmal in besonderer Weise zu. Zugleich erweist es sich als bei weitem zu einfach, den Übergang des Bildungsbegriffs in die moderne Pädagogik als Ausdruck eines Säkularisierungsprozesses zu deuten. Denn während in bestimmten Hinsichten tatsächlich von einer Säkularisierung des Bildungsdenkens gesprochen werden kann, bleiben die religiösen und theologischen Bestimmungshorizonte doch zugleich überaus wirksam. In einer häufig zitierten Formulierung kann Hegel es so ausdrücken, dass „die *Religion* […] als der Glauben der Welt der Bildung auftritt“[54], also in einer im Medium der Bildung zu findenden Transforma-

[54] *Hegel*, Phänomenologie des Geistes, 298.

tionsgestalt. Als Historiker sieht Reinhart Koselleck darin eine „Bildungsreligiosität", die zwar auf „Kirche und Dogma" verzichte, aber eben nicht auf eine „christliche Selbstdeutung".[55] Gemeint ist also nicht die Religion der Gebildeten, sondern Bildung als neue Ausdrucksform von Glaube oder Religion.

Die These, dass Bildung als religiöser Ausdruck des modernen Selbstverständnisses verstanden werden kann, mag dabei zunächst überraschen. Zum einen beruft sich das moderne Selbstverständnis etwa der Erziehungswissenschaft gerade nicht auf Religion, sondern distanziert sich von dieser. Zum anderen setzt die These einen bleibend religiösen Gehalt des Bildungsverständnisses voraus, der ebenfalls nicht ohne weiteres als eine Gegebenheit angesehen werden kann.

Im Folgenden soll das mit dieser These Gemeinte deshalb an verschiedenen Positionen sowie anhand unterschiedlicher Entwicklungen im Bildungsverständnis erläutert werden. Dabei werden moderne Transformationsgestalten des Religiösen sichtbar, aber auch nicht-religiöse Gegenpositionen. Der manchmal als Vater der modernen Pädagogik angesprochene französische Philosoph Jean-Jacques Rousseau bietet dafür ein erstes herausforderndes Beispiel.

Jean-Jacques Rousseau: Die natürliche Erziehung und ihr religiöser Horizont

Einen für das Bildungsverständnis der modernen Pädagogik insgesamt hilfreichen Ausgangspunkt stellt das philosophisch-pädagogische Denken Jean-Jaques

---

[55] *Koselleck*, Einleitung, 25.

Rousseaus dar. Denn obwohl er als französischsprachiger Autor den Begriff der Bildung natürlich nicht verwendet, sondern von éducation spricht, hat sein Denken das Bildungsverständnis auch in Deutschland nachhaltig beeinflusst. Zudem lässt sein Werk die Veränderungsprozesse hinsichtlich der Voraussetzungen des Bildungsverständnisses im 18. Jahrhundert besonders plastisch hervortreten, gerade auch im Blick auf Religion und religiöse Erziehung, die er überaus kritisch betrachtet.

„Alles ist gut, wie es aus den Händen des Schöpfers kommt; alles entartet unter den Händen des Menschen", so lautet der erste Satz des „Emile", Rousseaus berühmten Erziehungsromans von 1762, mit dem zumindest für manche Darstellungen die Geschichte des modernen pädagogischen Denkens überhaupt einsetzt.[56] Könnte dieser Satz durchaus ein Traktat über die gute Schöpfungsnatur des Menschen erwarten lassen, so geht es Rousseau tatsächlich um eine kulturkritische Perspektive, die es ihm erlaubt, Fehlentwicklungen in Kultur und Gesellschaft sowie im Bereich der Pädagogik aufzuzeigen. Sein Plädoyer steht dabei im Zeichen der „Natur", auf die er sich beruft und der die Erziehung gerecht werden müsse. Der „natürliche Mensch", nicht der „Bürger" mit seinen gesellschaftlich definierten Aufgaben, soll das Ziel der Erziehung sein. Man „muss wählen, ob man einen Menschen oder einen Bürger erziehen will: beides zugleich ist unmöglich".[57] Deshalb müsse alles getan werden, damit die Erziehung diesen von der Natur vorgegebenen Menschen nicht im Namen der

[56] *Rousseau*, Emil, 9.
[57] Ebd., 12.

Gesellschaft durch ihre Einschränkungen verbiegt und vereinseitigt.

Die von Rousseau beschriebene und geforderte Hinwendung zur Natur als oberste Berufungsinstanz, das sollte nicht übersehen werden, bleibt allerdings in einer religiösen Beziehung verankert. Das wird nicht nur in der Berufung auf den „Schöpfer“ zu Beginn des „Emile“ sichtbar (im französischen Original bewusst verfremdend: „l'Auteur des choses“), sondern auch in Rousseaus autobiografischer Schrift „Bekenntnisse“. In deren Auftaktabschnitten wird die Berufung auf die Natur gleichsam dramatisiert:

> „Ich beginne ein Unternehmen, das ohne Beispiel ist und das niemand nachahmen wird. Ich will meinesgleichen einen Menschen in der ganzen Naturwahrheit zeigen, und dieser Mensch werde ich sein....
> Mag die Posaune des jüngsten Gerichts wann immer erschallen, ich werde mit diesem Buch in der Hand mich vor den obersten Richter stellen. Ich werde laut sagen: ‚Sieh, so handelte ich, so dachte ich, so war ich!‘“[58]

Interessanterweise ist es dann gerade die religiöse Erziehung, anhand derer sich Rousseau kritisch mit den bisherigen Formen der Erziehung auseinandersetzt. Denn diese gehe nicht nur grundsätzlich an den Verstehensmöglichkeiten des Kindes vorbei, indem sie das Kind mit ihren dogmatischen Inhalten überfordere, sondern sie laufe am Ende immer nur darauf hinaus, das Kind für eine bestimmte „Sekte“ zu gewinnen.[59] Gegen eine solche Form der Erziehung wäre es vorzuziehen, wie Rousseau dann tatsäch-

---

[58] *Rousseau*, Bekenntnisse, 9.

[59] Die kritische Auseinandersetzung Rousseaus mit der religiösen Erziehung findet sich im vierten Buch des „Emil“.

lich fordert, zumindest bis zum Jugendalter auf jede Form der religiösen Beeinflussung zu verzichten. Nur so könne der Mensch zu einer wahren Religion gelangen, für die er sich dann, dem eigenen Urteil folgend, frei entscheiden kann.

In seinem „Gesellschaftsvertrag“, ebenfalls 1762 erschienen, hat Rousseau zu zeigen versucht, dass dem natürlichen Menschen eine eigene Religion entspricht, eben die „Religion des Menschen“. Diese Form von Religion, die für Rousseau eigentlich anzustreben wäre, grenzt er scharf von der „Religion des Bürgers“ und, wie er die kirchliche Religion besonders des römischen Katholizismus bezeichnet: der „Priesterreligion“ ab. Die Religion des Bürgers verlange dem Menschen die Erfüllung bestimmter Pflichten im Staat ab. Die Priesterreligion hingegen setze dem Staat eigene Ansprüche politischer Art entgegen. So „bleibt also die Religion des Menschen oder das Christentum, nicht das heutige, sondern das des Evangeliums, das davon ganz und gar verschieden ist“. Dieses sei die „heilige, erhabene und wahre Religion“, in der sich die Menschen „alle als Brüder“ erkennen.[60] Es ist bei Rousseau also durchaus eine Berufung auf die „wahre Religion“, an die er gegen die von ihm kritisierten Fehlformen der (religiösen) Erziehung appelliert. Abgelehnt wird nicht Religion schlechthin, sondern es sind die in dieser Sicht problematischen Formen von Religion, auf die sich die – allerdings vernichtende – Kritik bezieht.

Bei Rousseau tritt das Ideal einer natürlichen Erziehung oder, wie man auch übersetzen kann, einer Bildung im Namen der Natur als Bildung des Men-

[60] *Rousseau*, Vom Gesellschaftsvertrag, 147.

schen an die Stelle aller gesellschaftlichen Vorgaben und Anforderungen, einschließlich der Erwartungen der Kirche und der von ihr vertretenen Religion. Insofern begegnet hier eine nicht mehr religiös begründete Bildungsauffassung, zumindest nicht im Sinne eines normativen Bezugs auf die kirchliche oder theologische Tradition. Zugleich operiert Rousseau jedoch, wie deutlich geworden ist, auch weiterhin mit der Unterscheidung zwischen einer wahren und einer verfälschten Religion und beruft sich für seine „Religion des Menschen", die auch kritisches Maß der Bildung sein soll, auf das Evangelium von Jesus Christus. Auch sein natürlicher Mensch bleibt Geschöpf und beruft sich auf einen Schöpfer, dessen Willen der natürliche Mensch entsprechen soll – gerade auch gegen alle gesellschaftliche oder religiöse Konvention und Verfälschung.

Es ist leicht zu sehen, dass wir bei Rousseau den aus der biblisch-christlichen Tradition vertrauten Bildungsmotiven wiederbegegnen, zwar in verwandelter Sprachgestalt, aber doch noch deutlich zu erkennen: Schöpfung als Ausgangspunkt und Bestimmung des Menschen sowie ein verständiger Glaube, der nicht in blinder Weise bloß auf menschliche Autoritäten vertraut. Insofern wird man Rousseaus Erziehungs- und Bildungsverständnis nicht einfach als Übergang von einer religiösen zu einer säkularen Auffassung bezeichnen dürfen, sondern muss sie als Ausdruck einer religiösen Transformation oder sogar Reform lesen. Säkular ist sein Denken jedenfalls nicht in dem Sinne, dass nun alle religiösen Bezüge entfallen – entschieden säkular ist es vielmehr gegenüber den kirchlichen Autoritäten, an die sich Rousseau für seine Pädagogik nicht mehr gebunden sieht.

Wilhelm von Humboldt: Bildung als eine „letzte Aufgabe"

Wie wohl kein anderer wird Wilhelm von Humboldt mit dem Bildungsbegriff assoziiert, sei es in Zustimmung oder in Ablehnung, weil sein Bildungsverständnis beispielsweise den heutigen Erfordernissen nicht mehr entspreche. Trotz der enormen Wirkungsgeschichte, die anderes erwarten lässt, gibt es bei von Humboldt keine eigene, in sich geschlossene Abhandlung zum Thema Bildung, an die dabei gedacht werden könnte. Eine entsprechend konzentrierte Darstellung bietet am ehesten noch die freilich sehr knappe Skizze „Theorie der Bildung des Menschen", bei der es sich allerdings um einen nicht abgeschlossenen Entwurf und insofern um ein Fragment handelt.[61] Auf den Zusammenhang zwischen Bildung und Religion wird in diesem Text nicht eigens eingegangen, weshalb es nicht verwundert, dass von Humboldt dort, wo nach religiösen Bezügen des Bildungsverständnisses gefragt wird, in der Regel nicht genannt wird. Im Folgenden soll allerdings gezeigt werden, dass zumindest manche der in diesem Text verwendeten Grundbegriffe durchaus religiöse oder theologische Implikationen aufweisen.

Die Berechtigung, von Humboldts Bildungsverständnis in einem Abschnitt über „Bildung statt Religion" aufzunehmen, ergibt sich aber zunächst nicht aus der genannten Bildungsschrift, sondern aus seinen Ausführungen über Staat und Religion. Diese finden sich in seinem berühmten frühen Werk „Ideen zu einem Versuch, die Gränzen der Wirksamkeit des Staats zu bestimmen" (1792). Hier beschreibt von Humboldt das weit in die Geschichte zurückreichen-

[61] *Von Humboldt,* Theorie der Bildung.

de „Bemühen, durch Religionsideen auf die Sitten zu wirken".[62] Dabei weiß er die Bildungsbedeutung von Religion durchaus zu würdigen: „Wenn die Idee einer Gottheit die Frucht wahrer geistiger Bildung ist; so wirkt sie schön und wohltätig auf die innere Vollkommenheit zurük."[63] Daher kann von Humboldt auch der Auffassung zustimmen, dass „religiöse Ideen bei der moralischen Vervollkommnung des Menschen wirksam sind".[64] Zugleich schränkt er die Bildungsbedeutung der Religion aber sofort wieder ein, indem er Religion als eine lediglich mögliche, für die menschliche Bildung jedoch keineswegs zwingende Voraussetzung ansehen möchte. Denn Religion sei eben „bei weitem" kein auf „alle Charaktere anwendbares Mittel".[65] Ja: „Die blosse Idee geistiger Vollkommenheit ist gross und füllend und erhebend genug, um nicht mehr einer andren Hülle oder Gestalt zu bedürfen."[66] Damit wird das Bildungsverständnis zumindest ein Stück weit von religiösen Voraussetzungen und Bezügen abgelöst. Religion könne die Bildung des Menschen zwar befördern, aber dafür gibt es nach von Humboldt auch andere – und wie deutlich wird: im Grunde vorzuziehende – Möglichkeiten.

Ähnlich wie bei Rousseau findet sich in diesem Zusammenhang aber auch bei von Humboldt die Abgrenzung gegenüber einem Religionsverständnis, das in seiner Sicht defizitär bleibt. Auch er unterscheidet zwischen positiven und negativen Formen von

[62] *Von Humboldt*, Gränzen der Wirksamkeit des Staats, 111.
[63] Ebd., 113.
[64] Ebd., 114.
[65] Ebd., 117.
[66] Ebd., 114.

Religion: Die „wahre Tugend“ sei „unabhängig von aller, und unverträglich mit befohlner, und auf Autorität geglaubter Religion“.[67] Religion sei tatsächlich ein „Bildungsmittel“, aber genau in dieser Funktion bleibe die Religion dem Menschen äußerlich – ein „von aussen einwirkendes Mittel“.[68] Dem Gesetzgeber müsse es deshalb letztlich auf ein anderes Ziel ankommen: „die Bildung der Bürger bis dahin zu erhöhen, dass sie alle Triebfedern zur Beförderung des Zweks des Staats allein in der Idee des Nutzens finden, welchen ihnen die Staatseinrichtung zu Erreichung ihrer individuellen Absichten gewährt“.[69] Voraussetzung dafür aber sei „Aufklärung und hohe Geistesbildung“.[70] An dieser Stelle übernimmt also die „hohe Geistesbildung“ die vormals der Religion zugesprochene Funktion der Moralbegründung, weshalb im Blick auf von Humboldt zumindest in diesem Sinne durchaus von „Bildung statt Religion“ gesprochen werden kann. Allerdings bleibt eben auch bei ihm die Unterscheidung zwischen einer wahren und einer falschen oder verfälschten Religion präsent, was seiner Argumentation einen theologischen oder jedenfalls religionsphilosophischen Charakter verleiht.

Nur angedeutet wird bei von Humboldt darüber hinaus eine weitere Verbindung zwischen Bildung und Religion, bei der Religion – gebildete Religion – auch als Folge von Bildung in den Blick kommt. Diese Form von Religion setzt voraus, dass der Staat sich

[67] Ebd., 122.
[68] Ebd.
[69] Ebd., 123.
[70] Ebd.

seiner auf Religion bezogenen Grenzen bewusst wird und also die Religionsfreiheit unterstützt:

„dass alles, was die Religion betrifft, ausserhalb der Gränzen der Wirksamkeit des Staats liegt, und dass die Prediger, wie der ganze Gottesdienst überhaupt, eine, ohne alle besondre Aufsicht des Staats zu lassende Einrichtung der Gemeinen sein müssten."[71]

Nur wenn der Staat seine Grenzen wahrt, kann der Mensch wirklich frei sein, gerade auch in religiöser Hinsicht. So soll der Boden für eine freie Religion bereitet werden:

„Denn je mannigfaltiger und eigenthümlicher der Mensch sich ausbildet, je höher sein Gefühl sich emporschwingt; desto leichter richtet sich auch sein Blik von dem engen, wechselnden Kreise, der ihn umgiebt, auf das hin, dessen Unendlichkeit und Einheit den Grund jener Schranken und jenes Wechsels enthält".[72]

Religion als Offenheit für „Unendlichkeit und Einheit"[73] erscheint hier als Ausdruck der Freiheit des Menschen, wobei von Humboldt allerdings sogleich wieder einschränkend im Blick auf die so wahrgenommene „Gottheit" hinzufügt: „er mag nun ein solches Wesen zu finden, oder nicht zu finden vermeinen".[74] Es bleibt hier also unbeantwortet, ob die in Freiheit gefundene Offenheit tatsächlich zum Gottesglauben führt oder nicht. Doch ebenso ist nicht zu übersehen, dass auch von Humboldt den Gedan-

[71] Ebd., 130.
[72] Ebd., 129.
[73] Ebd.
[74] Ebd.

ken einer mit seinem Bildungsverständnis verbundenen religiösen Transformation oder Veredelung des Menschen zumindest mit einbeziehen kann. Säkularität als Ablösung von allen religiösen Bezügen ist insofern auch eine für von Humboldts Bildungsverständnis zu einfache Diagnose. Sie übergeht, dass in diesem Bildungsverständnis religiöse Motive in transformierter Gestalt wirksam bleiben.

Vor diesem Hintergrund lässt sich nun auch von Humboldts „Theorie der Bildung des Menschen" noch einmal anders beleuchten. Es trifft zu, dass hier Religion nicht erwähnt wird. Bildung wird als ein Prozess beschrieben, bei dem der Mensch die Welt braucht, weil das nach von Humboldt Eigentliche der Bildung, die „Kraft" des Menschen, eine „Welt ausser sich" benötigt, um die eigene Verbesserung und Veredlung zu erreichen.[75] Anders ausgedrückt: In der Begegnung und Auseinandersetzung mit der Welt findet der Mensch sich selbst und gelingt seine Höherbildung. Ziel ist dabei die „Ausbildung der Menschheit, als ein Ganzes, zu vollenden".[76] Schon daran ist abzulesen, dass dem Bildungsverständnis hier eine Auffassung von der Bestimmung des Menschen zugrunde liegt. Bildung zielt auf eine „letzte Aufgabe unseres Daseins", die von Humboldt darin sieht, „dem Begriff der Menschheit in unsrer Person" einen möglichst großen Inhalt zu verschaffen.[77] In dem Prozess der Auseinandersetzung mit der Welt entäußert sich der Mensch, weshalb von Humboldt im Blick auf den Bildungsprozess von einer „Entfremdung", nämlich

---

[75] *Von Humboldt*, Theorie der Bildung, 235.

[76] Ebd., 234.

[77] Ebd., 235.

durch Bildung, sprechen kann.[78] Diese Entfremdung besteht darin, dass der Mensch sich in der „Mannigfaltigkeit" der Welt verliert. Damit es nicht bei diesem Sich-Verlieren bleibt, bedürfe es einer „Einheit und Allheit", wie Humboldt es nennt[79] – einer „Einheit" also, die für die Bildungsgestalt des Menschen stehen kann und steht.

Für von Humboldt sind diese Begriffe – das „Ganze" der Menschheit, die „Einheit und Allheit" – nicht religiös konnotiert oder werden in dieser Konnotation jedenfalls nicht transparent gemacht. Sachlich jedoch geht es ganz offenbar um eine letzte Bestimmung des Menschen, eine „letzte Aufgabe", wie er es nennt. Deshalb kann, so meine These, auch für die Skizze zur „Theorie der Bildung des Menschen" durchaus von einer religiösen, weil sich auf eine „letzte" Bestimmung des Menschen berufenden Grundlegung des Bildungsverständnisses gesprochen werden. Dies relativiert erneut die Zuordnung seiner Position zu einem vermeintlich rein säkularen Bildungsverständnis. Insofern käme sogar eine Zuordnung von Humboldts zum nächsten Teilkapitel in Frage, bei dem es um Religion als bleibendes Fundament der Humanität gehen soll. Säkularisierung und Transformation des Religiösen fließen in diesem Bildungsverständnis jedenfalls deutlich ineinander.

78 Ebd., 237.
79 Ebd.

Friedrich Immanuel Niethammer: Verschmelzung von Bildung und Religion im Humanismus

In einer zumindest zeitgenössisch wohl viel wirksameren Form als die im engeren Sinne philosophischen Bildungstheoretiker hat Friedrich Immanuel Niethammer die Frage nach Humanität und Humanismus beantwortet. Als Schulrat in München stand Niethammer der damaligen Bildungspolitik und Schulpraxis besonders nahe. Sein 1808 veröffentlichtes Werk „Der Streit des Philanthropinismus und Humanismus" kann aus heutiger Sicht als Auseinandersetzung mit einem utilitaristisch-aufklärerischen, am gesellschaftlichen Nutzen orientierten Bildungsverständnis gelesen werden.[80] Dieses nutzenorientierte Bildungsverständnis nahm damals die Gestalt eines „Real-Unterrichts" an, der anders als der herkömmliche humanistische Unterricht nicht mehr vornehmlich auf die Sprachen bezogen sein sollte: „Die Forderung *realer Nützlichkeit* war jetzt an der Tagesordnung; reale Nützlichkeit aber hieß nur *Einträglichkeit, materielle Production.*"[81] Gegen solche, von Niethammer der Aufklärung zur Last gelegte Tendenzen sei nicht zuletzt „das Reinste und das Höchste" – „die Religion" – in Schutz zu nehmen, so dass sie nicht in „gemeinem Moralismus" enden müsse.[82] Deshalb begrüßt Niethammer die für die damals aktuelle Bildungsdiskussion aus seiner Sicht kennzeichnende Wiederkehr des „Idealen", die sich im erneuerten Humanismus verkörpere.[83] Darin komme näm-

---

80 *Niethammer*, Der Streit des Philanthropinismus und Humanismus.

81 Ebd., 15.

82 Ebd., 17.

83 Vgl. ebd., 33f.

lich der Anspruch einer „allgemeinen Bildung“ erst zu seiner Wirkung.[84] Der Humanismus gewährleistet für Niethammer nicht zuletzt, dass Bildung sich nicht erschöpfe in „dem aufgeregten Interesse für die Außenwelt und den Gewinn, der in derselben und für dieselbe zu machen war“. Zur Bildung gehöre konstitutiv die Beschäftigung „mit den geistigen Gegenständen der Innenwelt“.[85]

Niethammers Bildungsschrift ist im vorliegenden Zusammenhang auch deshalb von Interesse, weil er ausführlich auf anthropologische Fragen eingeht. Es sei nämlich immer die jeweilige *„Construction des Begriffes vom Menschen“*, die einem bestimmten Bildungsverständnis zugrunde liegt.[86] Denn sie gibt Auskunft über die *„Bestimmung des Menschen“*.[87] Unter Berufung auf das Neue Testament weist Niethammer eine Reduktion des Menschen auf einen bloß „animalischen Geist“ zurück, um diesem sich nur an den Realien orientierenden Geist die für ihn selbstverständliche wahre Einheit von Vernunft und Glaube entgegenzustellen: „denn *Glaube* ist *Vernunft*!“[88]

Es ist bezeichnend für das immer auch bildungspraktisch ausgerichtete Denken Niethammers, dass er sein Bildungsverständnis unmittelbar für die Gestaltung der Schule fruchtbar machen möchte. So gelangt er zu der Forderung: „Die *Schule* ist die *Bildungszeit des Menschen*, nämlich der Menschheit in dem Menschen“.[89] Diese Zeit dürfe keinesfalls den als

[84] Vgl. ebd., 23, 25.
[85] Ebd., 19.
[86] Ebd., 36.
[87] Ebd., 67.
[88] Ebd., 56.
[89] Ebd., 100.

unmittelbar nützlich angesehenen Zwecken zum Opfer gebracht werden. Auch dabei bleibt Niethammers Bildungsverständnis nicht nur im Idealen, sondern ist auch im Religiösen verankert: „wer für das Unbedingte gebildet ist, der ist allein eigentlich gebildet, und bringt Bildung auch zum Bedingten mit".[90] Bildung und Religion greifen ineinander. Zumindest in gewisser Weise fließen sie hier sogar ineinander, so dass es schwer wird, beide noch voneinander zu unterscheiden:

> „Wer eine andere Realität, als die der Erde, kennen, und eine höhere Bestimmung dieser Welt und seines Lebens glauben gelernt hat, für einen solchen hat dieses Leben einen ganz anderen Ernst, als den der Noth! Der letztere allein macht kleinlich und gemein, der erstere erhebt den Menschen: den letzten aber allein kennt der, der bloß für das Bedingte gebildet wird".[91]

Das lässt sich sogar noch weiter zuspitzen, zu einem Bildungsverständnis in der Dynamik von Bildung und Religion:

> „Ein Gemüth, erhoben zum Himmel durch Religion, erblickt selbst die Erde in einem himmlischen Lichte; während ein Gemüth, versunken in irdischem Treiben und Thun, selbst für den Himmel nur einen irdischen Blick behält."[92]

Hier tritt vor Augen, was in der Tat als „Bildungsreligion" angesprochen werden kann – nicht im Sinne einer Religion der Gebildeten, sondern als Verschmelzung von Religion mit Bildung.

---

[90] Ebd., 101.

[91] Ebd.

[92] Ebd.

Doch soll und kann hier nicht die Absicht verfolgt werden, ein religiös begründetes Bildungsverständnis als die überhaupt einzig denkbare Form zu behaupten. Auch wenn Bildungstheoretiker wie Rousseau oder von Humboldt, die für gewöhnlich als Zeugen eines säkularen Bildungsdenkens in Anspruch genommen werden, tatsächlich nicht so einlinig säkular zu lesen sind, gibt es doch ohne Zweifel andere Positionen, die religiösen Bestimmungen diametral widersprechen. Um solche Positionen muss es deshalb jetzt gehen.

Materialismus, Positivismus, Evolutionismus

Die stärksten Impulse gegen eine religiöse Fundierung des Bildungsverständnisses gingen nicht von den erziehungs- und bildungsphilosophischen Positionen im 18. und frühen 19. Jahrhundert aus. In heutiger Sicht erscheinen die damaligen Positionen selbst dort, wo sie eine vom Bildungsdenken ausgehende alternative, also nicht-religiöse Begründung etwa der Moral anstreben, wie es bei von Humboldt der Fall ist, am Ende doch noch immer religiös oder jedenfalls offen für eine religiöse Bildungsdimension. Religiöse Bestimmungen des Bildungsverständnisses bleiben auch dann präsent, wenn sich Autoren wie Rousseau oder von Humboldt gegen deren herkömmliche Auslegung wenden.

Wirkliche Alternativen zu einem religiösen Verständnis entwickeln sich hingegen dort, wo materialistische, positivistische oder evolutionistische Strömungen an Einfluss gewinnen. Denn in diesem Falle können religiöse Bestimmungen prinzipiell nicht mehr auf Zustimmung hoffen. Sie werden vielmehr abgelöst durch die Berufung auf die in dieser Sicht letztlich immer materielle und durch materielle Bedürfnisse bestimmte Natur des Menschen im Falle des Materialismus; durch die ausschließliche Konzentration auf die aus Sinnesdaten ableitbaren Erkenntnisse im Falle des Positivismus; oder durch die alles erklärende Evolutionstheorie, die damit zu einer eigenen Weltanschauung wird, im Falle des Evolutionismus. Alle diese Strömungen haben auch das pädagogische Denken beeinflusst und mitgeformt. Eine eigene Theorie der Bildung haben sie jedoch nicht hervorgebracht, weshalb entsprechende Sichtweisen hier auch nicht anhand einzelner Entwürfe, sondern als eine Tendenz im pädagogischen Denken dargestellt werden. Die von solchen Denkweisen motivierte Annahme, dass Bildung eine kritische Überwindung sogenannter vor- oder unwissenschaftlicher Annahmen und insofern eine prinzipiell traditionskritische Ausrichtung aufweisen müsse, belegt jedoch eine durchaus nachhaltige Wirkung auch auf das Bildungsverständnis.

In unserer eigenen Gegenwart lässt sich dies etwa mit den von Richard Dawkins ausgelösten Kontroversen um Schöpfungsglaube und Evolutionstheorie illustrieren.[93] Dawkins vertritt die Auffassung, dass es gerade in pädagogischen Zusammenhängen darauf ankomme, die seines Erachtens doch längst widerlegten Sichtweisen des Schöpfungsglaubens durch eine allein an naturwissenschaftlichen, für ihn: evolutionstheoretischen Erkenntnissen ausgerichtete Bildung zu ersetzen. Dabei lässt er sich weder auf ein theologisch reflektiertes Schöpfungsverständnis

---

[93] *Dawkins*, Gotteswahn.

ein noch auf die wissenschaftstheoretischen Diskussionen zum Verhältnis zwischen Glaube und Naturwissenschaft. Selbst erkenntniskritische Reflexionen zu den Grenzen naturwissenschaftlicher Erkenntnis oder des menschlichen Erkennens überhaupt, wie sie im Bereich von Erkenntnis- und Wissenschaftstheorie heute breit diskutiert werden, spielen für ihn keine Rolle. Insofern ist Dawkins ein eindeutiger, freilich auch naiver Vertreter der Auffassung: Wissenschaftliche Bildung statt Glaube!

Bildung und Personalität: Religion als bleibendes Fundament der Humanität

Trotz der am Ende des letzten Abschnitts aufgenommenen Positionen, die von jeder religiösen Fundierung des Bildungsverständnisses Abstand nehmen wollen, lässt sich die Entwicklung des Bildungsverständnisses insgesamt auch unter neuzeitlichen Voraussetzungen offenbar nicht einfach als ein Säkularisierungsprozess verstehen. In vieler Hinsicht bleibt eine religiöse Fundierung wirksam – bis hin zu einer Transformation von Religion, die gleichsam zu deren Identifikation mit Bildung selbst führt. Noch deutlicher wird die bleibende Bedeutung einer religiösen Grundlegung dort, wo – wie im Folgenden gezeigt werden soll – Religion ausdrücklich als bleibendes Fundament der Humanität in Anspruch genommen wird.

Der Begriff der Humanität verweist dabei zunächst auf Johann Gottfried Herders Bildungsverständnis, das ganz im Zeichen der Humanität steht. Herders Auffassungen wird in der bildungsgeschichtlichen Literatur nicht umsonst eine Art Scharnierfunktion zugesprochen. Herder ist jedenfalls einer der ersten, bei denen in konzentrierter Form das bis heute bestimmende Verständnis von Bildung als eines Vorgangs begegnet, der ebenso die Geschichte der Menschheit im ganzen wie den Entwicklungsgang des einzelnen Menschen bestimmt. Bildung wird damit zu einer Prozesskategorie, die sich pädagogisch aufnehmen und ausgestalten lässt.

Mit Friedrich Schleiermacher soll ein weiterer Autor aus dem frühen 19. Jahrhundert zu Wort kommen, auf den sich ebenso die Pädagogik wie die Theologie als einen ihrer Klassiker beruft. Da Schleiermacher den Bildungsbegriff selbst vor allem in seiner „Erziehungslehre“ nicht in hervorgehobener Form verwendet, wird er in bildungsgeschichtlichen Darstellungen häufig übergangen. Seine enorme wirkungsgeschichtliche Bedeutung wiederum sowohl für die Pädagogik als auch für die Theologie legt es jedoch nahe, hier etwas ausführlicher auf seine Sichtweisen einzugehen. Darüber hinaus hat Schleiermacher eine eigene Theorie der religiösen Bildung entwickelt, die von grundlegender Bedeutung für ein anthropologisches Bildungsverständnis ist und die nicht zufällig bis in unsere Gegenwart hinein rezipiert wird.

Die bleibende Bedeutung der religiösen Dimension für das Bildungsverständnis lässt sich allerdings nicht nur im frühen 19. Jahrhundert, sondern auch im weiteren Verlauf dieses Jahrhunderts sowie – vielleicht überraschender – auch des 20. Jahrhunderts verfolgen. In wiederum exemplarischer Form soll dies am Beispiel Wilhelm Flitners aufgezeigt werden, dessen Bildungsverständnis vor allem in den 1950er und 1960er Jahren überaus einflussreich war. Seine Position ist auch deshalb so interessant, weil sich die von Flitner ausgehenden Impulse selbst in den vor allem von der empirischen Bildungsforschung bestimmten Diskussionen unserer Gegenwart noch nachweisen lassen.

Johann Gottfried Herder: Religion als „höchste Humanität"

Es ist kaum zu übersehen, wie zentral das Thema Religion in Herders Bildungsschriften ist. Immer wieder zeigt sich Herder geradezu fasziniert von Fragen der Mythologie und eines religiösen Glaubens – als Ideen, die er in der gesamten Menschheitsgeschichte wahrnimmt. Pädagogische, philosophische und theologische Betrachtungen greifen dabei ineinander und bilden eine letztlich nicht auflösbare Einheit, die dann auch in Herders Bildungsverständnis wirksam wird.

Viele der später in weiteren Schriften entwickelten und insofern programmatischen Gedanken Herders finden sich in früher Form in seinem „Journal meiner Reise im Jahr 1769". Sein Thema ist die Geschichte der Menschheit in bildungstheoretischer Perspektive. Auch hier fällt sofort der biblisch beeinflusste Sprachgestus auf:

> „Großes Thema: das Menschengeschlecht wird nicht vergehen, bis dass es alles geschehe! Bis der Genius der Erleuchtung die Erde durchzogen! Universalgeschichte der Bildung der Welt!"[94]

Das sind bemerkenswerte Formulierungen, die einen neuen, sehr weitgesteckten Horizont eröffnen. Die gesamte Geschichte wird aufgerufen und gleichsam noch einmal gelesen, eben als Bildungsgeschichte.

---

[94] *Herder,* Journal meiner Reise, 11.

Dabei vertritt Herder, anders als weite Teile der Aufklärungsphilosophie und -pädagogik, nicht einfach einen Fortschrittsoptimismus. Er will jede Zeit in ihrer Besonderheit würdigen. Denn die „Glückseligkeit" ist für ihn keineswegs auf die Gegenwart beschränkt:

„Hiezu will ich in der Geschichte aller Zeiten Data sammeln: jede soll mir das Bild ihrer eigenen Sitten, Gebräuche, Tugenden, Laster und Glückseligkeiten liefern, und so will ich alles bis auf unsre Zeit zurückführen, und diese recht nutzen lernen. Das menschliche Geschlecht hat in allen seinen Zeitaltern, nur in jedem auf andre Art, Glückseligkeit zur Summe".[95]

Bei Herder sind die allgemeine menschliche Bildung und die religiöse Bildung eng miteinander verbunden: *„Ein Buch zur Menschlichen und Christlichen Bildung"* will er liefern. Und dieses Vorhaben, wie Herder es versteht, diene zugleich einer „verbeßerten Evangelischen Religion".[96] Dabei denkt er sogar ausdrücklich an eine Art Katechismus, den er als „Catechismus der Menschheit" bezeichnet:

„Der Catechismus der Menschheit, wie ich ihn oben entworfen habe, fängt hier an, und wie schließt er sich mit Luthers Catechismus zusammen. Züge, Porträte, Geschichte, Leben aus aller Historie kommt dazu, um Menschlich zu bilden".[97]

Seine weitere Ausführung findet dieses welt- und menschheitsgeschichtlich angelegte Bildungsprogramm dann in Herders „Ideen zur Philosophie der

[95] Ebd., 19.
[96] Ebd., 18.
[97] Ebd., 27.

Geschichte der Menschheit" aus den Jahren 1784 bis 1791. Wie er im Vorwort hervorhebt, ist der Gang der darin enthaltenen Bildungsgeschichte der Menschheit für ihn nichts anderes als ein Versuch, „aus dem Buch der Schöpfung zu lesen". Denn die Natur sei „kein selbstständiges Wesen, sondern *Gott ist alles in seinen Werken*".[98] So kann es nicht erstaunen, wenn Herder formuliert: „Überall hat mich die große Analogie der Natur auf Wahrheiten der Religion geführt".[99]

Auch in Herders Bildungsphilosophie, die aus solchen menschheitsgeschichtlichen Betrachtungen erwächst, verbindet sich die Idee einer wahrhaft menschlichen Bildung eng mit dem „Bild der Gottheit", also der Gottebenbildlichkeit.[100] Die Gottheit sprach: „sei mein Bild, ein Gott auf Erden!"[101]

> „Als sie die Erde und alle vernunftlosen Geschöpfe derselben geschaffen hatte, formte sie den Menschen und sprach zu ihm: ‚Sei mein Bild, ein Gott auf Erden! Herrsche und walte! Was du aus deiner Natur Edles und Vortreffliches zu schaffen vermagst, bringe hervor; ich darf dir nicht durch Wunder beistehn, da ich dein menschliches Schicksal in deine menschliche Hand legte; aber alle meine heiligen, ewigen Gesetze der Natur werden dir helfen.'"[102]

Hier kommt deutlich zum Ausdruck, wie Herder das biblische Verständnis von Gottebenbildlichkeit unter neuzeitlichen Voraussetzungen formuliert, nämlich im Sinne menschlicher Autonomie, die im Rahmen

98 *Herder*, Ideen, 42.
99 Ebd.
100 Ebd., 110.
101 Ebd., 400.
102 Ebd.

einer schöpfungstheologisch verstandenen Natur gedacht wird.

Dass der Mensch für Herder dann – in einer bis heute immer wieder zitierten Formulierung – der „erste *Freigelassene* der Schöpfung" ist[103], ausgezeichnet durch den aufrechten Gang, ist nicht etwa nur metaphorisch, sondern tatsächlich schöpfungstheologisch zu verstehen. Denn immer bleibt es für Herder Gott, vor dem der Mensch seine Freiheit ebenso wie auch seine Grenzen wahrnimmt. Die von ihm gepriesene „Bildung zur Vernunft und Freiheit" bedeutet keinen Ausgang aus dem Glauben.[104] Der Begriff der „Humanität" soll alles fassen[105], aber „Religion" ist für Herder die „höchste Humanität des Menschen".[106]

Friedrich Schleiermacher: Ethische und religiöse Voraussetzungen des Bildungsverständnisses

Schleiermachers Gesamtwerk umfasst verschiedene Perioden und weist eine enorme Breite auf. Für mehrere wissenschaftliche Disziplinen haben seine Schriften eine grundlegende Bedeutung gewonnen, besonders für die Theologie und für die Pädagogik, die ihn deshalb in hervorgehobener Weise als Klassiker verstehen. Schleiermachers Beitrag zur Geschichte des Bildungsverständnisses begegnet zunächst in seinen von der Romantik beeinflussten Frühschriften, in den „Monologen" sowie in den „Reden über

---

[103] Ebd., 119.
[104] Ebd., 124.
[105] Ebd.
[106] Ebd., 128.

die Religion", später dann vor allem in seiner Ethik, die er selbst wiederum als Voraussetzung für seine „Erziehungslehre" betrachtet.

Schleiermachers „Monologen" aus dem Jahre 1800 verstehen sich als Zeugnis eines Menschen darüber, „was er im Innersten des Gemüthes zu sich selbst geredet hat", als „innere Wahrheit"[107] also und als Einblick in die Subjektivität eines Menschen. Diese Wendung nach innen, die diese Schrift auch zu einem Meilenstein in der Darstellung menschlicher Subjektivität überhaupt macht, liegt hier auch dem Bildungsverständnis zu Grunde. Denn beschrieben und hervorgehoben wird ausdrücklich das „innere Werk der Bildung"[108], und zwar als „Selbstbildung"[109], die sich in der Entwicklung der inneren Freiheit des Menschen vollzieht. Für Schleiermacher ist „inneres Leben" des „Geistes Werk und freie That", so dass äußere und innere Bildung ineinander greifen: „selbst werdend Welt zugleich zu bilden"[110], das meint für Schleiermacher Bildung.

Die Wendung nach innen geht einher mit einer neuen Wertschätzung des Menschen in seiner Individualität, als „eigenthümlich gebildet Wesen".[111] Diese Individualität oder Eigentümlichkeit stellt Schleiermacher der einseitigen Orientierung an Gleichheit im Sinne von Gleichförmigkeit entgegen, die er nicht zuletzt den Tugendlehren und Wissenschaftssystemen der Aufklärung zum Vorwurf macht. Die Ausrichtung von Bildung am gesellschaftlichen Nut-

[107] *Schleiermacher,* Monologen, 7.
[108] Ebd., 42.
[109] Ebd., 41.
[110] Ebd., 19.
[111] Ebd., 29.

zen – ein Kernanliegen des Utilitarismus im Aufklärungsdenken – lässt für Individualität wenig Raum. Umgekehrt wird die Ausprägung von Individualität bei Schleiermacher zu einem eigenen Bildungsziel, im Sinne der „höhern Eigenheit der Bildung und der Sittlichkeit".[112] Das Ziel der Bildung besteht nun darin, „dass jeder Mensch auf eigne Art die Menschheit darstellen soll, in einer eignen Mischung ihrer Elemente".[113] Darin erweise sich der Mensch in Wahrheit als „Werk der Gottheit, das einer besondern Gestalt und Bildung sich zu erfreuen hat".[114] Schleiermachers Bildungsdenken mit seinen Akzenten der inneren Bildung und der Bildung zur Individualität ist also letztlich religiös begründet, selbst wenn dies, wie Schleiermacher selbst bemerkt[115], in den „Monologen" nicht explizit gemacht wird.

Eine weitere bemerkenswerte Entwicklung im Bildungsverständnis bei Schleiermacher betrifft sodann die religiöse Bildung, die bei ihm auch eine eigenständige Thematisierung erfährt. Im Zentrum der dritten seiner Reden „Über die Religion. Reden an die Gebildeten unter ihren Verächtern" (1799)[116] steht die Grundsatzfrage nach Sinn und Möglichkeiten der religiösen Bildung, die also keineswegs mehr allein als eine Frage des Wie, sondern als eine eigens bildungs- und religionstheoretisch zu verantwortende Aufgabe behandelt wird. Schon dies begründet die bleibende Bedeutung dieser Darstellung.

Den Ausgangspunkt stellt für Schleiermacher da-

---

[112] Ebd.

[113] Ebd., 30.

[114] Ebd., 30f.

[115] Vgl. ebd., 4.

[116] *Schleiermacher*, Reden.

bei die von den „Verächtern" der Religion vorgetragene Kritik dar, die nicht zuletzt – man denke nur an Rousseaus Plädoyer für den Verzicht auf jede Form der religiösen Erziehung in der Kindheit[117] – der religiösen Bildung galt. In den ersten beiden Reden entwickelt Schleiermacher zunächst ein Verständnis von Religion, das deren unverzichtbare Bedeutung nicht etwa von Theologie oder Kirche, sondern vom Menschsein her und also anthropologisch begründet. Dabei unterscheidet er zwischen drei Begriffen: „Metaphysik" als (wissenschaftliches) Erkennen der Welt; „Moral" und besonders moralisches Handeln als Eingreifen in die Welt; und schließlich „Religion" als „Anschauung und Gefühl", wie Schleiermacher bewusst anthropologisch formuliert. Jeder dieser drei Begriffe bezeichnet ein eigenes Verhältnis zur Welt, einen eigenen Weltzugang. Alle drei Weltzugänge sind in dem Sinne gleichursprünglich, dass sie – das ist gleichsam die Pointe der Argumentation – nicht aufeinander zurückgeführt werden können. Zum Menschsein gehört nicht nur das rationale Erkennen oder das an Normen ausgerichtete Handeln, sondern eben auch das passive Sich-Berühren lassen.

Dieses Verständnis von Menschsein und Religion begründet dann auch das Recht religiöser Bildung. Ohne Religion bliebe Bildung unvollständig.

Wenn religiöse Bildung so vom Menschsein her begründet wird, hat dies allerdings auch Folgen für ihre praktische Gestaltung. Dies wird in der dritten Rede genauer ausgeführt, indem von einer „Anlage zur Religion" gesprochen wird.[118] Damit ist freilich

---

[117] Vgl. S. 87ff.

[118] *Schleiermacher,* Reden, 102.

anders, als man vom heutigen Sprachgebrauch her meinen könnte, kein bestimmtes psychologisches Vermögen gemeint, sondern eine anthropologische Bestimmung: dass Religion von Anfang an zu den Möglichkeiten des Menschen selbst zählt und dass diese Möglichkeit auch entwickelt werden muss, wenn Bildung den ganzen Menschen meint. So wird religiöse Bildung hier keineswegs als Belehrung konzipiert. Dadurch würde der Mensch nur mit fremden Vorstellungen angefüllt. Besser passt für Schleiermacher das Bild der „Pflege", die für geeignete Entwicklungsmöglichkeiten des Kindes sorgt:[119]

> „Aus dem Innersten seiner Organisation aber muss alles hervorgehen, was zum wahren Leben des Menschen gehören und ein immer reger und wirksamer Trieb in ihm sein soll. Und von dieser Art ist die Religion".[120]

Religiöse Bildung bedeutet demnach keineswegs, dass Kindern etwas aufgedrängt oder eingeimpft wird. Stattdessen geht es darum, die im Menschen bereits angelegte Befähigung zur Religion so anzuregen, dass sie sich entwickeln und zunehmend frei äußern kann. Diese Grundfigur einer pädagogisch-anthropologischen, also ganz vom Menschsein ausgehenden Begründung religiöser Bildung ist bis in unsere Gegenwart hinein aktuell geblieben. Sie kann deshalb überzeugen, weil sie bewusst nicht von theologischen Voraussetzungen ausgeht. Schleiermacher wäre allerdings missverstanden, wenn daraus gefolgert werden sollte, für ihn sei Religion deshalb ein ausschließlich vom Menschen hervorgebrachtes Phä-

[119] Vgl. ebd., 107.
[120] Ebd., 103.

nomen. Auch die von einer entsprechenden „Anlage“ des Menschen ausgehende Entwicklung braucht ein transzendentes Gegenüber, das Schleiermacher in dieser Frühschrift – wiederum bewusst allgemein – als „Universum“ anspricht: „Das Universum bildet sich selbst seine Betrachter und Bewunderer“.[121]

In seinen späteren Schriften zur Ethik, aber auch zur Pädagogik, hat Schleiermacher dann eine umfassende Bildungstheorie entwickelt, die nicht von der Bildung des einzelnen Menschen ausgeht, sondern vom umfassenden Prozess der Einigung von Vernunft und Natur. In dieser Sicht stellt das Thema der Ethik ein „potenzirtes Hineinbilden und ein extensives Verbreiten der Einigung der Vernunft mit der Natur“ dar.[122] In diesem Horizont ist für Schleiermacher auch die Pädagogik zu sehen, die sich an der „Entwicklung des Menschengeschlechts“ orientieren muss und die deshalb als ein „rein ethischer Gegenstand“ verstanden werden soll.[123] Deshalb kann Schleiermacher auch formulieren: „Somit steht die Theorie der Erziehung in genauer *Beziehung zur Ethik*, und ist eine an dieselbe sich anschließende *Kunstlehre*“.[124]

Seine Ethik hat Schleiermacher in doppelter Gestalt entfaltet – zum einen als philosophische Ethik, zum anderen als christliche Sittenlehre.[125] Daran ist abzulesen, dass auch Schleiermachers ethische Fundierung des Bildungsverständnisses in einem religiösen Gesamtzusammenhang zu sehen ist, der zwar nicht in der philosophischen Ethik, wohl aber in der

[121] Ebd., 105

[122] *Schleiermacher*, Ethik, 9f.

[123] *Schleiermacher*, Vorlesungen, 11.

[124] Ebd., 12.

[125] Vgl. *Schleiermacher*, Christliche Sitte.

christlichen Sittenlehre explizit wird. Die ethische Ausrichtung des Bildungsverständnisses darf deshalb nicht als Option gegen eine religiöse Begründung missverstanden werden.

Schleiermachers Denken steht exemplarisch für die Epoche des deutschen Idealismus. Die großen pädagogischen Entwürfe jener Zeit, nicht nur von Herder und Schleiermacher, sondern auch etwa von Pestalozzi, Fichte und Hegel, umschreiben ein Bildungsverständnis, auf das sich die Erziehungswissenschaft bis heute immer wieder bezieht – wo nicht, um daraus noch immer zu lernen, so doch in der Absicht, aus der kritischen Auseinandersetzung mit ihnen das eigene Profil zu schärfen. In allen diesen klassisch-pädagogischen Entwürfen spielt Religion eine tragende Rolle, sei es als Kraft der Humanisierung wie bei Pestalozzi oder als Ausdruck des absoluten Geistes wie bei Hegel. Als geschichtlicher Nährboden eines in diesem Sinne religiös, aber nicht kirchlich oder theologisch motivierten Bildungsdenkens gilt dabei der Protestantismus, dessen Hervorhebung des Eigenrechts religiöser Individualität und Subjektivität im Verhältnis zu den religiösen Institutionen einer philosophisch-bildungstheoretischen Inanspruchnahme von Religion allererst den Weg geebnet habe. Eine in dieser Weise vor allem am Protestantismus ausgerichtete Pädagogik setzt sich auch in späterer Zeit noch fort.

Wilhelm Flitner: Religion als Kern von Personalität

Auch im 20. Jahrhundert hat die wissenschaftliche Pädagogik den Zusammenhang von Bildung und Religion immer wieder auch ausdrücklich thematisiert und religiöse Begründungsmöglichkeiten des Bildungsverständnisses herausgearbeitet. In der ersten Hälfte des 20. Jahrhunderts gilt dies in hervorgehobener Weise etwa für Eduard Spranger, der zugleich zu den einflussreichsten Erziehungswissenschaftlern dieser Zeit überhaupt zählte. Sprangers Werk ist insofern auch im vorliegenden Zusammenhang interessant, als er die Bildungsbedeutung von Religion sowie die religiöse Dimension von Bildung im Horizont der menschlichen „Lebensformen" – so der Titel seines ersten großen Werkes von 1914/1921 – zu begreifen sucht.[126] Darüber hinaus verfolgt er in seiner grundlegenden Abhandlung zur „Psychologie des Jugendalters" von 1924 auch die „religiöse Entwicklung des Jugendlichen".[127] Damit wird zugleich eine neue Verbindung zwischen Bildungsverständnis und Religionspsychologie geschaffen.

Wenn ich im Folgenden nicht Sprangers, sondern Wilhelm Flitners Bildungsverständnis etwas genauer entfalte, so entspricht dies einem gegenwartsbezogenen Interesse. Denn in Flitner begegnet uns der Pädagoge, dessen Bildungsverständnis in der zweiten Hälfte des 20. Jahrhunderts nicht nur für die Wissenschaft, sondern bis hinein in die Gestaltung von Schule und besonders für die Gestalt des Abiturs überaus wirksam geworden ist. Zumindest in bestimmter Weise finden sich die von Flitner entwickelten bildungstheoretischen Begründungsfiguren auch noch im Umkreis der bildungstheoretischen Fundierung der für unsere Gegenwart und ihr Bildungsverständnis so einflussreichen Schulleistungsvergleiche im Rahmen der aktuellen PISA-Untersuchungen.[128] Zudem

[126] Vgl. *Spranger*, Lebensformen.

[127] Vgl. *Spranger*, Psychologie des Jugendalters.

[128] S.u., S. 119.

tritt bei Flitner noch einmal die enge Verbindung zwischen religiöser und personaler Ausrichtung des Bildungsverständnisses in markanter Weise hervor.

Zumindest hingewiesen werden soll an dieser Stelle auch auf den aus der *katholischen Tradition* kommenden Personalismus, der ebenfalls für ein religiös begründetes Bildungsverständnis stehen kann.[129] Einige seiner Vertreter wie Romano Guardini haben in der Erziehungswissenschaft weithin Beachtung gefunden. Insgesamt wurde die katholische Pädagogik im 20. Jahrhundert aber eher als eine konfessionelle und deshalb über katholische Kreise hinaus kaum rezipierbare Entwicklung wahrgenommen. Ihre Wirkung ist mit der Flitners kaum zu vergleichen.

Schon in Flitners „Allgemeiner Pädagogik“ (1950) wird die Bildungsbedeutung von Religion oder, wie er selbst sagt, des Glaubens deutlich erkennbar. Flitner unterscheidet hier verschiedene Betrachtungsweisen auf das „Phänomen der Erziehung“.[130] Am Anfang steht die „biologische“ Betrachtung, verknüpft mit der „anthropobiologischen“ Sichtweise, die das Wachsen und Reifen der Kinder und Jugendlichen mit den darauf bezogenen Handlungsformen der Erwachsenen verbindet. Sodann folgt die „geschichtlich-gesellschaftliche Betrachtungsweise“, wobei bereits hier in religiöser Hinsicht wichtige Bezüge genannt werden: „Sinngehalte“, die als „gültig erfahren“ werden, „sittliche Beziehungen“, „die uns in Verantwortung jetzt wirklich aneinander binden“. Nach Flitner lassen sie sich nur mit metaphysischen und theologischen Zugangsweisen erfassen.[131] Für

[129] Vgl. dazu *Harth-Peter*, Religion und Bildung im Lichte des modernen Personalismus.
[130] Vgl. *Flitner*, Allgemeine Pädagogik, 140.
[131] Ebd., 151.

ihn ist der „Bezug auf eine transzendente Wirklichkeit" für das Bildungsverständnis unabdingbar. Denn daran hänge die Freiheit des Menschen:

> „es ist die Freiheit des gläubigen Herzens, die sich dem verborgenen Sinn oder Bezug auf die transzendente Fülle öffnet, weil sie ihm als offenbart gilt; oder jene andere Freiheit, welche die Verborgenheit des Sinnes hinnimmt und sich entschließt, eine Lebensform anzunehmen, in welcher der Mensch ein Selbst wird und dem Nicht-Selbst gegenüber sich wach und würdig in einem Leben mit dem Mitmenschen angesichts der verborgenen Wirklichkeit aufrechterhält".[132]

Trotz dieser Transzendenzbezüge schon in der „geschichtlich-gesellschaftlichen Betrachtungsweise" von Erziehung hält Flitner eine weitere Betrachtungsweise für unerlässlich. Denn Erziehung müsse auch unmittelbar als „geistige Erweckung" erschlossen werden. Auch hier sind Berührungen mit der religiösen Tradition erkennbar, etwa wenn Flitner den kulturellen Tradierungsprozess als Vorgang der „geistigen Erweckung" anspricht, in dem das Überlieferte neu lebendig zu werden vermag. Dennoch ist es dann erst die vierte Betrachtungsweise von Erziehung, bei der Religion ganz in den Mittelpunkt tritt. Flitner bezeichnet diese als die „personale Betrachtungsweise", die wiederum auf „theologische und metaphysische Gedanken" angewiesen bleibe.[133] Nun geht es um die „Erweckung des Gewissens und Glaubens" und damit um einen für ihn entscheidenden Unterschied, nämlich „zwischen dem zur Person erwachten, zum wissenden Charakter gewordenen Menschen und

---

[132] Ebd., 153.
[133] Ebd., 160.

denen, die entweder Personalität noch nicht errungen oder sie wieder eingebüßt haben".[134]

Bezeichnend für Flitners Zugangsweise ist, dass Religion keineswegs einen beliebigen Zusatz zum Erziehungsverständnis darstellen soll, sondern als konstitutive Dimension zu begreifen ist. Ein angemessenes Erziehungsverständnis lässt sich demnach nicht erreichen, wenn nicht auch die religiöse Dimension als Ausdruck und Ermöglichung der Personalität des Menschen in den Blick genommen wird. Auch in weiteren Darstellungen, in denen es ausdrücklich um das Bildungsverständnis geht, hat Flitner den Zusammenhang von Bildung und Religion herausgearbeitet. Den übergreifenden Hintergrund stellt für ihn dabei die „Geschichte der abendländischen Lebensformen" dar, die sich in seiner Sicht nur als „Verschmelzung hebräischer, griechischer und römisch-hellenistischer Wirklichkeitsdeutung" erschließen lassen.[135]

Seinen deutlichsten Ausdruck findet Flitners Bildungsverständnis zusammenfassend in den vier „Initiationen", die er im Blick auf die Hochschulreife und die damit verbundenen Bildungsanforderungen beschreibt:

> „Es sind im Wesentlichen *vier sachliche Gehalte*, in welche Einführungen solcher Art notwendig sind, weil sie die unentbehrliche Grundlage aller universitären Studien bilden: die christliche Glaubenswelt, das philosophisch-wissenschaftliche Problembewusstsein, die exakt-naturwissenschaftliche Methode mit ihrer Macht über die Technik, die politische Welt der Gegenwart in ihrer Wechselwirkung mit der gesellschaftlichen sittlichen Ordnung".[136]

---

[134] Ebd., 164.
[135] *Flitner*, Geschichte der abendländischen Lebensformen, 11.
[136] *Flitner*, Hochschulreife und Gymnasium, 59.

In meinen Worten lässt sich dies so zusammenfassen: Bildung ist erstens bezogen auf die Frage nach dem Sinn des Ganzen – von Welt, Geschichte und eigener Existenz; zweitens ist sie eine Form wissenschaftlicher Bildung, die sich in ihrem Zusammenhang und im Blick auf die Grenzen von Wissenschaft zu reflektieren weiß; drittens ist sie naturwissenschaftlich-technische Bildung, dies aber nicht in isolierter Weise, sondern – viertens – stets verbunden mit politisch-ethischer Bildung.

Die religiöse und vor allem die christliche Glaubenswelt spielt für dieses Bildungsverständnis also eine zentrale Rolle. Wenn Flitner darin den Ausdruck der „abendländisch-europäischen Gesittung“ sehen will, handelt es sich natürlich nicht einfach um einen historischen Befund. Vielmehr geht es auch hier um eine bewusste pädagogische Deutung, im Zeichen einer „personalen Kultur“.[137] Das Christentum ist hier ein unverzichtbarer Bildungsinhalt, als wesentliches Erbe der abendländischen Kulturgeschichte, und Religion, einschließlich des Christentums, bezeichnet eine Dimension, ohne die sich Bildung und Erziehung nicht zureichend erfassen lassen.

Wie einflussreich diese Bestimmungen Flitners bis hinein in unsere Gegenwart geblieben sind, zeigt vor allem der Versuch Jürgen Baumerts, ein als Grundlegung der PISA-Untersuchungen geeignetes Bildungsverständnis zu entwickeln. Dabei greift er bewusst auf Flitners „Initiationen“ zurück.[138] Aus den von Flitner beschriebenen „Initiationen“ werden bei Bau-

[137] *Flitner*, Geschichte der abendländischen Lebensformen, 11.

[138] Vgl. *Baumert*, Deutschland im internationalen Bildungsvergleich, 107.

mert „Modi der Weltbegegnung", die auch als „Kanonisches Orientierungswissen" beschrieben werden:

- „Kognitiv-instrumentelle Modellierung der Welt"
- „Ästhetisch-expressive Begegnung und Gestaltung"
- „Normativ-evaluative Auseinandersetzung mit Wirtschaft und Gesellschaft"
- „konstitutive Rationalität", zu der neben Philosophie auch Religion gehöre.[139]

Dabei ist Baumert davon überzeugt, dass die „unterschiedlichen Formen der Rationalität" „jeweils eigene Horizonte des Weltverstehens" eröffnen, „die für Bildung grundlegend und nicht wechselseitig austauschbar sind".[140] Mit anderen Worten: Ein religiöser Modus der Weltbegegnung ist nach Baumert für Bildung unverzichtbar.

In anderer Gestalt begegnen Überlegungen zu Religion als Bildungshorizont und Bildungsinhalt in der zeitgenössischen Erziehungswissenschaft sodann vor allem bei Dietrich Benner. Auch er geht davon aus, dass Religion zu den anthropologisch unverzichtbaren Dimensionen des Menschseins zählt – er selbst spricht hier von „Praxisformen" –, weshalb eine Bildungstheorie nicht ohne Berücksichtigung von Religion auskommen könne.[141] Weiterhin macht er deutlich, dass jede reflektierte Auffassung von Erziehung und Bildung auf einem Verständnis der Bestimmung von Mensch und Welt aufruht. Denn nur auf diese Weise lasse sich sagen, wie Bildungsziele begründet werden können. Auf Benners auch theologisch

[139] Ebd., 113.

[140] Ebd., 107.

[141] Vgl. *Benner*, Allgemeine Pädagogik, 25ff., 122ff.

höchst interessante Position soll im nächsten Teil des Buches noch genauer eingegangen werden.[142]

Norbert Ricken: Bildung als Kontrolle des Selbst im Horizont der „Pastoralmacht" (Foucault)

Die Bedeutung von Bildung für die Entwicklung von Personalität wird in der Erziehungswissenschaft heute nicht durchweg positiv gesehen. Dass Menschen durch Bildung zu mündigen Subjekten werden sollen, wird dabei nicht in Frage gestellt. Grundsätzlich bezweifelt wird allerdings, dass ein am Bildungsbegriff ausgerichtetes pädagogisches Handeln tatsächlich zu diesem Ziel führen könne.

In einer ersten Form vorgetragen wurde dieser Zweifel von Bildungstheoretikern wie Heinz-Joachim Heydorn, die aufgrund gesellschaftskritischer Analysen davon ausgehen, dass eine unfreie Gesellschaft – in der Sprache der damaligen Zeit meinte dies: eine vom Kapitalismus geprägte Klassengesellschaft – die Ausbildung kritischer Subjektivität gar nicht zulasse.[143] Das im Namen der Bildung geschehende pädagogische Handeln besonders im Rahmen der Schule führe deshalb am Ende nur zu einer Vertiefung und Befestigung der Unfreiheit.

Diese für die 1960er und 1970er Jahre bezeichnende Form der Bildungskritik hat in der Gegenwart noch einmal eine nachhaltige Radikalisierung erfahren, die sich nicht mehr einfach auf bestimmte, vor allem kapitalistische Gesellschaftsformen bezieht, sondern die moderne Zivilisation insgesamt in den

---

[142] Vgl. unten, S. 149ff.

[143] Vgl. *Heydorn*, Ungleichheit für alle.

Blick nimmt. Den Ausgangspunkt dieser Radikalisierung stellen vor allem die Arbeiten des französischen Philosophen Michel Foucault dar, der in seinen berühmt gewordenen Studien zur Entwicklung der modernen Psychiatrie oder auch von Strafjustiz und Gefängnis eine allgemeine Theorie gesellschaftlicher Machtausübung vorgelegt hat.[144] Foucault versteht gesellschaftliche Macht dabei nicht mehr einfach als Ausdruck eines persönlichen Despotentums oder einer herrschenden Klasse, durch die eine andere gesellschaftliche Klasse unterdrückt wird. Macht bleibt auch in dieser Sicht Unterdrückung, aber sie wird völlig unpersönlich, zurückführbar lediglich auf gesellschaftliche Strukturen, die Humanität und Freiheit versprechen, tatsächlich aber nur immer weiter in die permanente Überwachung und eine darauf bezogene Selbst-Kontrolle geführt haben und führen. Das moderne Gefängnis etwa habe zwar tatsächlich die martialischen Strafen früherer Zeiten abgelöst, aber die permanente Kontrolle in modernen Gefängnissen sei, genauer betrachtet, alles andere als human, und die dabei angestrebte und abverlangte Form der Besserung bedeute am Ende nichts anderes als die Verinnerlichung der gesellschaftlichen Kontrolle. Eine besondere Rolle spielt bei Foucault die von ihm so genannte „Pastoralmacht".[145] Ihre Benennung lehnt sich an das in der Kirche verbreitete Bild von Hirt und Schafen oder von Beichtvater und Gemeindeglied an. Diese Form der Machtausübung gilt als besonders subtil, weil sie auf dem von Hirt und Schafen geteil-

---

[144] *Vgl. Foucault,* Überwachen und Strafen; *ders.,* Wahnsinn und Gesellschaft.

[145] Vgl. dazu *Steinkamp,* Die sanfte Macht der Hirten.

ten Bewusstsein der Notwendigkeit einer „Führung der Führungen" aufruht: Um sich selbst angemessen führen zu können, bedarf es im Modell der Pastoralmacht einer übergeordneten Führungsinstanz, eben als „Führung der Führungen".

In der Erziehungswissenschaft werden die Theorien Foucaults heute stark beachtet. Eine systematisch-bildungskritische Darstellung mit dem bezeichnenden, sich an Foucault anlehnenden Titel „Die Ordnung der Bildung" hat Norbert Ricken vorgelegt, auf den ich mich deshalb im Folgenden beziehe. Ricken will zeigen, dass „‚Bildung' selbst als eine gesellschaftliche Transformation durch individuelle Formation und so als spezifische Form der ‚Führung der Führungen' (Foucault) gelesen werden kann".[146] Er nennt dies eine „machttheoretische ‚Dekonstruktion der Bildung'".[147] Anders ausgedrückt soll nachgewiesen werden, dass ein konstitutiver „Zusammenhang von Bildung und Macht"[148] besteht, weil der Bildungsbegriff auf eben jene Mechanismen des Umgangs mit dem eigenen Selbst in Form von Selbst-Kontrolle verweist oder, noch mehr: in diese einweist.[149] In seiner nicht immer leicht zu verstehenden Sprache formuliert Ricken:

„Soll nicht ein ‚Mythos der Bildung' […] immer wieder nur wiederholt werden, so geht es darum, die Macht auch in der ‚Idee der Bildung' selbst denken zu lernen und sie nicht doch immer auch und vor allem außerhalb zu verorten […] So kann gerade ‚Bildung' einerseits

[146] *Ricken*, Ordnung der Bildung, 25.
[147] Ebd.
[148] Ebd., 160.
[149] Vgl. ebd., 190f.

als ‚Inbegriff' und ‚Instrument' der Verbreitung und Durchsetzung der ansonsten theoretisch recht abstrakt bleibenden modernen ‚Anthropologie des Subjekts' (Stichwort ‚Autonomie') verstanden werden, deren Figuration sie nicht einfach übernimmt, sondern – andererseits – ausdrücklich praktisch ausgestaltet und als eine ‚praktische Anthropologie' gesellschaftlich institutionalisiert, in der die ‚Lebensführung der Menschen' schließlich – und mit Notwendigkeitsanspruch – einer geradezu ‚heilsnotwendigen' ‚Führungsführung' (Foucault) unterstellt wird. Damit kann nicht nur die moderne Pädagogik überhaupt, sondern insbesondere die Figur der ‚Bildung' als zentrales Moment einer säkularisierten Pastoralmacht verstanden werden, deren Fruchtbarkeit und Effektivität gerade darin liegt, im Abweis von Fremdbestimmung und Repression den eigenen formierenden Zugriff auf die Lebensführung der Menschen selbst unkenntlich zu machen und als ‚stellvertretende Sorge' auszugeben."[150]

Demnach macht Bildung keineswegs frei und selbstständig, sondern sie ordnet sich ein in den von Foucault beschriebenen allgegenwärtigen Zusammenhang moderner Macht, indem Bildung unter den Voraussetzungen einer säkularisierten Gesellschaft die aus dem Christentum überkommenen Formen von Schulderfahrung, Beichte und Selbstregulierung gleichsam imitiert und weiter fortsetzt – in der Gestalt einer moderngesellschaftlichen Sichtweise, „die die Menschen schließlich aus den traditionellen Strukturen einer christlich-dogmatisch begründeten und pastoral praktizierten ‚Führung der Führungen' befreit und sie zugleich einer ebensolchen, allerdings nun ausschließlich anthropologisch begründeten und pädagogisch praktizierten Führungsfigur

[150] Ebd., 212.

unterwirft".[151] Oder, mit Rickens eigener Zusammenfassung:

„‚Bildung' konstituiert das Individuum als Subjekt seiner selbst: weithin unbestimmt und auf sich gestellt ist es gezwungen, sich im Bezug auf sich selbst qua Selbstentfaltung oder Selbstgestaltung als sich selbst hervorzubringen." „Auch wenn ‚Bildung' überwiegend als Selbst-Bildung [...] buchstabiert worden ist, war sie von Anfang an an eine pastorale Figur des ‚Führens der Führungen' gebunden, die ausdrücklich ‚zum Heil' der Betroffenen – nun pädagogisch – legitimiert werden konnte".[152]

Ein inzwischen bekanntes Problem einer solchen machttheoretischen Dekonstruktion des Bildungsbegriffs besteht freilich darin, dass aus dem hier so eindringlich beschriebenen Verhängnis des modernen Menschen kein Weg herauszuführen scheint. Die moderne Gesellschaft wird in dieser Sicht selbst zu einem groß angelegten Überwachungsversuch, bei dem es keinen persönlichen Überwacher mehr braucht, weil die Selbst-Kontrolle vollkommen ist. Pädagogisch kann eine solche Sicht zu einer wichtigen Sensibilisierung für subtile Formen der Machtausübung führen, ebenso aber auch zu einem Zynismus angesichts der offenbar unausweichlichen Machtförmigkeit pädagogischen Handelns. Zynisch wird eine solche Sicht spätestens dann, wenn dazu keinerlei Alternativen mehr aufgezeigt werden können.

Bei Ricken ist dieses Dilemma einer dekonstruktivistischen Sicht von Bildung klar zu erkennen, und sie ist diesem Autor auch selbst bewusst. Erst auf den letzten Seiten seiner umfangreichen Darstellung

[151] Ebd., 248.
[152] Ebd., 339.

fragt er nach Möglichkeiten pädagogischer Perspektiven, die über den verhängnishaften Zusammenhang von Bildung und Macht hinausführen könnten. Dazu gehört für ihn das freilich nicht mehr entfaltete „Moment der De- und Exzentrik", durch das beispielsweise ein neues und verändertes Verständnis persönlicher Identität möglich werde.[153] Damit ist eine Auffassung des menschlichen Lebens und einer humanen Personalität gemeint, die auch für die in vielen Bildungstheorien ausgeschlossenen Erfahrungen etwa von „Selbstentäußerung und Selbstverausgabung" oder auch von „Versagung als Struktur menschlichen Existierens" offen ist.[154]

Im vorliegenden Zusammenhang ist von besonderem Interesse, dass auch die dekonstruktivistische Bildungstheorie bei Ricken deutlich vor einem religiösen oder theologischen Hintergrund entfaltet wird. Das gilt nicht nur für die bei ihm von Foucault übernommene Figur der „Pastoralmacht", die explizit auf einen kirchlichen Entstehungszusammenhang zurückverweist. Es gilt vielmehr auch für den hier im Einzelnen nicht darzustellenden Versuch Rickens, die moderne Entwicklung von Bildungsauffassungen vor dem Hintergrund des Schöpfungsglaubens und dessen Ersetzung durch moderne Entwicklungsvorstellungen zu begreifen.[155] Vielleicht am wichtigsten sind aber die hier allerdings unentwickelt bleibenden Hinweise auf eine neue Zentrierung des Menschseins außerhalb des Selbst, in denen Ricken einzig eine Art Hoffnungsschimmer über das Verhängnis der Macht

---

[153] Ebd., 346.

[154] Ebd.

[155] Vgl. ebd., 214ff.

hinaus zu erblicken scheint. Denn dieser Hinweis erinnert an die in der Geschichte des Bildungsbegriffs freilich in ganz anderer Sprache ausgedrückten Zusammenhänge zwischen Personalität und einem Glauben, der den Menschen auf transzendente Bezugshorizonte verweist.

Darauf wird noch zurückzukommen sein. Zunächst aber ist ein weiterer Themenkreis aufzunehmen, der den Zusammenhang von Bildung und Religion in einer allerdings nicht immer unproblematischen Weise in der Gegenwart neu bewusst macht.

Bildung in der religiös-weltanschaulichen Pluralität: Neue Herausforderungen

Der geschichtliche Befund, den wir uns bislang vor Augen geführt haben, ruft in Erinnerung, wie prägend die christliche Tradition auf das Bildungsverständnis in Deutschland und Europa gewirkt hat. Lange Zeit schien es dazu keine Alternative zu geben. Auch wenn im 19. und 20. Jahrhundert nicht-religiöse Zugänge zum Bildungsverständnis entwickelt wurden, also etwa im Namen von Materialismus, Positivismus und Evolutionismus, so blieb doch auch in diesen Fällen das Christentum das Gegenüber, mit dem man sich kritisch auseinandersetzte. Der vor allem bei Wilhelm Flitner in der zweiten Hälfte des 20. Jahrhunderts anzutreffende Versuch, das Bildungsverständnis ausdrücklich auf die „abendländische" Tradition zu gründen, mag dabei bereits als ein Krisenphänomen verstanden werden und als Reaktion auf das Fraglich-Werden dieser Tradition, aber im Endeffekt führt auch dieser Versuch wieder zu einer christlichen Begründung des Bildungsverständnisses. Das Christentum bleibt der Denkhorizont, in dem das Bildungsverständnis seine anthropologische Begründung findet.

Demgegenüber stellen sich die religiösen Verhältnisse in unserer Gegenwart grundsätzlich anders dar. Nicht nur die Multikulturalität, sondern auch die Multireligiosität ist inzwischen zu einer weithin selbstverständlichen Denkvoraussetzung geworden. Daneben haben nicht-religiöse Weltanschauungen, vor allem durch die zunehmende Konfessionslosigkeit, in der Bevölkerung ebenfalls einen Stellenwert gewonnen, der bei pädagogischen Gestaltungsfragen berücksichtigt werden muss. Nicht-religiöse Lebensorientierungen sind jedenfalls keineswegs mehr auf einen kleinen Kreis von Intellektuellen beispielsweise in der Philosophie beschränkt.

Mitunter führt die religiös-weltanschauliche Vielfalt in unserer Gesellschaft zu ausdrücklichen Gegenbewegungen – nicht nur in der Gestalt eines Fundamentalismus, der zwar auf Minderheiten begrenzt ist, aber doch als eine allgemeine gesellschaftliche Herausforderung bewusst geworden ist. Darüber hinaus zeigen Diskussionen wie die um die „deutsche Leitkultur“ – also um die politische Erwartung, dass sich Immigranten an eine „typisch deutsche Kultur“ anpassen –, dass die Akzeptanz der Multikulturalität und der Multireligiosität keineswegs in allen Fällen vorausgesetzt werden kann. Daraus erwächst nicht zuletzt die Frage, wie ein Zusammenleben in Frieden und Toleranz, wechselseitiger Anerkennung und Respekt pädagogisch vorbereitet werden kann.

In der Erziehungswissenschaft ist weithin die Tendenz zu beobachten, angesichts der religiös-weltanschaulichen Vielfalt überhaupt auf weiterreichende anthropologische und geschichtsphilosophische Begründungen für das Bildungsverständnis zu verzichten. Auf diese Weise soll das Bildungsverständnis offenbar von Bindungen freigehalten werden, die nur von denjenigen geteilt werden, die einer bestimmten Glaubensgemeinschaft angehören oder sich einer bestimmten religiösen Tradition verpflichtet wissen. Nicht ohne weiteres deutlich wird dabei allerdings, wie unter diesen Voraussetzungen die pädagogisch unausweichliche Frage nach dem Menschenbild und nach der Bestimmung des Menschen überhaupt noch thematisiert werden kann. Darüber hinaus ist nicht ersichtlich, wie sich eine von allen religiösen und weltanschaulichen Sichtweisen distanzierende Erziehungswissenschaft in ein produktives Verhältnis zu den in der Gesellschaft nach wie vor, wenn auch in pluraler Gestalt wirksamen, religiös und weltanschaulich bestimmten Lebensorientierungen zu setzen vermag.

Eine alternative, aus meiner Sicht vorzuziehende Ausgangsposition reagiert auf die religiös-weltanschauliche Vielfalt nicht mit dem Versuch, sich auf säkulare Sichtweisen zu beschränken, um so einen religiös und weltanschaulich neutralen Standpunkt zu gewinnen. Stattdessen wird die Beobachtung leitend, dass die religiösen Voraussetzungen des Bildungsverständnisses gerade durch die Vielfalt der Religionen und Weltanschauungen in neuer Weise interessant werden. Eben weil diese Voraussetzungen sich heute nicht mehr als selbstverständlich und damit als alternativlos darstellen, müssen sie geklärt werden. Die Möglichkeit einer solchen Klärung erwächst dabei gerade aus ihrer neuen Fraglichkeit: Solange sie, als selbstverständliche und deshalb nicht weiter zu hinterfragende Denkvoraussetzungen, im Hintergrund blieben und dadurch eine alles pädagogische Denken umso wirksamer bestimmende Kraft entfalten konnten, waren sie naturgemäß schwer zu fassen. Nunmehr treten sie, bedingt durch ihr zum Teil auch spannungsvolles Verhältnis zueinander, deutlicher vor Augen. Ihre Implikationen lassen sich im Religionsvergleich präziser erfassen, beschreiben und kritisieren, damit aber auch, sofern sie einer solchen Kritik standhalten, pädagogisch bejahen und nutzen. So muss sich die Erziehungswissenschaft beispielsweise eine religiöse Toleranzbegründung, wie sie im nächsten Teil des Buches aufgenommen werden soll, keineswegs zu eigen machen. Sie kann sie dennoch gutheißen und sich für Modelle einer Bildung zur Toleranz darauf stützen, indem sie religiöse Toleranzbegründungen zumindest als Möglichkeit präsentiert. In eine ähnliche Richtung weisen soziologische Überlegungen dazu, wie Werte in religiös pluralen Gesellschaften begründet werden können.[156]

Bei dem Versuch der erziehungswissenschaftlichen Thematisierung von Religion kann auch bewusst werden, dass jüdische Einflüsse in der deutschen Bildungstradition eine durchaus wesentliche Rolle gespielt haben. Das gilt in erster Linie für jüdische Philosophen und Bildungstheoretiker wie Moses Mendelssohn, Martin Buber und Franz Rosenzweig, deren Werke in der Erziehungswissenschaft vielfach rezipiert worden sind. Darüber hinaus ist an jüdische Erziehungs- und Bildungseinrichtungen zu denken, wie sie in Deutschland vor allem im 19. und frühen 20. Jahrhundert zu finden waren, ehe sie im Nationalsozialismus geschlossen werden mussten. Ihre ge-

---

[156] Vgl. *Joas*, Sakralität der Person, 251ff.

nauere Erforschung, die in den letzten Jahren zum Teil neu in Gang gekommen ist, könnte auch unter dem Aspekt des Zusammenhangs von Bildung und Religion von aktuellem Interesse sein.

Die religiös-weltanschauliche Vielfalt unserer Gegenwart ist darüber hinaus ganz offenbar Anlass für Vertreterinnen und Vertreter verschiedener Religionen, das eigene Bildungsverständnis in seiner religiösen Bestimmtheit darzustellen. Damit wird die mit der Vielfalt verbundene Differenzerfahrung auf wissenschaftlicher Ebene aufgenommen und weitergeführt. Beispiele dafür finden sich etwa in der Gestalt einer islamischen Bildungslehre, zu der nun auch Veröffentlichungen in deutscher Sprache verfügbar geworden sind.[157] Es ist kein Zufall, dass zugleich auch Darstellungen zum christlichen Bildungsverständnis auf neues Interesse stoßen. Erfreulicherweise gibt es inzwischen sogar Versuche, religionspädagogische Themen sowie Bildungsfragen im Dialog zwischen Judentum, Christentum und Islam zu klären.[158]

Durch entsprechende Veröffentlichungen werden in pädagogischer Hinsicht aufschlussreiche Vergleiche möglich. Beispielsweise kann nach unterschiedlichen Auffassungen von Personalität oder Individualität gefragt werden, etwa im Verhältnis zu Sozialität und Bindungen an die (religiöse) Gemeinschaft. Unterschiedliche Sichtweisen von Lehren und Lernen treten in den Blick sowie verschiedene Toleranzbegründungen. In allen diesen Hinsichten wären Forschungsprojekte sinnvoll, deren Relevanz für eine

[157] Vgl. etwa *Behr*, Islamische Bildungslehre.
[158] Vgl. etwa *Behr/Krochmalnik/Schröder (Hg.)*, Der andere Abraham.

dialogisch ausgerichtete Theologie und Erziehungswissenschaft gleichermaßen auf der Hand liegt.

Schließlich betrifft die Multireligiosität aber nicht nur die Begründungen des Bildungsverständnisses, sondern sie verweist auch auf praktische Bildungsaufgaben. Dafür wurde in der Religionspädagogik der Begriff des interreligiösen Lernens entwickelt, der das pädagogische Programm eines interkulturellen Lernens weiterführt und es gezielter auf multireligiöse Zusammenhänge bezieht.[159] Am Ende des nächsten Teils dieses Buches soll ausdrücklich auf die Frage nach einer interreligiösen Bildung eingegangen und das Bildungsziel der Pluralitätsfähigkeit konturiert werden.

---

[159] Vgl. *Schweitzer*, Interreligiöse Bildung.

III. Systematische Zusammenhänge

Der vorangehende Teil des Buches führt einen historischen Sachverhalt vor Augen, der bereits als solcher überraschen mag: Der Bildungsbegriff geht nicht nur in seinen geschichtlichen Ursprüngen auf religiöse Voraussetzungen zurück, sondern bleibt auch in seiner weiteren Entwicklung auf religiöse Zusammenhänge bezogen. Zumindest gilt dies für wesentliche Dimensionen seiner Geschichte, und dies tritt bei zahlreichen Vertretern der Bildungsphilosophie auch ausdrücklich hervor. Sie argumentieren nicht nur implizit religiös, sondern sie gewinnen ihr Bildungsverständnis in Auseinandersetzung mit theologischen Bestimmungen. Zugleich reicht die Verbindung von Bildung und Religion weit hinter die Zeit der Entstehung des Bildungsbegriffs zurück. Die historischen Sachverhalte, die sich im Rückblick mit dem später entstandenen Bildungsbegriff verbinden lassen, sind schon in alttestamentlicher Zeit zu greifen. Deshalb leuchtet es ein, dass auch die wirkungsgeschichtlichen Zusammenhänge etwa auf den biblischen Schöpfungsglauben verweisen.

Bis hinein in unsere Gegenwart besteht zwischen Bildung und Religion also eine wirkungsgeschichtlich bedingte Verbindung, wodurch sich Bildung zumindest in dieser Hinsicht als Thema der Theologie erweist. Theologische Deutungen müssen nicht gleichsam von außen an das Bildungsverständnis herangetragen werden, sondern sie sind darin bereits enthalten. Deshalb ist es sinnvoll, sie als solche auch explizit zu machen, sie weiter zu klären und damit zugleich kritisch zur Diskussion zu stellen.

Einen historischen Entstehungszusammenhang aufzuweisen bedeutet allerdings noch nicht, dass dieser Zusammenhang über die Wirkungsgeschichte hinaus auch in Gegenwart und Zukunft noch eine maßgebliche Bedeutung besitzen soll. Unter den Voraussetzungen von Moderne und Aufklärung muss vielmehr streng zwischen dem Kontext der Entstehung oder Entdeckung einer Norm, eines Prinzips oder ganz allgemein einer bestimmten Auffassung einerseits und dem Kontext der Bewährung andererseits unterschieden werden. Auch wenn heute den geschichtlichen Entstehungszusammenhängen zum Teil wieder ein größeres Eigengewicht beigemessen wird und Soziologen wie Hans Joas sogar ausdrücklich von einer „affirmativen Genealogie" etwa der Menschenrechte sprechen können[1], liegt der Einwand nahe: Auch Irrtümer haben bekanntlich eine lange Geschichte, und Unwahrheiten werden nicht dadurch wahr, dass sie die ganze Geschichte durchziehen. Die Geltung eines Prinzips oder, im vorliegenden Falle, der bleibende Sinn eines Zusammenhangs von Bildung und Religion muss deshalb eigens auf die Probe gestellt werden. Das ist gemeint, wenn in diesem Teil der Darstellung nach systematischen Zusammenhängen gefragt wird. Es soll geklärt werden, ob dem geschichtlichen Befund auch eine für Gegenwart und Zukunft bleibende Bedeutung zukommt.

Anders ausgedrückt lässt sich dieser Teil des Buches als kritische Auseinandersetzung mit einer bestimmten Hypothese lesen. In einer ersten Form kann diese Hypothese so formuliert werden, dass auch über den geschichtlich vorfindlichen Zusammenhang von Bildung und Religion hinaus für Ge-

---

[1] Vgl. *Joas*, Sakralität der Person, bes. 147ff.

genwart und Zukunft Fragen und Reflexionshorizonte identifiziert werden können, ohne die ein gehaltvolles und in diesem Sinne zukunftsfähiges Bildungsverständnis nicht auskommt und die zugleich eine konstitutiv religiöse Dimension aufweisen. Eine religiöse Dimension ist dabei gegeben, wenn bei der inhaltlichen Bestimmung des Bildungsverständnisses religiöse Antworten zumindest als eine Möglichkeit in den Blick kommen, was auch dann der Fall sein kann, wenn die eigene Entscheidung am Ende gegen ein religiös fundiertes Bildungsverständnis ausfällt.

Auch im Folgenden soll es also nicht darum gehen, das Bildungsverständnis gleichsam als Besitz der Theologie in Anspruch zu nehmen, indem es als „eigentlich theologisch" qualifiziert wird. Der Anspruch ist bescheidener: Aufgezeigt werden soll eine unvermeidlich religiöse Dimension des Bildungsverständnisses, die es sinnvoll macht, diese Dimension auch theologisch zu klären. Dabei muss wiederum beides im Blick sein, der Bildungsprozess insgesamt ebenso wie speziell die religiöse Bildung.

Die im Folgenden behandelten Fragen verweisen fast durchweg auf Problemstellungen, die – in anderer Perspektive – im zweiten Teil des Buches herausgearbeitet worden sind. Um die Anmerkungen möglichst wenig zahlreich werden zu lassen, werden die in Teil II bereits genannten Literaturnachweise nur dann erneut ausgebracht, wenn es um direkte Zitate geht. Für meine Darstellung im Folgenden spielt naturgemäß die Systematische Theologie eine hervorgehobene Rolle. Deshalb seien an dieser Stelle zumindest in einer zusammenfassenden Anmerkung einige der Arbeiten genannt, die für meine Argumentation besonders bedeutsam sind.[2]

---

2 Zum Folgenden vgl. bes. *Hammelsbeck,* Glaube und Bildung; *Barth,* Evangelium; *Schwöbel,* Bildung; *Korsch,* Bildung und Glaube; *ders.,* Religion.

1. Wie Bildung heute zu diskutieren ist: Nur aufgeklärt und säkular?

Wenn Bildung heute nur selten in ihrem religiösen Zusammenhang wahrgenommen wird, liegt dies vor allem an zwei Gründen. Zunächst werden im Blick auf Bildung vor allem ökonomische Prioritäten gesetzt, hinter die andere Erwartungen zurücktreten. Sodann herrscht vielfach noch immer ein Bewusstsein vor, dem zufolge ein aufgeklärtes Bildungsdenken sich dadurch auszeichne, dass es ohne religiöse Bezüge auskommt.

Bildung für den wirtschaftlichen Bedarf (Utilitarismus)

So wie heute der Bildungsbegriff in den Medien oder allgemein in der Öffentlichkeit, zum Teil aber auch in der Wissenschaft gebraucht wird, lässt er kaum einmal explizit religiöse Bezüge erkennen. Was Bildung ist oder sein soll, ergibt sich hier einfach daraus, was vor allem in Wirtschaft und Technik oder allgemein in der Gesellschaft als erforderlich gilt, beispielsweise zur Sicherung des „Standorts Deutschland" im internationalen Wettbewerb. Wie im ethischen Utilitarismus, der Nutzenethik also, wird allein danach gefragt, was nützlich sei. Jede weiterreichende Form der Reflexion auf das Bildungsverständnis unterliegt dann dem Verdacht, überflüssig zu sein, weil sie sich nicht auf solche Erfordernisse bezieht.

Ein so simples Bildungsverständnis bleibt freilich hinter allen Ansprüchen zurück, die nicht nur in der theologischen, sondern auch in der erziehungswissenschaftlichen Tradition ausgebildet wurden. Es stellt gleichsam einen Rückfall in Verhältnisse dar, die mitunter als „primitives" Erziehungsdenken bezeichnet worden sind. Denn überaus einfach oder eben „primitiv“ fallen hier nicht nur die Antworten dazu aus, was Bildung ausmachen soll. Vielmehr werden auch schon die meisten Fragen, die dabei zu stellen wären, einfach überspielt oder schlicht unterlaufen. Der Anspruch auf Humanität etwa, wie er in der Philosophie der Erziehung spätestens seit Herder auf der Tagesordnung steht, also was der Mensch sei und was er sein oder werden soll, wird als geschichtlicher Ballast abgestoßen, von dem sich ein zukunftsfähiges Bildungsverständnis nicht länger beschweren lassen soll.

Auffassungen dieser Art, die sich häufig als solche nicht einmal mehr ausweisen, bedeuten einen – wenn dieser Begriff akzeptabel ist – Bildungsutilitarismus, der zudem deutlich relativistische Züge aufweist. Denn alle weiterreichenden Bestimmungsversuche im Blick auf das Bildungsverständnis können ja nur dann als überflüssig angesehen werden, wenn solche Bestimmungen letztlich als bloße Willkür und somit als unbegründet gelten. Der Preis, der für eine solche utilitaristische und relativistische Auffassung letztlich zu zahlen ist, ist freilich hoch. Denn ein solcher Relativismus hinsichtlich aller Fragen, die über das bloße Funktionieren der Gesellschaft hinausführen, müsste dann ja auch für die Gesellschaft insgesamt gelten. Die technischen und ökonomischen Anforderungen würden damit zum ausschließlichen Leitprinzip für die Gestaltung des Zusammenlebens. Streng genommen dürfte sich dieses Zusammenleben dann beispielsweise nicht einmal mehr an Anforderungen orientieren, wie sie als Menschenrechte kodifiziert sind. Denn schon in ihrem ersten Artikel beruft sich etwa die Allgemeine Erklärung der Menschenrechte der Vereinten Nationen auf die „Würde“ des Menschen. Wenn dort in Artikel 26 dann festgehalten wird: „Jeder hat das Recht auf Bildung“, so ist die Verbindung zwischen Menschenwürde und Bildung stets mitzudenken.

Ein sich allein auf technische und ökonomische Anforderungen berufendes Bildungsverständnis lässt sich also kaum durchhalten. Wo seine Denkvoraussetzungen erkennbar werden, stößt es deshalb auch heute weithin auf Ablehnung, in der Erziehungswissenschaft ebenso wie in der Theologie. Anspruchsvollere Begründungen können allerdings aus einem Utilitarismus kommen, der hier philosophisch-ethisch mit einer Maximierung des Nutzens argumentiert. Maß der Bildung ist dann, was – je nach Position – entweder dem Einzelnen oder dem Gemeinwesen am meisten nützt. Schon in der Geschichte des Bildungsdenkens war es jedoch eben diese utilitaristische Auslegung, gegen die der Bildungsbegriff erst sein modernes Profil entwickelt hat.[3] Wie durch die Bildungstheorien der klassischen Epoche des Bildungsdenkens in der Zeit um 1800 vielfach nachgewiesen wurde, bleiben bei einem utilitaristischen Bildungsverständnis entscheidende Bezüge auf der Strecke – die Ausbildung von Individualität ebenso wie jede Form der ästhetischen Bildung, der Anspruch einer ethisch reflektierten Form des Zusammenlebens ebenso wie alle religiösen Horizonte. Stattdessen unterliegt das utilitaristische Bildungsverständnis einer ökonomischen Steigerungslogik, die sich durch keine Berufung auf Humanität mehr begrenzen lässt.

Der Bildungsutilitarismus begegnet auch dann, wenn er sich auf elaboriertere Argumente stützt, kaum in der Gestalt einer reflektierten Bildungstheo-

[3] Vgl. oben, S. 27ff.

rie, sondern eben vielmehr so, dass weiterreichende Fragen nach Gründen oder Zielen gar nicht gestellt werden. Vielfach nimmt er auch die Gestalt eines Szientismus an, dem zufolge Bildung nichts anderes sein soll und kann als eine Einführung in die verschiedenen wissenschaftlichen Disziplinen. Soweit die Fächer der Schule eine direkte Entsprechung zu den an der Universität betriebenen Wissenschaften aufweisen, liegt ein solches szientistisches Bildungsverständnis immer wieder nahe. In der Didaktik wird jedoch seit langem darauf hingewiesen, dass zwischen der Logik der Bildung und der Logik der Wissenschaften notwendig ein großer Unterschied besteht. Mehr noch, dieser Unterschied muss auch deshalb unbedingt beachtet werden, weil Bildung immer auf die Persönlichkeit oder, wie heute gerne gesagt wird, das sich entwickelnde Selbst zielt. Bildung und Selbstwerdung sind konstitutiv miteinander verbunden. Daraus folgt, dass zur Bildung immer mehr gehört als wissenschaftliche Fähigkeiten und Kenntnisse, also beispielsweise auch Werte und Tugenden, Einstellungen und soziale sowie kommunikative Fähigkeiten oder eben allgemein die Entwicklung von Person und Persönlichkeit. Weil all dies zwar auch in der Wissenschaft eine Rolle spielt, dort aber eben nicht im Vordergrund stehen kann, müssen im Bildungsbereich tatsächlich andere Maßgaben entscheidend sein, nämlich die Orientierung an der Entwicklung einer Person als eines handlungs- und verantwortungsfähigen Subjekts. Deshalb sollen und müssen die Wissenschaften für die Bildung zwar eine wichtige, können aber eben nicht die entscheidende Rolle spielen. Anders ausgedrückt, bedürfen sie einer didaktischen Transformation, deren Aufgabe darin besteht, die Wissenschaften allererst in einen Bildungshorizont zu rücken. Eine direkte Ableitung des Bildungsverständnisses aus den Wissenschaften wird deshalb heute ganz allgemein abgelehnt. Dies schließt ein, dass etwa auch religiöse Bildung nicht als Abbild der wissenschaftlichen Theologie verstanden werden kann. Religiöse Bildung wird in dieser Hinsicht erst dann erreicht, wenn theologisch-wissenschaftliche Erkenntnisse eine didaktische Transformation erfahren und dadurch zu einem Thema der Bildung werden können.

Der Vollständigkeit halber müssen an dieser Stelle auch materialistische und atheistische Sichtweisen erwähnt werden. Diese können ohne Frage eine auch philosophisch reflektierte und als solche ausgewiesene Alternative zu religiösen Glaubensüberzeugungen darstellen. In der gegenwärtigen Diskussion spielt etwa der sogenannte neue Atheismus vor allem mit seiner Ablehnung des Schöpfungsglaubens auch im Blick auf religiöse Bildung durchaus eine Rolle. Wie an den Schriften von Richard Dawkins, des derzeit einflussreichsten Vertreters dieser Form des Atheismus, abzulesen ist, läuft das Bildungsverständnis auch hier auf einen Szientismus hinaus.[4] Statt mit dem Schöpfungsglauben sollen die Kinder, Dawkins zufolge, mit der Evolutionstheorie vertraut gemacht werden, um so von Anfang an ein biologisch-wissenschaftliches Verständnis des Menschen und der Welt auszubilden. Auch für die Evolutionstheorie gilt jedoch, was über alle Wissenschaften und ihre Bildungsbedeutung zu sagen war: Aus dem Rückgriff

[4] Vgl. *Dawkins*, Gotteswahn.

auf eine wissenschaftliche Theorie allein ergibt sich noch kein tragfähiges Bildungsverständnis.

Dies bedeutet umgekehrt nicht, dass aus der wissenschaftlichen Forschung zur Evolution für das Bildungsverständnis nichts zu lernen wäre. Denn nicht nur die traditionelle (Bildungs-)Philosophie kann Partner für das Bildungsdenken sein, sondern ebenso auch die moderne Biologie. Evolutionsgeschichtliche Erkenntnisse stellen einen wichtigen Bildungsinhalt dar und können zudem weiterführende Impulse für die Ausgestaltung von Bildungsprozessen geben. Recht verstanden kommen evolutionstheoretisch-biologische Perspektiven zur Bildung aber nur als eine der insgesamt möglichen und sinnvollen Betrachtungsweisen in Frage. Ein Monopol sollte für sie nicht beansprucht werden, so wenig wie für jede andere wissenschaftliche Betrachtungsweise. Deshalb können und sollten evolutionstheoretische Zugänge auch nicht als Alternative zu religiösen oder theologischen Perspektiven angesehen werden, sondern als eine mögliche Ergänzung, die wiederum der Ergänzung durch andere Sichtweisen bedarf.

Ähnliches lässt sich im Blick auf materialistische Zugangsweisen sagen. Aus dem Materialismus, besonders in seiner marxistischen und neomarxistischen Gestalt, sind in der Vergangenheit vor allem kritische Anfragen an ein idealistisches Bildungsverständnis erwachsen. Besonders die unheilige Allianz zwischen Bildung und Bürgertum, zwischen Bildungsabschlüssen und gesellschaftlichen Ansprüchen auf Status und Einkommen, wie sie sich im 19. Jahrhundert herausgebildet hat, ist etwa im Horizont der neomarxistisch beeinflussten sogenannten Kritischen Theorie der Frankfurter Schule aufgedeckt und kritisiert worden.[5] Zu Recht bleibt seither der anklagende Hinweis auf die durch das Bildungssystem zementierte Ungleichheit als Unrechtsstruktur gegenwärtig – bis hin zu den aktuellen PISA-Studien, die mehrfach den gerade in Deutschland engen Zusammenhang zwischen sozialer Herkunft und Bildungserfolg aufgezeigt haben. Es ist in der Tat beschämend, wenn die in der Herkunftsfamilie erworbenen oder eben nicht erworbenen Bildungsvoraussetzungen in der Zeit vor der Schule noch immer so stark über den Bildungserfolg am Ende der Schulzeit entscheiden.

Kritik am Bildungsverständnis im Namen sozialer Gerechtigkeit kann allerdings durchaus auch als Erbe der biblisch-christlichen Tradition verstanden werden. Denn nicht umsonst spielt die fundamentale Sozial- und Gesellschaftskritik etwa des Propheten Amos im Religionsunterricht eine wichtige Rolle. Und in der Bildungsdiskussion der Gegenwart setzen sich gerade kirchliche und theologische Stellungnahmen zu Bildungsfragen besonders für Bildungs- und Befähigungsgerechtigkeit ein.[6]

Schon an einem solchen Beispiel ist abzulesen, dass ein Aufklärungsanspruch keineswegs automatisch gegen religiöse Bezüge und Begründungshorizonte für Bildung sprechen muss. Auch in dieser Hinsicht sind vielmehr weitere Unterscheidungen sinnvoll und notwendig.

---

[5] Vgl. etwa *Heydorn*, Ungleichheit für alle.

[6] Vgl. etwa *Evangelische Kirche in Deutschland*, Maße des Menschlichen; *dies.*, Kirche und Bildung.

Aufklärung gegen Religion – Aufklärung in der Religion – Aufklärung durch Religion

In der Philosophie und Pädagogik der Aufklärung steht das Anliegen im Vordergrund, Menschen von jeder Form der Bevormundung zu befreien. Die Bevormundung wird dabei mit allen Arten von Autorität in Verbindung gebracht. Überzeugungen, die lediglich auf der Autorität anderer beruhen, erscheinen in dieser Sicht als prinzipiell fragwürdig. Nur die eigene Erkenntnis könne für mündige Menschen als Grundlage von Überzeugungen akzeptiert werden. Abhängigkeit von Autoritäten bedeute hingegen Unmündigkeit.

Der als Kern der Aufklärung angesehene „Ausgang aus der selbst verschuldeten Unmündigkeit" (Kant) betrifft deshalb auch religiöse Autoritäten. Da die Anerkennung solcher Autoritäten zugleich als entscheidendes Kennzeichen von Religion, besonders in ihrer kirchlichen Gestalt, angesehen wird – in der Aufklärungszeit stand dabei vor allem die römisch-katholische Kirche vor Augen –, kann daraus dann der Schluss gezogen werden, dass Aufklärung immer gegen religiöse Überzeugungen durchgesetzt werden muss, gerade auch beim Bildungsverständnis.

In der Gegenwart gilt der Fundamentalismus als Paradebeispiel für eine nicht-aufgeklärte Religion. Aufklärungsresistenz wird als kennzeichnendes Merkmal der Anhänger fundamentalistischer Überzeugungen wahrgenommen. Tatsächlich war das Spannungsverhältnis zwischen der modernen Wissenschaft und traditionellen Glaubensweisen eine der entscheidenden Wurzeln für die Entstehung des Fundamentalismus. Das gilt, geschichtlich gesehen, für den christlichen Fundamentalismus, wie er sich aus der Abwehr des Evolutionsdenkens im frühen

20. Jahrhundert in den USA herausgebildet hat.[7] Gerade am Beispiel des christlichen Fundamentalismus ist jedoch auch zu erkennen, dass solche Haltungen aus einer tiefen Verunsicherung erwachsen, die sich durch eine vielleicht sogar staatlich verordnete und auf dem Weg der Schulbildung durchgesetzte Aufklärung nicht überwinden lässt. Von dem Versuch einer gleichsam aufoktroyierten Aufklärung ist vielmehr eine verstärkte Abwehrhaltung zu befürchten, durch die sich die Menschen nur tiefer in den Fundamentalismus getrieben sehen.

Wo statt einer *Aufklärung gegen Religion* das Programm einer *Aufklärung in der Religion* betrieben wird, können sich hingegen neue Chancen auch für die Überwindung fundamentalistischer Orientierungen ergeben. Aufgeklärte Religion schließt auch eine Überwindung des ja nur scheinbaren Gegensatzes zwischen Glaube und Wissen oder Wissenschaft ein. Bildungsgeschichtlich steht dafür etwa Friedrich Schleiermachers Plädoyer für „religiöse Mündigkeit“ als Bildungsziel, nicht etwa bloß der Schule, sondern bei Schleiermacher gerade des kirchlichen Unterrichts.[8] Religiöse Urteilsfähigkeit gehört für ihn zu den konstitutiven Zielen eines evangelischen Bildungsverständnisses, das den Glauben im Sinne eines Priestertums aller Gläubigen nicht von der Kirche als Institution her konzipiert, sondern als Ausdruck des unmittelbaren Gottesverhältnisses jedes einzelnen Menschen. Mündig werden bedeutet dann nicht, dass Aufklärung *gegen* den Glauben durchge-

[7] Vgl. *Numbers*, The Creationists.

[8] Vgl. oben, S. 107ff.

setzt werden müsste, sondern eben Aufklärung *im Glauben* selbst erreicht werden kann.

In der religionspsychologischen Forschung der Gegenwart lässt sich eine solche Aufklärung in der Religion etwa mit der Ausbildung eines komplementären Denkens verbinden. Am Beispiel des Verhältnisses zwischen Schöpfungsglaube und Evolutionstheorie wird bei solchen psychologischen Untersuchungen herausgearbeitet, wie eine Anerkennung der jeweiligen Eigenbedeutung und des jeweils eigenen Rechts religiöser und naturwissenschaftlicher Weltdeutungen und Welterklärungen erreicht werden kann.[9] Komplementäres Denken setzt demnach insbesondere die Fähigkeit voraus, nicht nur über die Gegenstände der menschlichen Erkenntnis nachzudenken (sogenannte Objektreflexion), sondern auch über die Arten und Weisen des menschlichen Erkennens sowie der dabei eingesetzten Erkenntniswege und -mittel (sogenannte Mittelreflexion). So kann sich dann auch die Einsicht einstellen, dass unterschiedliche Deutungsweisen einander widersprechen können, ohne dass deshalb die eine oder andere Deutungsweise verworfen werden müsste. Das entspricht dann dem aus der Physik bekannten Prinzip der komplementären Erklärungen, die bei bestimmten Phänomenen wie Licht erforderlich sind.

Kann es auch eine *Aufklärung durch Religion* geben? Selbst wenn diese Form von Aufklärung in der Philosophie und Pädagogik der Aufklärungszeit gewiss nicht im Blick war, kann eine solche Sicht von Religion heute doch mit guten Gründen vertreten werden.

---

[9] Vgl. *Fetz/Reich/Valentin,* Weltbildentwicklung und Schöpfungsverständnis.

Von einer kritischen Aufklärung durch Religion im Bereich der Bildung kann etwa gesprochen werden, wo die Maßstäbe von technischen und ökonomischen Erfordernissen in ihrer Ausschließlichkeit mit religiösen Argumenten in Frage gestellt werden. Auf der Grundlage des christlichen Menschen- und Weltverständnisses wird dann – gegen solche reduktionistischen Vorstellungen – auf weitere Horizonte und Dimensionen verwiesen, deren Vernachlässigung auf Kosten der Humanität geht. So gesehen können die Ausführungen im Folgenden – zugespitzt formuliert – ganz im Sinne einer solchen Aufklärung des Bildungsverständnisses durch Religion gelesen werden.

2. Was aus Menschen werden soll: Die Bestimmung des Menschen

Von Erziehung und Bildung lässt sich nicht reden, ohne zugleich davon zu sprechen, welche Zukunft dabei vor Augen steht. Bei Kindern und Jugendlichen ist dies unmittelbar deutlich, wenn Eltern oder andere, die für ihre Erziehung und Bildung Verantwortung tragen, bei Entscheidungen etwa über die Wahl einer Schule oder Schulart an deren Zukunft denken. Ähnliche Fragen stellen sich aber auch bei der Bildungsarbeit mit Erwachsenen, deren Gestalt ebenfalls stets von bestimmten Zielvorstellungen abhängig ist.

Die Bestimmung des Menschen als pädagogische Frage

Was aus einem Kind, einem Jugendlichen oder auch einem Erwachsenen werden soll, ist zunächst eine individuelle und auf die einzelne Person bezogene Frage. Diese Frage muss ebenso von den jeweiligen persönlichen Voraussetzungen und also von dem her, was als Anlage oder Begabung bezeichnet wird, entschieden werden wie von den Wünschen und Erwartungen besonders im Elternhaus, aber auch in der Gesellschaft insgesamt. Weithin werden solche Antworten als eine rein pragmatische Angelegenheit behandelt. Jedem Menschen soll eine optimale Entfaltung ermöglicht werden, und zugleich sind die gesellschaftlichen Erfordernisse zu bedenken, wie sie dann im Namen von Wirtschaft und Technik ausdrücklich formuliert werden. Ein anspruchsvolleres Bildungsverständnis kann sich einem solchen pragmatischen Denken zwar nicht entziehen, darf sich darin aber nicht erschöpfen. Die Frage, was aus Menschen werden soll, bedarf einer weiterreichenden Klärung, wenn sie nicht allein den wechselnden Auffassungen von persönlicher Entfaltung und gesellschaftlichem Bedarf überlassen bleiben soll.

Jede ernst zu nehmende Bildungstheorie begegnet daher der Frage, was aus dem Menschen werden soll. Genau dies ist gemeint, wenn von der Bestimmung des Menschen gesprochen wird. Dass der Mensch eine solche Bestimmung hat, kann nicht nur aus theologischer Sicht behauptet werden, obwohl natürlich schon das im zweiten Teil des Buches beschriebene Schöpfungsverständnis Antworten auf die Frage nach der Bestimmung des Menschen enthält. Neben der Theologie hat vor allem die Philosophie die Bestimmung des Menschen zu klären versucht, indem sie die Stellung des Menschen in Natur und Geschichte beschreibt und daraus Folgerungen etwa für eine anzustrebende Entwicklung des Menschen zieht. Heute werden solche Bestimmungen auch von anderen Wissenschaften angeboten, etwa von der Biologie mit evolutionstheoretischen Sichtweisen oder von der Gehirnforschung. Auf jeden Fall geht es dabei um eine umfassende Betrachtung des Menschen und des Menschseins, aus dem auf eine Bestimmung des Menschen und seiner Bildung geschlossen wird.

Die Bedeutung einer solchen Anthropologie als Lehre vom Menschen auch für die Pädagogik und Erziehungswissenschaft ist uns in der Geschichte des Bildungsbegriffs bereits begegnet. Im 20. Jahrhundert wird sogar ausdrücklich von einer pädagogischen Anthropologie gesprochen.[10] Schon zuvor entwickeln Autoren wie Herder oder Schleiermacher ihr Bildungsverständnis ganz selbstverständlich auf der Grundlage einer umfassenden Deutung von Mensch und Menschsein. Dafür steht bei ihnen der Begriff der Humanität, die nicht nur im Leben eines jeden einzelnen Kindes, Jugendlichen und Erwachsenen zu ihrer möglichst vollständigen Entfaltung gelangen soll, sondern die auch als ein kritisches Leitprinzip für die Menschheitsgeschichte wahrgenommen wird.

Als besonders eindrücklich erschien schon bei der historischen Darstellung etwa die aphoristische Formulierung Herders in seinem Reisejournal von 1769: „Großes Thema: das Menschengeschlecht wird nicht vergehen, bis dass es alles geschehe! Bis der Genius der Erleuchtung die Erde durchzogen! Universalge-

---

[10] Vgl. etwa *Gerner*, Pädagogische Anthropologie.

schichte der Bildung der Welt!"[11] Schon die sprachliche Form, die deutlich an biblische Ausdrucksformen anklingt, lässt den religiösen Horizont im Allgemeinen sowie die schöpfungstheologischen Bezüge im Besonderen erkennen.

Letztlich sind es bei den Klassikern der Pädagogik besonders in der Zeit des frühen 19. Jahrhunderts sogar kosmische Bezüge, aus denen sich das Bildungsverständnis speist. Ihnen geht es um die Stellung des Menschen in der Welt insgesamt, in der Natur ebenso wie in der Kultur. Wie in unserer Gegenwart etwa im Horizont der Ökologie wieder neu bewusst geworden ist, steht der Mensch nicht für sich allein. Das menschliche Dasein muss vielmehr in den weitesten Horizonten unterschiedlicher Ökosysteme, aber auch weit in die Zukunft hinein ausgreifender Zeithorizonte verstanden und verantwortet werden. Insofern sind die klassischen Entwürfe einer bis in ihre kosmologischen Implikationen hinein reflektierten und anthropologisch begründeten Bildungstheorie keineswegs überholt. Zumindest ihre Fragen bleiben auch dann aktuell, wenn die damals versuchten Antworten nicht mehr in jedem Falle überzeugen.

---

[11] *Herder*, Journal meiner Reise, 11.

Anthropologische und geschichtsphilosophische Grundlagen des Bildungsverständnisses

Spielen Fragen nach der Bestimmung des Menschen auch für die heutige Erziehungswissenschaft noch eine Rolle? Besonders deutlich hat der Erziehungswissenschaftler Dietrich Benner die anthropologischen und geschichtsphilosophischen Grundlagen seines Bildungsverständnisses herausgearbeitet. Auf seinen Entwurf soll deshalb an dieser Stelle etwas ausführlicher eingegangen werden.

Für Benner muss zunächst ein Verständnis der „pädagogischen Praxis im Rahmen der menschlichen Gesamtpraxis" gewonnen werden.[12] Aus seiner Sicht lassen sich dazu sechs Formen der menschlichen Praxis voneinander unterscheiden, die jeweils auf keine der anderen Praxisformen zurückgeführt werden können. Im Einzelnen sind dies: Politik, Kunst, Religion, Arbeit, Ethik, Pädagogik.[13] Schon an dieser Aufzählung ist abzulesen, dass Religion nach Benner, wie er in verschiedenen Veröffentlichungen dann auch genauer dargestellt hat[14], eine eigene menschliche Praxisform darstellt. Als solche ist sie auch für das Bildungsverständnis konstitutiv. Weitergehend stehen die menschlichen Praxisformen bei Benner auch explizit im Horizont menschlicher Bestimmung. Er spricht vom „Bestimmtsein des Menschen zu produktiver Freiheit, Geschichtlichkeit und Sprache".[15] Die „praktische Selbstbestimmung" müsse als eine „freie gedacht und hervorgebracht" werden.[16] Dabei sei die

[12] *Benner*, Allgemeine Pädagogik, 34.

[13] Ebd.

[14] Vgl. etwa *Benner*, Bildung und Religion.

[15] *Benner*, Allgemeine Pädagogik, 56.

[16] Ebd., 29.

Freiheit menschlicher Praxis „nur als geschichtliche Freiheit“ zu fassen, „als ein Verhältnis des Menschen zu seiner Gegenwart, zu deren Vergangenheit und zu seiner Zukunft“.[17] Zugleich sollen zwei „Verkürzungen“ vermieden werden, sowohl ein Geschichtsverständnis, „welches den Menschen zum Herrn der Geschichte erklärt“, als auch ein solches Verständnis, „welches die Geschichte zur Bestimmung des Menschen erhebt“.[18] Hieraus wird auch die Bedeutung der Sprache bei Benner verständlich: „Die Sprache vermittelt zwischen der Geschichtlichkeit und der produktiven Freiheit der Praxis. Dank der Sprachlichkeit unserer Existenz gibt es weder ein Kontinuum von vergangener Geschichte und Praxis, noch ein Kontinuum von produktiver Praxis in künftiger Geschichte“.[19] Zusammenfassend beschreibt Benner die Grundlagen seines Bildungsverständnisses so:

„Zusammengenommen kennzeichnen die produktive Freiheit, Geschichtlichkeit und Sprachfähigkeit somit den spezifischen Experimentcharakter der menschlichen Praxis. Produktive Freiheit, welche sich gleicherweise von Willkür- und Wahlfreiheit unterscheidet, Geschichtlichkeit, welche weder den Menschen zum Herrn der Geschichte noch die Geschichte zum Fatum der Praxis erklärt, und Sprachlichkeit in ihrer nie bloß abbildenden, sondern erinnernden, und nicht nominalistischen, sondern entwerfenden Vermittlungsleistung sind die drei Grundbestimmungen menschlicher Existenz, aufgrund derer wir in den koexistentialen Praxen der Arbeit, der Ethik, der Pädagogik, der Politik, der Kunst und der Religion die aus unserer Imperfektheit entspringende Not, handeln zu müssen, wenden und um unsere substantielle Bestimmung ringen können.“[20]

---

[17] Ebd., 30.
[18] Ebd., 31.
[19] Ebd., 32.
[20] Ebd., 33f.

Es ist für die heutige erziehungswissenschaftliche Argumentationsweise bezeichnend, dass Benner sein anthropologisches und geschichtsphilosophisches Verständnis „nur so weit verfolgt, wie dies für die Entwicklung eines systematischen Begriffs pädagogischen Denkens und Handelns unerlässlich ist".[21] Weiterreichende Klärungen wären in seiner Sicht „Aufgabe einer Allgemeinen praktischen Philosophie".[22] Diese Einschränkung ist einerseits plausibel, lässt andererseits aber offen, woher Benner seine anthropologischen und geschichtsphilosophischen Auffassungen eigentlich bezieht. Dass genau sechs – und nicht etwa fünf oder sieben – Praxisformen und dabei exakt die von Benner genannten Formen die Grundlage darstellen sollen, ist jedenfalls keineswegs alternativlos. Angesichts der in der Geschichte von Philosophie, Theologie und Pädagogik in dieser Hinsicht immer wieder anders getroffenen Entscheidungen lässt sich beispielsweise fragen, ob die Ethik tatsächlich eine grundlegende Praxisform oder nicht eher ein Bestimmungshorizont aller anderen Praxisformen ist. Und ähnlich kann auch die Religion in einer solchen übergreifenden Funktion verstanden werden. Trotz Brenners Hinweis auf die „Auseinandersetzung mit bedeutsamen Ansätzen der bildungstheoretischen Theorie- und Problemgeschichte", auf der sein Modell beruhe[23], bleibt es deshalb bei kriti-

[21] Ebd., 29.
[22] Ebd.
[23] So Benner in Reaktion auf meine diesbezügliche kritische Anfrage, vgl. *Benner*, Bildung und Religion, 57.

schen Anfragen hinsichtlich der Grundlegung seiner Bildungstheorie.

Benners Bildungsverständnis stellt jedoch auch aus theologischer Sicht einen bemerkenswerten, weil interdisziplinär anschlussfähigen Entwurf dar. Ohne Zweifel steht sein Verständnis in einem ausgewiesenen anthropologischen und geschichtsphilosophischen Horizont, der auch als religiös oder weltanschaulich bezeichnet werden kann. Es geht um letzte Bestimmungen des Menschen, seiner Geschichte sowie der Welt insgesamt. An anderer Stelle hat Benner auch ausdrücklich die „Bedeutung der Religion für die Bildung" erörtert. Bildung müsse, „wenn sie die Endlichkeit mit dem ihr affinen Sinn fürs Absolute nicht verdrängen will, in eine diesen Zusammenhang explizit thematisierende, reflektierende und aushaltende, eben religiöse Praxisform einführen". Das ist ein Plädoyer für religiöse Bildung als Teil der allgemeinen Bildung des Menschen. Darüber hinaus wird hier das „bildungstheoretische Proprium" von Religion in drei Hinsichten beschrieben – „durch die drei Glaubensdimensionen eines göttlichen ‚Sinns aus sich selbst', einer von diesem her unter den Menschen möglichen Solidarität (‚Liebe') und einer aus beiden hervorgehenden ‚Hoffnung'".[24]

Mit seinen Auffassungen hinsichtlich der anthropologischen und geschichtsphilosophischen Grundlagen des Bildungsverständnisses steht Benner auch in der Erziehungswissenschaft in der zweiten Hälfte des 20. Jahrhunderts keineswegs allein. Ähnlich ausgerichtete Darstellungen finden sich etwa bei Heinz-Joachim Heydorn oder bei Helmut Peukert, die immer

---

[24] *Benner*, Thesen zur Bedeutung der Religion, 186f.

wieder auch auf die Unverzichtbarkeit theologischer Reflexionen zum Bildungsverständnis hingewiesen haben. „Den Menschen gilt es zu bilden, für den die Zeit reif wird“, schreibt Heydorn. „Es ist Sache der Bildung, auf den Menschen zu sehen, der aus ihr hervorgekommen, sein Bedürfnis als Mensch aussprechen will“.[25] Für Peukert geht es um die Auslegung von Freiheit und universaler Solidarität, die sich aus seiner Sicht nur um den Preis einer Verharmlosung oder Verflachung auf den Bereich des Empirischen oder Rationalen beschränken lassen. Eine „Praxis universaler Solidarität“ könne es ohne Wahrnehmung theologischer Bezüge letztlich nicht geben.[26]

Auch wenn Autoren wie Benner, Heydorn und Peukert das erziehungswissenschaftliche Bildungsverständnis der Gegenwart maßgeblich beeinflusst haben, stehen ihnen doch andere Positionen gegenüber, die sich ganz bewusst von allen metaphysischen Annahmen und utopischen Erwartungen verabschieden wollen. In dieser Sicht bedeuten solche Annahmen und Erwartungen besonders für die pädagogische Praxis letztlich nur einen bestenfalls folgenlosen Ballast, auf den eigentlich ganz verzichtet werden kann. Ein ebenfalls einflussreiches Beispiel dafür stellt Heinz-Elmar Tenorths Untersuchung zu „Möglichkeiten und Perspektiven allgemeiner Bildung“ dar. Tenorth argumentiert hier so, dass allgemeine Bildung letztlich nur noch zweierlei bedeuten könne: „Ein *Bildungsminimum* für alle zu sichern und zugleich die *Kultivierung von Lernfähigkeit*

[25] *Heydorn*, Überleben durch Bildung, 291.

[26] *Peukert*, Praxis universaler Solidarität.

zu eröffnen".[27] Dieses Bildungsverständnis erscheint in der Tat nüchtern und bescheiden, und vor allem könnte es als Beleg dafür angesehen werden, dass heute für ein sinnvolles Verständnis von Bildung ganz auf theologische oder anthropologische Bezüge verzichtet werden kann. Doch so einfach verhält es sich am Ende nicht. Denn das von ihm als zentraler Bestimmungsgrund angesprochene „Bildungsminimum" kann auch Tenorth nur anhand einer expliziten Antwort auf die Frage bestimmen, „was für alle Heranwachsenden in unserer Gesellschaft zu lernen notwendig und unentbehrlich ist"[28], und die von ihm angestrebte „Kultivierung von Lernfähigkeit" hängt ihrerseits deutlich vom Verständnis des Menschen ab. Es muss geklärt werden, was „Lernfähigkeit" bedeuten soll und unter welchen Voraussetzungen ein Mensch als „lernfähig" bezeichnet werden darf.

Was Bildung sein soll, lässt sich auch in diesem Falle also erst sagen, wenn diese beiden Fragen eine Antwort gefunden haben: Was ist für (junge) Menschen wirklich unentbehrlich, und was bedeutet Lernfähigkeit? Und wenn diese Antwort bildungstheoretisch reflektiert sein soll, kann sie sich nicht auf nur pragmatische Erwägungen dazu berufen, was derzeit vielleicht als brauchbar gilt und was nicht. Damit aber kehren all jene anthropologischen und geschichtsphilosophischen Bestimmungsgründe wieder, von denen sich Tenorth doch auf Dauer verabschieden wollte. Denn wie anders soll beantwortet werden, was für alle „zu lernen notwendig und unentbehrlich" sei, als eben so, dass nach den übergreifenden Herausfor-

---

[27] *Tenorth*, „Alle alles zu lehren", 166.

[28] Ebd., 168.

derungen unter Maßstäben gesucht wird, die für das menschliche Leben oder Überleben überhaupt gelten sollen? Somit führt die „bescheidene“ Argumentation am Ende doch vor sehr weitreichende Fragen nach der Bestimmung von Mensch und Welt, denen so einfach nicht zu entkommen ist. Wer nach Bildungszielen fragt, sieht sich mit umfassenden Sinnfragen konfrontiert – mit Fragen von Anthropologie sowie von Vergangenheit und Zukunft, ohne die offenbar keine ernsthafte pädagogische Theorie auskommen kann. Wenn die Evangelische Kirche in Deutschland ihre Bildungsdenkschrift mit dem Titel „Maße des Menschlichen“ überschreibt[29], ist das deshalb durchaus sachgemäß. Das Verständnis des Menschseins gibt der Bildung schon immer ein Maß vor, weshalb zu fordern ist, dass dieses Maß im Sinne der Humanität bestimmt wird.

Die Bestimmung des Menschen als theologische Frage

Aus theologischer Sicht haben in neuerer Zeit vor allem Wolfhart Pannenberg und Reiner Preul die Frage nach der Bestimmung des Menschen im bildungstheoretischen Zusammenhang aufgenommen. Pannenberg greift dabei auf das biblische Motiv der Gottebenbildlichkeit zurück. Diese sei nicht im Sinne eines „ursprünglichen Zustandes“ aufzufassen, sondern als Aussage zur „*Bestimmung* des Menschen“.[30] Der „Gedanke der künftigen Bestimmung des Menschen“ eröffne die „Möglichkeit eines Bildungsprozesses zu

[29] Vgl. *Evangelische Kirche in Deutschland*, Maße des Menschlichen.
[30] *Pannenberg*, Gottebenbildlichkeit und Bildung, 267.

wahrer Menschlichkeit".[31] Dieser Bildungsprozess, in dem Schöpfung und Erlösung des Menschen miteinander verbunden und aufeinander bezogen sind, sei „allerdings nicht als ein geradliniges Fortschreiten zu denken, da der christliche Glaube von einer Überwindung der sündhaften Verkehrung der menschlichen Existenz nur in Christus und durch ihn weiß".[32] Der spezifische Beitrag theologisch reflektierter Aussagen zur Bestimmung des Menschen kann deshalb umgekehrt in einem Grenzbewusstsein gesehen werden, das sich aus der Unterscheidung zwischen Schöpfer und Geschöpf sowie zwischen menschlichem Handeln und göttlicher Erlösung speist.

Ein weiterer Aspekt betrifft die „Aneignung der Welt" im Bildungsprozess.[33] Dieser Prozess sei einerseits unabschließbar, aber andererseits sei die „Idee der Totalität der Welt" doch „unerlässlich für die *mögliche Ganzheit* des individuellen Daseins". Bei einer solchen Ganzheit aber handelt es sich letztlich um eine religiöse Vorstellung, die der Wirklichkeit Gottes korrespondiert. Denn diese Wirklichkeit sei „konstitutiv für die Ganzheit der Welt wie für die des individuellen Daseins".[34] Es ist leicht zu erkennen, in welchem Sinne hier etwa die erziehungswissenschaftlichen Überlegungen Benners der Sache nach weiter präzisiert werden, indem sie in einem theologischen Zusammenhang erörtert werden.

Wie Preul in weiterer Konkretion herausarbeitet, trägt die theologische Reflexion dazu bei, die „Rede

---

[31] Ebd., 268.
[32] Ebd.
[33] Ebd., 269.
[34] Ebd.

von Bildung als Selbstbestimmung oder auch von Bildung zur Selbstbestimmung von emphatischer Überschätzung“ zu befreien und „auf eine realistische Basis“ zu stellen.[35] Zugespitzt formuliert er kritisch gegen Bildungstheorien, die sich nicht auf theologische und anthropologische Fragen einlassen wollen: „Von ‚Bestimmung des Menschen‘ und von ‚Aufklärung‘ über die Bedingungen unseres Freiheitsgebrauchs kann nicht geredet werden, ohne dass die geschichtlich konkreten und die anthropologisch prinzipiellen Bedingungen und Begrenzungen von Selbstbestimmung in den Blick genommen werden“.[36]

Denn: „Zu unserem Sein und Werden, somit zu unserer Bildung und zu dem Bildungsprozess, den wir durchlaufen, gehört eben auch all das, was wir nicht gewählt und gemacht haben, sondern was uns bestimmt und geprägt hat und dauerhaft bestimmt und leitet. Ist das richtig, dann ist jede überschwängliche Vorstellung von Bildung als Selbstbestimmung, derzufolge es in die Hand des Menschen als selbstständigem Subjekt gelegt wäre, sich selbst völlig frei zu entwerfen und zu verwirklichen, als unrealistisch und illusionär zurückzuweisen.“[37]

So wird am Ende dieses Teilkapitels noch einmal deutlich: Die Frage, was aus Menschen werden soll, führt immer wieder zu religiös bestimmten Antworten. Die Bestimmung des Menschen ist von Anfang an ein philosophisches und theologisches Thema zugleich. Der Mensch und seine Bestimmung müssen nicht mit Notwendigkeit religiös oder theologisch aufgefasst und thematisiert werden – dazu gibt es durchaus auch nicht-religiöse Alternativen –, aber

---

[35] *Preul*, Evangelische Bildungstheorie, 166.

[36] Ebd., 174.

[37] Ebd., 174f.

ohne Zweifel verfügt die Theologie über Begriffe und theoretische Möglichkeiten, mit letzten Fragen dieser Art umzugehen. Auch für diejenigen, die sich selbst nicht als religiös verstehen, kann die Theologie im Blick auf das Bildungsverständnis deshalb zu einem Gesprächspartner werden. Darüber hinaus kann an dieser Stelle auf die von Jürgen Habermas besonders in seinem Spätwerk vertretene Forderung erinnert werden, dass „sich auch die säkulare Seite einen Sinn für die Artikulationskraft religiöser Sprachen" bewahren sollte.[38]

3. Wie das Zusammenleben gelingen kann: Werte, Ethos und Ethik

Ohne Werte kann das Zusammenleben in der Gesellschaft nicht gelingen – diese Auffassung wird heute weithin geteilt, zumindest in Politik und Öffentlichkeit. Angesichts dieses weitreichenden Konsenses kann es überraschen, dass gerade in Theologie und Pädagogik auch eine grundlegend kritische Position gegenüber der Forderung nach Werten und Werteerziehung Verbreitung gefunden hat. Dabei werden verschiedene Einwände gegen die Werteerziehung formuliert, die auch dann bedeutsam bleiben, wenn – wie es im Folgenden geschehen soll – an einer grundlegenden ethischen Dimension von Bil-

[38] *Habermas*, Glauben und Wissen, 22.

dung festgehalten wird. Mit diesen Einwänden soll deshalb begonnen werden.

Einwände gegen die Forderung nach Werteerziehung

Im Kern sind es vier Problemstellungen, auf die sich der kritische Diskurs zur Werteerziehung immer wieder bezieht.

Besonders in der Wertephilosophie der ersten Hälfte des 20. Jahrhunderts wurde von einer Eigenexistenz von Werten ausgegangen. Demnach werden Werte nicht von Menschen geschaffen, sondern die absolute Geltung von Werten erklärt sich gerade daraus, dass sie in ihrer Existenz nicht von menschlicher Zustimmung abhängig sind. Pädagogisch gesprochen bedeutet dies, dass Werte eigentlich nur entdeckt werden können. Denn vorhanden sind sie dieser Sicht zufolge ja schon immer.

Eine solche Verabsolutierung von Werten verkennt von vornherein den engen Zusammenhang zwischen dem gesellschaftlichen Leben und entsprechenden Wertvorstellungen. Werte bringen zum Ausdruck, was Menschen in dauerhafter Weise als vorzugswürdig ansehen. Insofern handelt es sich um ideale Vorstellungen, die notwendig über die gesellschaftliche Realität hinausweisen. Zugleich sind solche Vorstellungen aber immer auch von den tatsächlichen Erfahrungen im gesellschaftlichen Zusammenleben bestimmt und können insofern als dessen Ausdruck verstanden werden. Besonders für die Pädagogik ist der Zusammenhang zwischen Lebenspraxis und Werten entscheidend. Dafür steht in klassischer Weise die sozialpädagogische Arbeit Johann Heinrich Pestalozzis, der den

Kindern und Jugendlichen immer zuerst Erfahrungen eines gelingenden Lebens ermöglichen wollte, ehe mit ihnen auch darüber zu sprechen sei.[39] Alles andere wäre ein bloßes „Maulbrauchen" – leeres Geschwätz also.

Es wäre in der Tat kaum sinnvoll, Kindern und Jugendlichen Werte vor Augen zu stellen, die mit ihrem eigenen Leben nichts zu tun haben, sondern ihnen lediglich als eine Art Kontrastfolie begegnen können. Ein idealer Wertehimmel mag schön anzusehen sein, aber pädagogisch bleibt er folgenlos.

Als dauerhaft problematisch erweist sich deshalb auch die Vorstellung einer pädagogischen Werte*vermittlung*. Werte entwickeln eine handlungsbindende Kraft nicht schon dadurch, dass sie Kindern und Jugendlichen lediglich vor Augen gestellt werden. Auch der erhobene Zeigefinger oder die berüchtigte Moralpredigt helfen nicht weiter. Werte müssen vielmehr angeeignet werden, was nur gelingt, wo Werte aufgrund eigener Erfahrungen Plausibilität gewinnen.

In diesen Zusammenhang gehört auch die theologische Fundamentalkritik am Wertebegriff selbst. Vor allem Eberhard Jüngel hat darauf verwiesen, dass der Begriff der Werte aus dem wirtschaftlichen Denken stammt. Insofern sei es geradezu gefährlich und deshalb theologisch prinzipiell abzulehnen, diesen Begriff im theologischen Sprachgebrauch zu übernehmen.[40] Denn hier gehe es um eine nicht verrechenbare Würde des Menschen, die sich nicht als Wert ausdrücken lasse.

---

[39] Vgl. als knappe Darstellung *Pestalozzi*, Brief.

[40] Vgl. *Jüngel*, Wertlose Wahrheit.

Auch für die Theologie ist allerdings darauf hinzuweisen, dass sich dieses Verdikt gegen den Wertebegriff letztlich nicht durchhalten lässt. Wenn der Begriff der Werte in der Sprache einer Gesellschaft benutzt wird und vielleicht gerade auch dazu, Vorstellungen und Ideale von letzter Bedeutung zum Ausdruck zu bringen, kann sich die Theologie diesem Sprachgebrauch nur um den Preis eines weitreichenden Relevanzverlusts entziehen.

Vor allem im letzten Drittel des 20. Jahrhunderts war die Diskussion zur Werteerziehung einseitig politisch konservativ besetzt. Entsprechende Forderungen nach Werteerziehung beriefen sich auf angeblich vernachlässigte Sekundärtugenden wie Ordnung, Fleiß und Sparsamkeit, die nun der damals weit verbreiteten emanzipatorischen Pädagogik entgegengehalten wurden. Wie man sich zur Werteerziehung stellte, erschien dann vor allem als eine Frage der politischen Gesinnung. Inzwischen ist freilich deutlich geworden, dass die Bedeutung von Werten nicht auf eine bestimmte politische Richtung beschränkt sein kann. Häufig im Sinne einer gesellschaftskritischen Orientierung wahrgenommene Werte wie soziale Gerechtigkeit, ökologische Verantwortung, Nachhaltigkeit oder der Bezug auf Rechte künftiger Generationen können die Werteerziehung ebenso bestimmen wie konservative Werte. Werteerziehung ist nicht als solche konservativ. Entscheidend ist vielmehr, von welchen Werten jeweils ausgegangen wird.

Besonders im Blick auf die Schule, aber auch andere staatliche Bildungseinrichtungen wird auf die prinzipielle Grenze verwiesen, die dem Anliegen einer Werteerziehung gezogen sein muss. Der moderne Staat beruht auf der Unterscheidung zwischen

Recht und Moral. Von den Bürgerinnen und Bürgern darf der Staat zwar ein rechtskonformes Verhalten verlangen, aber die persönliche Moral darf er nicht normieren. Sonst würde er totalitär. In dieser Hinsicht bleibt eine staatlich betriebene Werteerziehung prekär. Denn wie im Folgenden noch gezeigt werden soll, ist gerade ein freiheitlicher Staat auf Werte angewiesen, aber er vermag eine Werteerziehung allein nicht zu gewährleisten.

Alle diese kritischen Anfragen an eine Werteerziehung sind ernst zu nehmen. Auch zusammengenommen ergeben sie aber keinen prinzipiellen Einwand gegen die These, dass Werte für ein Gelingen des Zusammenlebens erforderlich sind und dass sie deshalb auch pädagogisch unterstützt werden müssen. Ähnlich wird dies auch in der aktuellen evangelischen Bildungsdiskussion vertreten. Es geht nicht um eine pauschale Ablehnung des Wertebegriffs, sondern um dessen angemessene Deutung. In diesem Sinne heißt es in einer Stellungnahme der Evangelischen Kirche in Deutschland:

> „Manchmal wird religiöse Bildung bloß als eine Form der Werteerziehung angesehen. Aus evangelischer Sicht geht jedoch mit dem Bezug auf Gott die Wahrheitsfrage allen Werten voraus. Der Glaube beruht nicht auf Werten, sondern umgekehrt folgen Werte aus dem Glauben. Werte lassen sich auch ohne Bezug auf Religion begründen. Ebenso richtig bleibt aber, dass Religion in Geschichte und Gegenwart zu den wichtigsten Quellen der ethischen und normativen Orientierung zu zählen ist."[41]

Der Begriff der Werteerziehung bleibt freilich insofern problematisch, als er die Vorstellung einer Ver-

[41] *Evangelische Kirche in Deutschland*, Religionsunterricht.

mittlung von Werten zu implizieren scheint. Deshalb soll im Folgenden nicht von Werte*erziehung*, sondern von Werte*bildung* gesprochen werden. Auf diese Weise soll bewusst bleiben, dass auch im Blick auf Werte ein Bildungsanspruch durchzuhalten ist.

Warum Werte für das Zusammenleben notwendig sind

An dieser Stelle muss ich mich auf zwei grundlegende Aspekte beschränken, was angesichts der zu dieser Thematik verfügbaren neueren Veröffentlichungen allerdings auch gut möglich ist.[42] Ich konzentriere mich einerseits auf die Bedeutung gesellschaftlicher Werte für einen freiheitlichen Staat und andererseits auf wertebezogene Grundlagen gesellschaftlicher Solidarität.

Der moderne demokratische Staat, so ist bereits deutlich geworden, steht vor einem Freiheitsdilemma. Als freiheitlicher Staat ist er darauf angewiesen, dass die Bürgerinnen und Bürger ohne beständige staatliche Kontrolle bereit und in der Lage sind, sich an den für das Gemeinwesen wesentlichen demokratischen Ordnungen zu orientieren. Zugleich darf der Staat aber nicht versuchen, etwa durch staatliche Erziehungseinrichtungen die Aneignung entsprechender Werte zu gewährleisten. Denn durch ein solches normierendes Handeln müsste der Staat seine eigene Freiheitlichkeit preisgeben. Deshalb ist der Staat nicht nur auf Werte angewiesen, sondern ausdrücklich auch auf eine nicht von ihm selbst betriebene Wertebildung, wie sie beispielsweise von den Kirchen und Religionsgemeinschaften ausgehen

---

42 Vgl. bes. *Joas/Wiegandt (Hg.)*, Die kulturellen Werte Europas.

kann. Darauf zielt das inzwischen vielfach zitierte Diktum von Ernst-Wolfgang Böckenförde: „Der freiheitliche, säkularisierte Staat lebt von Voraussetzungen, die er selbst nicht garantieren kann.“[43]

Moderne Gesellschaften sind, etwa soziologischen Befunden zufolge, in hohem Maße auf individuelle Autonomie eingestellt. In vieler Hinsicht können sie überhaupt nur funktionieren, wenn Leistungen individuell erbracht und individuell zugerechnet werden können. Deshalb unterstützen moderne Gesellschaften eine bestimmte Art von Individualismus und sind, so ein weiterer Befund, von einer weitreichenden Tendenz zur Individualisierung bestimmt. Damit wird individuelle Autonomie zu einem eigenen Wert, aber zugleich werden auf diese Weise andere Orientierungen prekär. Das gilt besonders für Werte wie Solidarität, ohne die ein Gemeinwesen ebenfalls nicht funktionieren kann. Neben der von der funktionalen Organisation moderner Gesellschaften ausgehenden Prämierung individueller Unabhängigkeit bedarf es deshalb weiterer Quellen, die soziale Werte und Bindungen unterstützen. Dazu können auch religiöse Quellen von Werten gezählt werden.

In der neueren Diskussion hat besonders Hans Joas die Auffassung vertreten, „dass Werte aus Erfahrungen entstehen und dass der Glaube eine Auslegung von Erfahrungen der Selbsttranszendenz darstellt“.[44] Damit sind bei Joas Erfahrungen gemeint, „die nicht selber schon Gotteserfahrungen darstellen“:

---

[43] *Böckenförde*, Recht, Staat, Freiheit, 112.

[44] *Joas*, Braucht der Mensch Religion?, 49.

„Erfahrungen, in denen eine Person sich selbst übersteigt, nicht aber, zumindest zunächst nicht, im Sinne einer moralischen Überwindung ihrer selbst, sondern im Sinne eines Hinausgerissenwerdens über die Grenzen des eigenen Selbst, eines Ergriffenwerdens von etwas, das jenseits meiner selbst liegt, einer Lockerung oder Befreiung von der Fixierung auf mich selbst.“[45]

Auch eine pädagogische Wertebildung kann es demnach nur geben, wenn das Bildungswesen „wertkonstitutive Erfahrungen zulässt und fördert“.[46] In dieser Sicht gehört Religion zu den konstitutiven Grundlagen der Wertebildung. Nach Joas braucht Wertebildung ausdrücklich Religion.[47]

Eine solche Sichtweise widerspricht vor allem dem lange Zeit gerade in der Erziehungswissenschaft einflussreichen Versuch, Werte oder, wie dann lieber gesagt wird, Normen von religiösen oder anderen Überlieferungen abzukoppeln und sie allein auf dem Weg einer Diskursethik zu begründen. Im Zentrum einer solchen diskursethischen Begründung steht das von der Aufklärungsphilosophie vor allem vom Verständnis Kants ausgehende Prinzip der Universalisierung. Werte und Normen gewinnen diesem Prinzip zufolge ihre Geltung dadurch, dass sie sich als im strengen Sinne verallgemeinerbar erweisen lassen. Religiöse Traditionen können dann nur soweit für eine Wertebegründung in Anspruch genommen werden, als sie universal werden und damit von ihrer ursprünglichen, auf eine bestimmte Glaubensweise beschränkten Begründung abgelöst werden können.

---

45 Ebd., 17.

46 Ebd., 49.

47 Vgl. *Joas (Hg.)*, Braucht Werterziehung Religion?

In ihrer heutigen Gestalt geht die Diskursethik vor allem auf den Philosophen Jürgen Habermas zurück, der in seinen Schriften aus den 1970er und 1980er Jahren auch die beschriebene Transformation religiöser in universelle Werte gefordert hat.[48] Habermas selbst hat später allerdings deutlich auf die Grenzen einer solchen Transformation verwiesen und die bleibende Bedeutung religiöser Gehalte für die Wertebildung herausgestellt. Deshalb kann er nun die oben bereits erwähnte Forderung vertreten, dass „sich auch die säkulare Seite einen Sinn für die Artikulationskraft religiöser Sprachen bewahrt".[49] Hinter dieser Forderung steht die Wahrnehmung, dass eine Transformation von religiösen Gehalten in (moralische) Vernunft nicht restlos, also nicht ohne substantielle Verluste gelingen kann.

Andere Sozialphilosophen wie Charles Taylor und Michael Walzer haben schon früher herausgearbeitet, dass die Wertebildung konstitutiv an Sinnerfahrungen und an die Ausbildung einer persönlichen Identität gebunden ist. Mehr noch: Ohne Bezug auf solche Sinnerfahrungen und Identitäten können Werte keine handlungsbindende und motivbildende Kraft entfalten. Gemeint sind „Fragen hinsichtlich der eigenen Lebensführung, die das Problem berühren, welche Art von Leben lebenswert ist". Taylor spricht auch von „Vorstellungen von einem erfüllten Leben".[50] Bei Walzer entspricht dem die Kritik an einer „dünnen" Moral oder Identität, in der sich in seiner Sicht diskursethische oder universalistische Norm- und

---

[48] Vgl. *Habermas*, Theorie des kommunikativen Handelns.

[49] *Habermas*, Glauben und Wissen, 22.

[50] *Taylor*, Quellen des Selbst, 35.

Identitätsbegründungen erschöpfen.[51] Es fehle ihnen ein erfahrungs- und traditionsgesättigtes Fundament in den Lebenszusammenhängen der Menschen.

In einer etwas anderen Begrifflichkeit lässt sich dies auch durch das Verhältnis zwischen Ethos und Ethik erläutern. *Ethik* ist die Reflexionsform der im Leben wirksamen Werte und Normen. Diese werden dabei geordnet und kritisch überprüft. Als *Ethos* hingegen kann eine praktisch gelebte Form von Werten bezeichnet werden, die auch als Interaktionsordnung oder gelebte Moral angesprochen wird.[52] So gesehen bedarf es eines Ethos als Erfahrungsbasis, damit die Wertebildung gelingen kann. Die Reflexionsform einer Ethik allein vermag zwar vielleicht intellektuell zu überzeugen – das ist nicht wenig, aber zu Bindungen führt es bekanntlich nicht. Wertebildung allein auf der Ebene der Ethik, also ohne Ausgestaltung eines entsprechenden Ethos, ist deshalb kein gangbarer Weg.

Die Forderung nach einem Ethos lässt sich sinnvoll auch auf Bildungseinrichtungen anwenden. Das Ethos muss auf der Ebene dieser Institutionen realisiert werden. Doch ergeben sich gerade bei dieser Forderung weitere Herausforderungen. Denn wie soll ein durch religiöse Traditionen bestimmtes Ethos in Bildungseinrichtungen unter den Voraussetzungen der religiösweltanschaulichen Pluralität noch möglich sein?

Pluralität als Ende des Ethos?

Warum der Zusammenhang zwischen Ethos und Wertebildung seine endgültige Grenze und Infrage-

[51] Vgl. *Walzer*, Lokale Kritik.

[52] Vgl. *Herms*, Ethos.

stellung in der religiös-weltanschaulichen Pluralität finden könnte, tritt gerade am Beispiel von Bildungseinrichtungen vor Augen. Schulen, an die hier exemplarisch gedacht werden kann, werden von Kindern und Jugendlichen mit unterschiedlicher Religionszugehörigkeit oder auch ohne eine solche Zugehörigkeit besucht. Trotz rechtlicher Vorgaben, die die Schulen nach wie vor auf christliche Werte wie Nächstenliebe verweisen – man denke etwa an entsprechende Formulierungen in den Landesverfassungen, beispielsweise der des Landes Baden-Württemberg (Art. 12ff.) –, ist deshalb ein einheitliches religiös geprägtes Ethos hier nicht mehr denkbar. Deshalb werden die Bezüge auf das Christentum im Recht heute auch nicht mehr in einem bekenntnisbezogenen Sinne verstanden. Unter dieser Voraussetzung geht jedoch auch die Möglichkeit verloren, bei der ethischen Bildung auf ein traditionsgesättigtes Ethos bauen zu können.

Welche pädagogischen Herausforderungen daraus erwachsen, macht ein Vergleich etwa mit den entsprechenden Prinzipien in der pädagogischen Tradition deutlich. Bei Friedrich Wilhelm Dörpfeld beispielsweise, einem führenden Vertreter des evangelischen Erziehungsdenkens in der zweiten Hälfte des 19. Jahrhunderts, gilt die religiöse Einigkeit der Schulgemeinde als Voraussetzung der pädagogischen Wirksamkeit von Schule. Er sieht diese daran gebunden, „dass die verbundenen Familien in den wichtigsten Erziehungsgrundsätzen übereinstimmen, also vor allen Dingen *gewissenseinig* sein müssen".[53] Aus heutiger Sicht ist leicht erkennbar,

---

[53] *Dörpfeld*, Ausgewählte Pädagogische Schriften, 132.

wie weitreichend eine Forderung nach „Gewisseneinigkeit“ der Eltern tatsächlich ist und wie wenig Chancen dafür bestehen, eine solche Einigkeit zu erreichen. Dennoch wurden solche Forderungen keineswegs nur im 19. Jahrhundert aufgestellt. Im 20. Jahrhundert wurden entsprechende Auffassungen etwa von dem bis heute sehr einflussreichen Schulreformer Peter Petersen vertreten, der die inzwischen weltweit beachteten Prinzipien der „Jena-Plan-Schulen“ entwickelt hat. Ein Ethos für die Schule lasse sich, so Petersen, am besten verwirklichen, „wo Eltern und Erzieher auch weltanschaulich eins sind“.[54]

In neuerer Zeit werden entsprechende Forderungen besonders im Anschluss an den englischen Psychiater und Schulforscher Michael Rutter diskutiert. Zu den wichtigsten Befunden der von Rutter durchgeführten Untersuchung gehört die bis heute immer wieder zitierte These, dass sich Einzelschulen in ihrer pädagogischen Wirksamkeit erheblich unterscheiden und dass diese Unterschiede besonders mit dem Ethos einer Schule zu tun haben. Unter einem solchen Ethos wird auch hier ein „Gefüge von Werten, Haltungen und Verhaltensweisen“ verstanden, das „für eine Schule als Ganze charakteristisch“ sei.[55]

So wird einerseits nicht nur in der Vergangenheit, sondern auch in der gegenwärtigen Diskussion die Notwendigkeit eines Ethos hervorgehoben, während andererseits dessen Möglichkeit durch die religiös-weltanschauliche Pluralität von Schüler- und Elternschaft konterkariert zu werden scheint. Der einzig

[54] *Petersen*, Der Kleine Jena-Plan, 9.
[55] *Rutter u.a.*, Fifteen Thousand Hours, 179.

mögliche Ausweg in dieser Situation liegt wohl darin, auf dem Weg des Dialogs nach Möglichkeiten der Begründung eines pädagogischen Ethos in der Pluralität zu suchen. Damit wird ein solcher Dialog zu einer Aufgabe der Schule sowie von Bildungsinstitutionen insgesamt. Das für die ethische Bildung erforderliche Fundament eines Ethos ist nur noch als Resultat dialogischer Kooperation vorstellbar. Dabei ist allerdings von vornherein nicht an ein schulisches Pendant zu den mitunter recht abgehobenen Religionsdialogen in der Religionsphilosophie oder auch in der Theologie zu denken. Gangbar dürfte eher der Weg einer aufgabenbezogenen Zusammenarbeit sein, auf dem immer wieder begrenzte Übereinkünfte zu praktischen Fragen der Schulgestaltung und des alltäglichen Zusammenlebens in der Schule gesucht und gefunden werden müssen.

4. Warum Bildung mehr sein muss: Der innere Mensch

Der Bildungsbegriff, wie er sich besonders seit der zweiten Hälfte des 18. Jahrhunderts entwickelt hat, verweist auf ein pädagogisches Grundproblem, das bis heute bedeutsam geblieben ist. Immer wieder besteht die Gefahr, dass sich die Ziele besonders etwa der Schule auf den jeweils diagnostizierten gesellschaftlichen Bedarf beschränken. In anspruchsvollerer Form ist eine, wie dann zu formulieren ist: Ausbildung, die ihr Maß ganz im gesellschaftlichen Bedarf findet, seit der Aufklärungszeit von utilitaristischen Theorien entwickelt worden. Statt letztlich überflüssiger Bezüge auf das Gute oder Schöne soll sich die Ausbildung auf Fähigkeiten und Fertigkeiten konzentrieren, die im praktischen Leben wirklich gebraucht werden. Im heutigen Sprachgebrauch ist dabei etwa an Ziele wie „Skills“, „Employability“ und „Entrepreneurship“ zu denken, die ihren Sitz im Leben besonders im Bildungsdiskurs der europäischen Politik besitzen.

Das pädagogische Problem

Von einem Problem ist in pädagogischer Sicht hier deshalb zu sprechen, weil Bildung sich in dieser Perspektive ganz auf den äußeren Menschen zu beschränken droht. Solange die geforderten Fähigkeiten und Fertigkeiten abrufbar sind, kommt es dann nicht weiter auf Person oder Persönlichkeit an. Die Person wird vielmehr zu einem gleichsam beliebigen Träger der gewünschten Leistungsfähigkeit. Dass Bildung mehr sein muss als eine solche äußere Formung des Menschen, steht daher ganz im Zentrum der klassischen Bildungstheorien. Rousseaus kritische Unterscheidung zwischen dem Bürger, wie ihn die Gesellschaft braucht, und dem Menschen, dem von Natur aus eigene Rechte verliehen sind, kann dafür ebenso stehen wie die bei von Humboldt für wahre Bildung maßgebliche Ganzheit, die er der Entfremdung durch die Veräußerung in die Welt hinein gegenüberstellt. Es ist kein Zufall, dass diese Vertreter eines im emphatischen Sinne zu verstehenden Bildungsbegriffs immer auch den inneren Menschen als konstitutiven Bezugspunkt ansehen. Darauf verweist schon der Begriff der Individualität, wie er besonders von Schleiermacher herausgearbeitet wurde, und die Bezüge auf Gefühl und Wille sind dafür ebenso ausschlaggebend.

Die Forderung, die Bildung auch des inneren Menschen im Blick zu halten, darf nicht mit einer Hinwendung zur Innerlichkeit verwechselt werden. Eine Pädagogik der Innerlichkeit gerät leicht in die Gefahr, den Menschen gleichsam aufzuteilen – in einen äußeren Bereich, der durch gesellschaftliche Abläufe bestimmt ist, und ein Inneres, in dem dann all das seinen Platz finden soll, was für die gesellschaftlichen Funktionen gleichgültig ist. Demgegenüber geht es mir mit dem Bezug auf den inneren Menschen nicht um eine solche Aufteilung, die faktisch auch gar nicht möglich ist. Vielmehr ist die gleichzeitige Bildung des inneren und des äußeren Menschen gemeint, nämlich so, dass Inneres und Äußeres einander durchdringen.

Der innere Mensch und das biblisch-christliche Menschenbild

Ein solches Verständnis des Menschen konvergiert in hohem Maße mit der biblisch-christlichen Anthropologie. Der Glaube bezieht sich auf die innere Orientierung des Menschen und kann nach christlichem Verständnis als eine Art Personkern bezeichnet werden. Zugleich beschränkt sich dieser Glaube keinesfalls auf eine religiöse Innerlichkeit, sondern meint insofern immer den ganzen Menschen, als auch die gesamte Lebenspraxis mit im Blick ist.

Eine entscheidende Zuspitzung erfährt der Zusammenhang von Glaube und Bildung des inneren Menschen durch die reformatorische Theologie, indem diese die Bedeutung des persönlichen Glaubens jedes einzelnen Menschen als unverzichtbar ansieht.[56] Wie im geschichtlichen Teil bereits deutlich wurde, genügt dann nicht mehr die Teilhabe am Glauben der Kirche

56 Vgl. oben, S. 78ff.

oder an rituellen Vollzügen, die dem Menschen auch äußerlich bleiben können. Der Glaube, wie ihn die Reformatoren besonders als Rechtfertigungsglaube beschreiben, meint vielmehr eine innere, den ganzen Menschen bestimmende Beziehung zu Gott in Jesus Christus. Dies erklärt, warum die Reformation wirkungsgeschichtlich betrachtet zumindest als Wegbereiter der neuzeitlichen Aufwertung von Subjektivität und Individualität anzusehen ist. In dieser Sicht kann, wie in einem späteren Teilkapitel noch genauer entfaltet wird, der Glaube selbst als Bildung angesprochen werden – als Bildung des inneren Menschen.

Dieses Bildungsmotiv – die Bildung des inneren Menschen – verbindet sich aber nicht nur mit einer bis heute anhaltenden neuzeitlichen Wirkungsgeschichte, sondern verweist zugleich zurück in die Geschichte schon des Altertums. Denn die Bildung des Willens und von Tugenden gehören auch zu den zentralen Themen besonders der griechischen Philosophie. Vor allem Plato, Aristoteles und die Stoa konzipieren Tugendlehren, die ebenfalls bis heute das pädagogische Denken beeinflussen.[57] Steht bei Plato dabei die Idee des Guten im Zentrum, so geht es bei Aristoteles um Haltungen (habitus), die durch Gewöhnung und Übung zu erwerben sind. Im Gegenüber zu solchen antik-philosophischen Tugendlehren hat das Christentum in seiner Geschichte eine eigene Begründung ethischen Handelns ausgebildet, die vom Glauben ausgeht. Dabei kommt es zu durchaus unterschiedlichen

[57] Eine selbst als klassisch anzusprechende Darstellung findet sich bei *Bollnow,* Wesen und Wandel der Tugenden. Einen knappen, aber hilfreichen Überblick zur Tugendlehre in theologischer Sicht bietet *Stock,* Tugenden.

Akzentuierungen – bei Thomas von Aquin steht die Liebe im Zentrum und soll auch den Glauben ausformen, wohingegen die Reformatoren umgekehrt den Glauben als Voraussetzung auch der Liebe verstehen. Unabhängig von solchen theologischen Kontroversen, die hier im Einzelnen nicht aufgenommen werden können, belegt die Geschichte der Tugendlehren den für das Christentum kennzeichnenden Zusammenhang zwischen der Erneuerung des inneren Menschen und einem ethisch verantwortlichen Handeln.

Der Bezug auf den inneren Menschen spielt für Luthers Theologie eine entscheidende Rolle. In einer seiner berühmtesten Schriften, „Von der Freiheit eines Christenmenschen“ (1520), tritt die Unterscheidung zwischen dem „äußeren“ und dem „inneren“ Menschen deutlich hervor. Sie dient der Erläuterung der beiden Leitthesen dieser Schrift:

> „Ein Christenmensch ist ein freier Herr über alle Dinge und niemandem untertan.
> Ein Christenmensch ist ein dienstbarer Knecht aller Dinge und jedermann untertan.“[58]

Beide Thesen stehen in einem Widerspruch zueinander, den Luther nun so auflöst:

> „Um diese beiden widerständigen Reden von der Freiheit und der Dienstbarkeit zu verstehen, sollen wir eingedenk sein, dass jeder Christenmensch von zweierlei Natur ist, geistlicher und leiblicher. Nach der Seele wird er ein geistlicher, neuer, innerlicher Mensch genannt, nach dem Fleisch und Blut wird er ein leiblicher, alter und äußerlicher Mensch genannt.“[59]

[58] *Luther*, Freiheit eines Christenmenschen, 239.
[59] Ebd.

Der innere Mensch ist demnach auf den Glauben bezogen und damit auf die im Glauben geschenkte Freiheit. Diese Freiheit soll nach Luther aber nicht rein innerlich bleiben, sondern den ganzen Menschen, den inneren wie den äußeren, verwandeln. Doch ist dies ein Prozess, der in dieser Welt nur in einer anfänglichen Gestalt erreicht werden kann.[60] Schließlich legt Luther hier auch seine für die evangelische Ethik maßgebliche Sicht dar, dass es nicht die guten Taten oder Werke sind, durch die ein Mensch gut wird, sondern dass umgekehrt der Mensch gut oder, wie Luther es beschreibt, durch Gott gerechtfertigt sein muss, damit er gute Werke tun kann: „So dass allewege die Person zuvor gut und fromm sein muss vor allen guten Werken, und gute Werke folgen und gehen aus von der frommen, guten Person."[61] Nur ein guter Baum bringt gute Früchte!

In paralleler Form kann hier auch auf das reformatorische Verständnis des Gewissens hingewiesen werden. Der Begriff des Gewissens steht bis heute in hervorgehobener Form für den inneren Menschen. Soweit dabei von einer Gewissensentwicklung gesprochen werden kann, die nicht nur eine innere Entwicklung, sondern einen pädagogisch unterstützten und begleiteten Prozess meint, kann es um nichts anderes gehen als um Bildung des inneren Menschen.

Das reformatorische Gewissensverständnis hat eine besonders ausgeprägte Wirkungsgeschichte erfahren.[62] Auch wenn der für Luther entscheidende

---

[60] Ebd., 251f.

[61] Ebd., 255.

[62] Vgl. die Überblicksdarstellungen bei *Mokrosch,* Das religiöse Gewissen, *und Kittsteiner,* Die Entstehung des modernen Gewissens.

Bezug des Gewissens auf Gott dabei nicht immer erhalten blieb, sondern in den weithin maßgeblich gewordenen, allerdings sehr unterschiedlichen Gewissensvorstellungen Immanuel Kants auf der einen und Sigmund Freuds auf der anderen Seite durch einen innerweltlichen Horizont ersetzt wird, verliert das Gewissen auch unter neuzeitlichen Voraussetzungen doch nicht seine zumindest quasi-religiöse absolute Bedeutung. Darin kann ein Nachklang von Luthers Wormser Berufung auf sein Gewissen gegenüber aller weltlichen Obrigkeit gesehen werden. Luther spricht hier davon, dass sein Gewissen „durch Gottes Worte gefangen“ sei, weshalb er „nichts widerrufen“ könne und wolle, denn „etwas gegen das Gewissen zu handeln“ sei „weder sicher noch lauter“.[63]

Zusammenfassend kann festgehalten werden, dass der Bezug auf den inneren Menschen eine wichtige Wurzel im reformatorischen Glaubensverständnis besitzt und dass eine religiöse Fundierung für das Bildungsverständnis bis heute allen Tendenzen entgegenwirken kann, Bildung auf den äußeren Menschen und auf dessen Leistungen zu verengen. Eine theologische Bestimmung des Bildungsverständnisses trägt insofern bei zur Bearbeitung eines pädagogischen Grundproblems, das in der Verflachung von Bildung durch Beschränkung auf einen gesellschaftlichen Bedarf gegenwärtig bleibt.

[63] Zitiert nach *Leppin*, Martin Luther, 177.

5. Wie der Glaube den Menschen verändert: Glaube als Bildung

Glaube als Bildung zu verstehen ist weithin unüblich. Am ehesten mag dabei noch an die religiöse Bildung gedacht werden, bei der der Glaube zu einem Gegenstand der Bildung wird. Hingegen stößt es zunächst auf Erstaunen, wenn von Glaube als Bildung oder von einer Bildung durch Glauben gesprochen wird. Geläufiger ist stattdessen eine Gegenüberstellung von Glaube auf der einen und Bildung auf der anderen Seite. Beispielsweise wird dann das Verhältnis (höher) gebildeter Menschen zum Glauben in den Blick genommen, etwa im Sinne der kritischen Fragen, die eine historische Bildung hinsichtlich der geschichtlichen Glaubwürdigkeit der Bibel nach sich ziehen kann. Warum und in welchem Sinne aber kann der Glaube selbst als Bildung verstanden werden?

Glaube als Bildung?

Zunächst sind hier einige Missverständnisse abzuwehren, die sich ebenfalls leicht einstellen können. Es wäre nicht sinnvoll zu behaupten, den Glauben als Auslöser für eine menschliche Höherentwicklung anzusehen, so dass gläubige Christen beispielsweise einfach bessere Menschen seien, sich einer robusteren Gesundheit erfreuen oder als leistungsfähiger angesehen werden könnten. Schon der Alltagsverstand führt in dieser Hinsicht vor Augen, dass es zwar Menschen gibt, die in der Berufung auf den christlichen Glauben ein Leben führen, das vielen als vorbildlich gilt, dass Christen aber ebenso zu unsäglichen Verbrechen fähig waren und sind, wofür in Deutschland unausweichlich die Erinnerung an solche KZ-Schergen steht, die zugleich treu und verlässlich den Gottesdienst oder die Heilige Messe besuchten. Auch Christen werden krank, und dass Leistungsbereitschaft und Leistungsfähigkeit bei ihnen stärker ausgeprägt wären als bei Anhängern des Konfuzianismus, vermag im ökonomischen Vergleichshorizont der globalen Welt und der sprichwörtlich gewordenen Arbeitstugenden in Asien kaum mehr zu überzeugen. Zwar gibt es durchaus bedeutsame Hinweise auf empirische Zusammenhänge zwischen Religion und Gesundheit, die an dieser Stelle nicht bestritten werden sollen. Aber für die These, dass der Glaube in dem Sinne als Bildung zu verstehen sei, dass Gläubige als gebildet oder gar als höher gebildet als andere Menschen zu bezeichnen wären, bieten sie nicht ohne Weiteres einen überzeugenden Beleg. Bei empirisch feststellbaren Zusammenhängen, sei es zwischen Religionszugehörigkeit und Bildungsbeteiligung oder zwischen Glaube und Gesundheit, ist stets zu bedenken, dass solche Zusammenhänge immer multifaktoriell bedingt sind, so dass neben der Religionszugehörigkeit oder Glaubensweise andere Einflüsse etwa des sozialen Umfelds berücksichtigt werden müssen.

Plausibler ist deshalb eine andere Betrachtungsweise. Wenn der Glaube, wie nun schon vielfach deutlich geworden ist, die Lebensorientierungen und grundlegenden Einstellungen von Menschen betrifft und diese verändert, indem neue Sinnhorizonte eröffnet und eine vom Glauben bestimmte Deutung des eigenen Lebens vorgestellt und vielleicht übernommen wird, kommt es zu einer Neuausrichtung des inneren Menschen, wie es oben genannt wurde. Es wäre nicht einleuchtend, veränderte Lebensorientierungen einfach als ein isoliertes zusätzliches Merkmal im menschlichen Leben anzusehen, obwohl eine solche Auffassung heute zumindest implizit durchaus geläufig zu sein scheint.

Ein eindrückliches Beispiel dafür stammt aus unserer Forschung zum Religionsunterricht: In Interviewgesprächen, die wir bei einem Tübinger Forschungsprojekt mit Kindern im Kontext der evangelisch-katholischen Zusammenarbeit im Religionsunterricht führen konnten, äußerten sich diese beispielsweise dazu, was es bedeutet, evangelisch oder katholisch zu sein.[64] Dabei zeigten sie sich unsicher, ob es dabei um eine innere Orientierung gehe oder vielmehr bloß um ein äußeres Merkmal, dann vergleichbar etwa mit Körpergröße oder Haarfarbe.

Je intensiver die eigene Zugehörigkeit zu einer Konfession oder Religion wahrgenommen, ausgestaltet und gelebt wird, desto mehr leuchtet ein, dass der Glaube daran auch den inneren Menschen verändert. Und wenn der Mensch, wie oben argumentiert wurde, nicht einfach in ein Innen und Außen zerfällt, dann ist es auch der ganze Mensch, der durch den Glauben anders wird.

Bildung durch Glauben

Besonders Reiner Preul hat in seiner „Evangelischen Bildungstheorie" das Verständnis von „Glaube als Bildung" und von „Bildung durch Glaube" hervorgehoben.[65] Dabei beruft er sich auf die reformatorische Theologie, deren auch oben angesprochenes Verständnis des Zusammenhangs von Glaube und „guten Werken", also der Ethik, in dieser Hinsicht

---

[64] Vgl. *Schweitzer u.a.*, Gemeinsamkeiten stärken.
[65] Vgl. *Preul*, Evangelische Bildungstheorie, bes. 121ff.

besonders aufschlussreich ist. Das Verhältnis zwischen Glaube und „guten Werken" gehört zu den zentralen Themen der Reformation. Entscheidend ist dabei, dass der Mensch nicht etwa durch gutes Handeln vor Gott gerecht wird und also vor dessen Urteil bestehen kann, sondern dass umgekehrt die Gerechtigkeit, „die vor Gott gilt", „durch den Glauben" kommt (Röm 3,21f.). Preul beschreibt es so: „Die Befreiung, die dem Menschen durch die Wirksamkeit des Geistes widerfährt, bedeutet eine innere Umwandlung seiner ganzen Person." In diesem Sinne hebe Luther hervor, „dass (erst) durch den Glauben die menschliche Person ‚gut wird' und dann auch wirklich gute Werke tun kann, so wie ein guter Baum gute Früchte bringt."[66] In heutiger Sprache formuliert, könnte dann etwa darauf hingewiesen werden, dass zum christlichen Glauben auch die grundlegende Ausrichtung an Frieden und Gerechtigkeit sowie an einer Schöpfungsethik im Sinne des Pflegens und Bewahrens gehört. Oder, um noch einmal Preul zu zitieren:

> „Die Handlungsausrichtung des Christen, soweit es um Teilhabe an Gottes weltlichem Regiment geht, ist von der Art, dass sie sich auch mit jugendlichem Engagement, dem es um eine bessere und vor allem sichere Zukunft geht, verbinden kann, und zwar weltweit, auch über die Grenzen des so genannten christlichen Kulturkreises bzw. der westlichen Zivilisation hinaus, Grenzen, die im Pluralismus ohnehin durchlässig geworden sind."[67]

---

[66] Ebd., 121f.
[67] Ebd., 126.

Gebildeter Glaube

Ist es so gesehen durchaus sinnvoll, von Glaube als Bildung zu sprechen und die von Glaubensüberzeugungen ausgehende Bildungswirkung in den Blick zu nehmen, so dürfen doch zugleich auch die Vorteile einer bleibenden Unterscheidung zwischen Glaube und Bildung nicht verspielt werden. Denn nur unter Voraussetzung dieser Unterscheidung kommt beispielsweise der seit der Aufklärung zentrale Konflikt zwischen einem auf religiöse Überlieferung gestützten Glauben auf der einen und einer sich als modern verstehenden, auf der kritischen Vernunft basierenden Bildung auf der anderen Seite wirklich in den Blick. In wissenschaftlicher Hinsicht entspricht dem die wechselseitig kritische Auseinandersetzung zwischen theologischen und erziehungswissenschaftlichen Betrachtungsweisen zu Glaube und Bildung, die nicht dadurch ausgeschlossen werden sollte, dass Bildung in einem allein religiösen oder theologischen Horizont als zureichend bestimmt angesehen wird. Für kritische Fragen aus der Perspektive des Bildungsverständnisses oder der Erziehungswissenschaft bliebe dann kein Raum. Beispielsweise ist die Frage, wie ein bestimmter Glaube oder eine bestimmte Form der religiösen Unterweisung von einem erziehungswissenschaftlichen Bildungsanspruch her zu beurteilen sind, auch theologisch gesehen sinnvoll. Denn daraus können sich auch etwa für die Kirche wichtige Einsichten und Impulse ergeben.

Ähnlich lässt sich die Frage nach einem gebildeten Glauben, wie sie in der pädagogischen Tradition immer wieder aufgeworfen wird, natürlich auch theologisch beantworten. Gebildet ist so gesehen ein Glaube, der sich die religiösen Traditionen in reflektierter Form angeeignet und der auf diese Weise Zugang zu einer eigenen religiösen Selbständigkeit und Urteilsfähigkeit gewonnen hat. In diesem Sinne lässt sich die Forderung nach einem mündigen Glauben etwa im Anschluss an Eph 4,14 verstehen. Ein solches Verständnis ist vor allem durch den Bezug auf Mündigkeit auch erziehungswissenschaftlich anschlussfähig. Kaum gegeben ist eine solche Anschlussfähigkeit hingegen, wenn sich die Kirche selbst als entscheidendes oder zureichendes, „nahezu universales Medium der Allgemeinbildung" verstehen will.[68] Auffassungen dieser Art können vor allem in der Kirche selbst auf Zustimmung hoffen. Im erziehungswissenschaftlichen Bildungsdiskurs, aber auch in einer weiteren Öffentlichkeit wird demgegenüber auf anderen Kriterien insistiert werden. Von einem gebildeten Glauben kann in dieser Sicht nicht schon gesprochen werden, wenn die religiösen Traditionsbestände angeeignet und das eigene Denken in kirchlichen Zusammenhängen geschult ist, sondern eben nur, wenn ein religiöser Glaube sich in ein produktives und konstruktives Verhältnis beispielsweise zur modernen Wissenschaft zu setzen in der Lage ist. Erziehungswissenschaftlich gesehen schließt Bildung immer eine kritische und selbstkritische Auseinandersetzung mit ihren Gegenständen ein, auch im Falle religiöser Bildung.

---

[68] So prägnant die katholische Deutsche Bischofskonferenz in ihrer Verlautbarung zum Religionsunterricht, vgl. *Die deutschen Bischöfe*, Bildende Kraft des Religionsunterrichts, 62.

6. Wenn Glaube und Bildung selbstreflexiv werden: Religiöse Bildung

Der Zusammenhang von Bildung und Glaube reicht weit über den Umkreis religiöser Bildung hinaus. Fragen des Glaubens sind für die Bildung nicht nur insofern bedeutsam, als Religion oder Glaube zum Bildungsinhalt werden. Religiöse Überzeugungen und Traditionen haben den Bildungsbegriff vielmehr von Anfang an mit bestimmt und geformt. Daraus ergibt sich als weitere Folgerung, dass der Zusammenhang von Bildung und Glaube auch im Bildungsprozess selbst thematisch werden sollte.

Religiöse Prägungen als Bildungsthema

Mit der Frage nach religiösen Prägungen kommt religiöse Bildung unter einem Aspekt in den Blick, der häufig übergangen wird. Vielfach wird bei religiöser Bildung vor allem an die pädagogische Gewährleistung der Voraussetzungen für die aktive Beteiligung am Leben einer Religionsgemeinschaft gedacht. In diesem Sinne wird dann gefragt, welche Kenntnisse und Fertigkeiten für diesen Zweck erforderlich sind. In seiner Behandlung des kirchlichen Unterrichts diskutiert beispielsweise Schleiermacher in diesem Kontext die Fähigkeit, einer religiösen Rede – der Predigt im Gottesdienst also – mit Gewinn folgen zu können. Dabei sind nicht nur allgemeine kognitive oder sprachliche Fähigkeiten bedeutsam, sondern, dann in spezifisch religiöser Hinsicht, auch die Fähigkeit, die eigenen religiösen Empfindungen mit dem in der Predigt begegnenden sprachlichen Ausdruck solcher Empfindungen in ein produktives Verhältnis zu setzen. Ähnliche Überlegungen lassen sich auch für die Fähigkeit, an religiösen Riten teilzunehmen, oder auch für die religiöse Urteilsfähigkeit anstellen.

Solche Formen und Aufgaben der religiösen Erziehung und Bildung bleiben sinnvoll und wichtig, insbesondere auch für die Religionsgemeinschaften und religiösen Traditionen selbst. Sie entsprechen aber noch nicht ohne weiteres der hier gemeinten allgemeineren Bildungsaufgabe, die keineswegs nur etwa die internen Erfordernisse der Kirche oder einer anderen Religionsgemeinschaft betrifft. Wenn der Bildungsprozess wie auch das Bildungsverständnis in der gesamten Geschichte von religiösen Überzeugungen mitbestimmt wurde, so muss eben dieser Einfluss auf Bildung auch verstanden werden können – im Sinne einer durch Bildung zu gewinnenden Orientierung in der Gesellschaft. Das gilt noch mehr, wenn hier nicht nur ein geschichtlicher Befund vor Augen tritt, sondern ein unausweichlicher Sachzusammenhang. So kann etwa argumentiert werden, dass Bildung immer – in der Gegenwart nicht weniger als in der Geschichte – auch auf bestimmten religiösen und weltanschaulichen Voraussetzungen beruht, die deshalb im Bildungsprozess bewusst transparent werden sollen.[69] Eine solche Bewusstwerdung wiederum stellt nicht zuletzt die Voraussetzung für eine auch kritische Auseinandersetzung mit diesen Voraussetzungen dar. Auf diese Weise unterstützt sie die Selbstbestimmung und Freiheit der sich bildenden Person.

Besonders leicht einsichtig machen lässt sich die Notwendigkeit einer entsprechenden Bewusstwerdung im Blick auf die Menschenbilder, von denen das Bildungsverständnis jeweils geleitet wurde und

[69] Vgl. dazu *Preul,* Evangelische Bildungstheorie, bes. 83ff.

wird. In der biblisch-christlichen Tradition ist in dieser Hinsicht der Schöpfungsglaube von grundlegender Bedeutung. Auf die Gottebenbildlichkeit, die als Bestimmung des Menschen auszulegen ist und die insofern die Perspektive einer Erneuerung des Menschen einschließt, wurde in der gesamten Bildungstradition immer wieder zurückgegriffen. Dem stehen andere Menschenbilder gegenüber, die nicht von einer unverlierbaren Würde des Menschen ausgehen, sondern die umgekehrt gesellschaftliche, insbesondere wirtschaftliche und technische Erfordernisse in den Vordergrund stellen. Ohne Zweifel gehört die bewusste, immer auch kritische Auseinandersetzung mit solchen anthropologischen Voraussetzungen des Bildungsverständnisses auch zu den grundlegenden Aufgaben von Bildung.

Dass der Zusammenhang von Bildung und Glaube selbstreflexiv wird, lässt sich demnach als ein allgemeines Bildungsziel oder eben als Teil der allgemeinen Bildung bezeichnen. Wie im nächsten Teil dieses Buches noch zu zeigen sein wird, betrifft die Notwendigkeit einer Klärung der religiösen und weltanschaulichen Voraussetzungen von Bildung aber nicht nur das Bildungsverständnis im Allgemeinen, sondern auch dessen Verkörperung in Bildungsinstitutionen wie etwa der Schule. Auch in diesem Falle kann oder muss sogar gefragt werden, von welchen Voraussetzungen diese sich bestimmen lassen und wie sie mit diesen Voraussetzungen umgehen. Im vorliegenden Zusammenhang soll es aber noch nicht um Bildungsinstitutionen gehen, sondern um die Bildungsbiografie des einzelnen Menschen sowie um die Geschichte des Bildungsverständnisses, die beide im Bildungsprozess thematisch oder eben selbstreflexiv werden sollen.

Reflexiver Umgang mit religiösen Prägungen

Im Blick auf die Bildungsbiografie des einzelnen Menschen sind gleichsam die religiösen und weltanschaulichen Erfahrungen und Prägungen ins Bewusstsein zu holen, die in der eigenen Lebensgeschichte wirksam waren. Welche religiösen oder nicht-religiösen Einflüsse habe ich in Elternhaus, Schule oder außerschulischen Erfahrungsräumen aufgenommen? Wie haben sie mich bestimmt? Und wie will ich mich dazu verhalten? Die Antwort auf solche Fragen stellt nicht zuletzt die Voraussetzung für einen reflektierten, möglichst selbstbestimmten Umgang mit solchen Einflüssen auch im Blick auf die persönliche Zukunft dar. Zu erreichen ist eine solche Reflexivität dadurch, dass ein Austausch über solche Einflüsse ermöglicht wird. Einsichten in die eigene religiöse Biographie erwachsen aus dem Dialog mit anderen Menschen.

Auch im Blick auf die Geschichte des Bildungsverständnisses geht es um die religiösen und weltanschaulichen Einflüsse, die das Bildungsverständnis mitbestimmt und geprägt haben. Die Aufgabe eines reflektierten, möglichst freiheitlichen Umgangs mit solchen Einflüssen bezieht sich dann nicht nur auf das persönliche, sondern auch auf das gesellschaftliche Leben. Dass es sich dabei tatsächlich um eine Aufgabe allgemeiner Bildung handelt, kann sich dabei sogar aus dem Wunsch ergeben, das Bildungsverständnis in Zukunft gerade auf nicht-religiösen Grundlagen zu entfalten. Denn auch in diesem Falle bleibt die kritische Auseinandersetzung mit der gesellschaftlichen Tradition und mit dem Bildungsverständnis, das von dieser Tradition in einem religiösen Sinne mitbestimmt ist, eine unerlässliche Voraussetzung für die gewünschte Gestaltung in der Zukunft.

Die spezifische Anforderung, dass der Zusammenhang von Glaube und Bildung im Bildungsprozess selbstreflexiv werden soll, setzt andere Begründungen religiöser Bildungsaufgaben im Horizont der allgemeinen Bildung nicht außer Kraft. In der pädagogischen Tradition wurde die allgemeine Bildungsbedeutung von Religion vor allem mit der Transzendenzoffenheit des Menschen begründet. Darauf zielte der heute missverständlich gewordene Hinweis auf die „Anlage zur Religion“ in den bildungstheoretischen Entwürfen der deutschen Klassik.[70] Im 20. Jahrhundert war es dann vor allem der Aspekt der Personalität, dem eine religiöse Bildungsdimension entsprechen soll. Da der Mensch in seinem Personkern weder in seiner biologischen Herkunft noch in seiner gesellschaftlichen Bestimmtheit aufgeht, muss der Bildungsprozess auch Perspektiven eröffnen, die über Natur und Gesellschaft hinausreichen.

In der pädagogischen Tradition wird der Transzendenzbezug von Bildung auch mit der sogenannten abendländischen Tradition in Verbindung gebracht, zumindest in Zentraleuropa. In unserer Gegenwart hingegen tritt in dieser Hinsicht immer mehr die Erfahrung der religiösen und weltanschaulichen Pluralität in den Vordergrund. Weder die biblisch-christliche Religion noch die griechisch-römische Philosophie erscheinen unter dieser Voraussetzung mehr als alternativlos. Daraus ergibt sich für die Erziehungswissenschaft das Problem, ob und wie sie sich überhaupt noch auf bestimmte religiöse oder weltanschauliche Traditionen beziehen soll, ohne dadurch als einseitig zu problematisierende Bindungen

[70] Vgl. S. 109ff.

einzugehen. Für die Gesellschaft insgesamt erwächst aus der religiösen und weltanschaulichen Pluralität eine weitere Bildungsaufgabe, der wir uns nun zuwenden müssen.

7. Warum Bildung heute auch interreligiös zu buchstabieren ist: Pluralitätsfähigkeit als Bildungsziel

Der auf einen geschichtlichen Überblick angelegte zweite Teil des Buches mündete in der Erkenntnis, dass die religiös-weltanschauliche Pluralität auch im Blick auf den Zusammenhang von Bildung und Religion als Signatur unserer Gegenwart anzusehen ist. An dieser Stelle soll nun weitergehend herausgearbeitet werden, welche Bildungsaufgaben sich damit verbinden. Dafür steht heute vor allem der Begriff der Interreligiosität, der bereits eine bestimmte pädagogische Akzentuierung einschließt. Bildung soll einen Beitrag dazu leisten, das Verhältnis zwischen den Religionen und Weltanschauungen konstruktiv zu gestalten. Um dies einsichtig zu machen, müssen zunächst einige Überlegungen zum Verhältnis von Kultur und Religion sowie von Multikulturalität und Multireligiosität angestellt werden.

Kultur und Religion – Multikulturalität und Multireligiosität

Die Wahrnehmung, dass wir in einer multikulturellen Gesellschaft leben, hat sich, trotz kritischer Rückfragen im Blick auf das als problematisch wahrgenommene Verhältnis der Kulturen zueinander und eine immer wieder abgelehnte Gleichwertigkeit, zumindest in der Erziehungswissenschaft weithin durchgesetzt.[71] Versuche, demgegenüber auf einer deutschen oder abendländischen Leitkultur zu insistieren, erscheinen so gesehen als politisch-konservative Rückschritte, durch die sich eine auf die Vielfalt der Kulturen eingestellte Pädagogik nicht von ihrem Weg abbringen lassen sollte. Dafür steht seit inzwischen mehr als einem Vierteljahrhundert der Begriff des *interkulturellen Lernens,* der ältere Vorstellungen etwa einer Ausländerpädagogik abgelöst hat. Auch dort, wo heute in der Erziehungswissenschaft kritisch über Sinn und Grenzen des interkulturellen Lernens diskutiert wird, geht es nicht um eine Rückkehr zu einer lediglich anpassungsorientierten Pädagogik, sondern beispielsweise um eine kritische Auseinandersetzung mit Tendenzen einer sogenannten „Kulturalisierung" als dem problematischen Versuch, gesellschaftliche Spannungen einfach auf Kulturunterschiede zurückzuführen.[72] Stattdessen sollen die tatsächlichen, zum Beispiel mit sozialer Ungleichheit verbundenen Ursachen wahrgenommen werden.

In Entsprechung zum Ansatz des interkulturellen Lernens hat sich in der Religionspädagogik das Verständnis eines *interreligiösen Lernens* oder, wie ich selbst lieber sage: einer *interreligiösen Bildung* entwickelt.[73] Hinter diesem Begriff steht die Wahrnehmung, dass multikulturelle Gesellschaften fast immer auch multireligiöse Gesellschaften sind. Deshalb

---

[71] Als verbreitetes Lehrbuch und als Überblick vgl. *Auernheimer,* Einführung in die interkulturelle Erziehung.

[72] Vgl. *Radtke,* Kulturen sprechen nicht.

[73] Vgl. *Schweitzer,* Interreligiöse Bildung.

müssen Lern- und Bildungsprozesse die Pluralisierung in der religiösen Dimension aufnehmen und mitgestalten. Beispielsweise bleibt es unzureichend, wenn die Bildungsvoraussetzungen von Kindern und Jugendlichen mit einem sogenannten Migrationshintergrund nur unter dem Aspekt der kulturellen Prägungen berücksichtigt werden. In Deutschland geht es dabei vielfach um türkischstämmige Kinder und Jugendliche, deren Lebensorientierungen ohne den Einfluss des Islam kaum zu verstehen sind.

Das Verhältnis zwischen Kultur und Religion ist allerdings komplex. Manchmal wird davon ausgegangen, dass Religion einfach als Bestandteil von Kultur anzusehen sei, aber auch die umgekehrte Sichtweise, dass Kultur einen Ausdruck von Religion darstelle, ist in der Diskussion zu finden. Aus meiner Sicht, die hier nur angedeutet, im Einzelnen aber nicht entfaltet werden kann, ist von einem vielschichtigen Wechselverhältnis zwischen Kultur und Religion auszugehen. Kultur bestimmt Religion, aber umgekehrt Religion auch die Kultur. So lässt sich etwa die türkische Kultur nicht angemessen wahrnehmen, ohne auf den Einfluss des Islam einzugehen, aber verschiedene Kulturen etwa in Europa oder Afrika bedingen beispielsweise auch unterschiedliche Ausformungen des Christentums.

Für den Zusammenhang von Bildung und Religion entscheidend ist die vielfach als neu wahrgenommene Präsenz unterschiedlicher Religionen, die nun, aus europäischer Perspektive gesprochen, allesamt im eigenen Land zu finden sind. Der Zusammenhang von Bildung und Religion muss deshalb neu buchstabiert werden. Schien es für die Bildung lange Zeit lediglich um die Alternative „mit oder ohne Religion?" zu gehen, so muss das Bildungsverständnis jetzt im Horizont der Vielfalt von Religionen und Weltanschauungen bestimmt werden. Dies schließt insbesondere zwei Fragen ein:

Von welchen religiösen oder weltanschaulichen Voraussetzungen lässt sich ein Bildungsverständnis bestimmen? Solange eine christlich-abendländische Prägung des Bildungsverständnisses zumindest in Europa gleichsam selbstverständlich erscheinen konnte, bedurfte diese Frage keiner besonderen Aufmerksamkeit – zumindest nicht jenseits der Entscheidung für oder gegen eine religiöse Grundlegung des Bildungsverständnisses überhaupt. Angesichts der sich zunehmend als vielfältig darstellenden religiösen und weltanschaulichen Optionen wird eine genauere Rechenschaft jedoch unumgänglich. Der in diesem Band unternommene Versuch, Bildung als Thema der christlichen Theologie in den Blick zu nehmen, kann als ein entsprechender Beitrag verstanden werden, dem andere Beiträge – vor allem aus jüdischer und islamischer Sicht, aber auch aus einer evolutionstheoretischen oder atheistischen Perspektive – zur Seite treten sollten, um auf diese Weise eine klärende Diskussion zu ermöglichen.

Die zweite hier aufbrechende Frage betrifft den möglichen Beitrag von Bildung zu einer friedlichen und konstruktiven Ausgestaltung des Lebens und Zusammenlebens in einer multikulturellen und multireligiösen Gesellschaft. Denn immer deutlicher tritt vor Augen, dass dieses Ziel nur zu erreichen ist, wenn es von Anfang an auch pädagogisch und religionspädagogisch vorbereitet wird. Dies soll nun, in einem zweiten Schritt, etwas genauer betrachtet werden.

Bildung, Vorurteil und Toleranz

Für viele ist der 11. September 2001 zu einem traurigen Symbol für die religiöse Bedrohung des Friedens im 21. Jahrhundert geworden. Im religiös zumindest mitbedingten Terror hat die schon seit Jahrhunderten von der aufgeklärten Vernunft kritisierte Verkettung von religiös überhöhten Vorurteilen, Intoleranz, Aggression und Gewalt in dieser Sicht ihren vorerst letzten Erfolg gezeitigt. Religion figuriert hier auf der Seite des Barbarismus, keinesfalls auf der einer zivilisierten Humanität.

In den Brennpunkt tritt dabei vielfach der Fundamentalismus, heute vor allem in der Gestalt eines fundamentalistischen Islam, in der Geschichte, aber auch in der Gegenwart, ebenfalls als christlicher Fundamentalismus. In beiden Fällen gilt eine aufklärungsresistente oder sogar aufklärungsfeindliche Religion als Ursache für Aggression und Gewalt, was durch neuere Untersuchungen vor allem zu jungen Muslimen in Deutschland eine Bestätigung zu finden scheint.[74] In dieser Perspektive bietet sich Aufklärung durch Bildung statt religiöser Bindung an. Doch greift dieses Programm, wie inzwischen ebenfalls erkannt wird, gleich in mehreren Hinsichten zu kurz.

Zum einen führt weder der Islam noch das Christentum an sich zu fundamentalistischen Orientierungen. In beiden Fällen ist es vielmehr die gesamte Lebenslage bestimmter Menschen, die fundamentalistische Haltungen begünstigen kann. Besonders gilt dies für solche Gruppen, die etwa aufgrund einer

---

[74] Als zum Teil kontroverse Darstellungen vgl. *Heitmeyer u.a.*, Verlockender Fundamentalismus; *Brettfeld/ Wetzels*, Muslime in Deutschland.

nicht gelingenden oder verweigerten Integration in eine Randposition geraten, dann unter fehlender Anerkennung in der Mehrheitsgesellschaft leiden und eine kompensatorische Bestätigung aus der Zugehörigkeit zu einer in sich geschlossenen, durch religiöse Überzeugungen, die von der Mehrheitsgesellschaft abweichen, zusammengehaltenen Gruppe zu finden suchen.

Von Anfang an war der Fundamentalismus, so ist bereits deutlich geworden[75], nicht einfach ein hinter der modernen Bildung mit ihren wissenschaftlichen Aufklärungspotenzialen zurückbleibender archaischer Rest, sondern stellte und stellt eine ausgesprochen moderne Gegenbewegung gegen eine angstauslösende Form der Modernisierung dar. Fundamentalismus lässt sich nicht einfach als „zu wenig Aufklärung" begreifen, sondern muss immer auch als Folge einer misslingenden, weil die Menschen überfordernden Aufklärung angesehen werden. Das gilt gerade dort, wo der Einfluss einer modernen westlichen Zivilisation die eigenen Glaubensüberzeugungen zu bedrohen scheint.

Mehrfach ist zu Recht auch darauf hingewiesen worden, dass vor allem eine erzwungene Aufklärung beispielsweise in der Gestalt einer im westlichen Sinne verstandenen Demokratisierung nicht zu einer Überwindung des Fundamentalismus führt, sondern zu dessen weiterer Verstärkung beiträgt.[76] Soweit

---

[75] Vgl. oben. S. 142f.

[76] Vgl. *Schwöbel,* Toleranz aus Glauben; dieser Darstellung ist meine Argumentation zur Toleranz und ihrer religiösen Begründung in vieler Hinsicht verpflichtet; vgl. *auch Schweitzer/Schwöbel (Hg.),* Religion – Toleranz – Bildung sowie *Krimmer,* Evangelischer Religionsunterricht und reflektierte Toleranz.

Menschen sich vor die Alternative gestellt sehen, entweder an ihren traditionellen Glaubensüberzeugungen festhalten zu können oder den Weg der modernen Bildung zu gehen, wird vielfach die Option des traditionellen Glaubens gewählt.

Als Alternative zu dem offenbar nicht zu den gewünschten Zielen führenden Weg einer erzwungenen Aufklärung wird deshalb auf die Möglichkeit verwiesen, in den religiösen Traditionen selbst nach religiös begründeten Wurzeln der Toleranz zu suchen.[77] Vielversprechend ist diese Möglichkeit deshalb, weil unter dieser Voraussetzung Toleranz nicht als Gegenteil von Glaube wahrgenommen werden muss, sondern gerade als Ausdruck und Folge des eigenen Glaubens wertgeschätzt werden kann. In diesem Sinne wird im christlichen Bereich etwa auf die Toleranz Gottes im Blick auf menschliches Fehlverhalten verwiesen, die auch als grundlegendes Vorbild für eine zwischenmenschliche „Toleranz aus Glauben" in Anspruch genommen werden kann.[78] Dabei spielt das evangelische Verständnis des christlichen Glaubens eine entscheidende Rolle: Diesem Verständnis zufolge kann der Mensch niemals über seinen eigenen Glauben verfügen. Vielmehr ist er dafür auf Gewissheitserfahrungen angewiesen, die theologisch gesehen allein vom Geist Gottes ausgehen können. Wenn der Glaube nach christlichem Verständnis auf diese Weise sich selbst entzogen bleibt, gilt dies auch für andere Formen des Glaubens, denen des-

[77] Vgl. dazu die Beiträge in *Schwöbel/von Tippelskirch (Hg.)*, Die religiösen Wurzeln der Toleranz.

[78] Vgl. dazu, im Anschluss an Martin Luther, *Ebeling*, Die Toleranz Gottes und die Toleranz der Vernunft.

halb mit Achtung und Respekt zu begegnen ist, auch wenn man sie selbst nicht teilen kann.

Bildungstheoretisch können solche Überlegungen mit dem Verständnis einer Bildung von Religion aufgenommen und weitergeführt werden. In diesem Verständnis begründen Bildung und Aufklärung nicht einfach einen Rahmen, in den sich Religion im Zuge des Bildungsprozesses einfügen muss. Stattdessen wird Religion selbst Teil des Bildungsprozesses, so dass zwischen verschiedenen Bildungsgraden von Religion unterschieden werden kann. In diesem Sinne führt etwa Dietrich Benner die Unterscheidung zwischen „fundamental" und „fundamentalistisch" ein.[79] Als fundamental bezeichnet er für die Religion unverzichtbare und insofern grundlegende (daher fundamentale) Überzeugungen, die auch durch Bildung nicht zur Disposition gestellt werden sollen. Zu problematisieren sind in seiner Sicht hingegen fundamentalistische Haltungen, die den eigenen – religiösen oder weltanschaulichen, im weiteren Sinne dann auch politischen – Standpunkt absolut setzen. Bildung soll Menschen dazu befähigen, die Unterscheidung zwischen fundamental und fundamentalistisch nicht zuletzt im Blick auf den eigenen Glauben zu vollziehen.

In einem weiteren Schritt kann die von Benner beschriebene Aufgabe der Unterscheidung zwischen fundamental und fundamentalistisch in den Horizont einer Bildung zur Pluralitätsfähigkeit gestellt werden.

[79] Vgl. *Benner*, Religiöse Bildung.

Pluralitätsfähigkeit als Bildungsziel

Pluralitätsfähigkeit kann in einer ersten Annäherung als reflektierter Umgang mit Vielfalt verstanden werden.[80] Gedacht wird dabei an verschiedene Formen von Pluralität – in sozialer, politischer, kultureller, religiöser und weltanschaulicher Hinsicht. Insofern lässt sich Pluralitätsfähigkeit als Bildungsziel auch für Bereiche einfordern, die in der Regel nicht mit Religion in Verbindung gebracht werden – etwa für Politik und Politikunterricht oder für Kommunikation und Sprachunterricht. Zumindest in einem weiteren Sinne spielt aber selbst in diesen Fällen die auf Religion bezogene Pluralitätsfähigkeit bei genauerer Betrachtung eine wichtige Rolle. Religionsfreiheit und damit religiöse Pluralität fordern die Politik ebenso heraus wie die kommunikativen Verhältnisse in einer Gesellschaft oder Kultur, die sich auf plurale Voraussetzungen einstellen müssen. Im Folgenden soll die auf Religion bezogene Pluralitätsfähigkeit im Zentrum stehen. Dies ergibt sich nicht nur aus dem vorliegenden thematischen Zusammenhang, sondern auch daraus, dass religiöse Differenzen die Pluralitätsfähigkeit in besonderem Maße herauszufordern scheinen. Religiöse Vielfalt rührt an Grundüberzeugungen und damit an Lebensorientierungen insgesamt. Das unterstreicht noch einmal die Bedeutung von Religionsunterricht und religiöser Bildung als Befähigung dazu, konstruktiv und also nicht nur defensiv oder aggressiv mit einer solchen Vielfalt umzugehen.

In der religionspädagogischen Diskussion hat sich die Unterscheidung zwischen *Pluralität* und *Pluralis-*

[80] Vgl. *Schweitzer u.a.*, Pluralitätsfähige Religionspädagogik; *Nipkow*, Bildung.

mus als hilfreich erwiesen. Der Begriff Pluralität bezeichnet die Gegebenheit (religiöser) Vielfalt im Sinne einer Tatsache, während Pluralismus im normativen Sinne auf einen geregelten und reflektierten Umgang mit der Pluralität zielt. Pluralitätsfähigkeit bedeutet dann nicht einfach Überwindung von Pluralität oder Pluralismus, wie dies in der Vergangenheit in Kirche und Religionspädagogik oft gesehen oder gefordert wurde, weil religiöse Vielfalt den Wahrheitsanspruch des christlichen Glaubens in Frage zu stellen schien. Leitend ist vielmehr eine positive Wahrnehmung von religiösem Pluralismus als einer dem Christentum angemessenen Form des Umgangs mit Pluralität.[81] Dies schließt ein, dass Pluralismus nicht einfach gegen Wahrheit ausgespielt werden darf. Stattdessen soll und muss einsichtig werden, wie sich ein religiöses Wahrheitsbewusstsein und die Erfahrung religiöser Vielfalt miteinander verbinden lassen.

Auch religiöse Pluralitätsfähigkeit kann auf die Transformation von Pluralität in Pluralismus bezogen werden, anders aber als beim politischen Pluralismus nicht auf der Ebene eines politischen Systems, das den Pluralismus als demokratisches Regelsystem etwa mit der Institutionalisierung von Parlamenten und Gewaltenteilung zu sichern versucht, sondern im Blick auf den einzelnen Menschen. In einer pluralen Situation braucht jeder einzelne Mensch bestimmte Fähigkeiten und Einstellungen, die ihm den gesellschaftlich sowie pädagogisch oder religionspädagogisch erwünschten reflektierten Umgang mit Pluralität ermöglichen. Religiöse Pluralitätsfähigkeit trägt in wesentlicher Hinsicht auch zu einem kons-

---

[81] Vgl. grundlegend dazu *Herms*, Pluralismus aus Prinzip.

truktiven Umgang mit Pluralität in der Gesellschaft insgesamt bei.

Wenn Pluralitätsfähigkeit einen reflektierten Umgang mit religiöser und weltanschaulicher Pluralität bedeuten soll, dann leuchtet unmittelbar ein, dass es um begründete Urteile im Blick auf die vielfältigen Möglichkeiten, welche plurale Situationen bereithalten, gehen muss. In dieser Hinsicht kann weder ein Relativismus überzeugen, der von vornherein die Gleichwertigkeit aller Optionen behauptet (hier bliebe kein Raum für kritische Urteilsfähigkeit), noch ein Fundamentalismus, der allein die eigene Überzeugung gelten lassen will (auch in diesem Falle ist eine Beurteilung durch den Einzelnen überflüssig). In beiden Fällen wird die religiöse Vielfalt tendenziell aufgelöst – beim Relativismus, weil die Unterschiede nicht wirklich mit ihren tatsächlichen Spannungen, Gegensätzen oder Widersprüchen wahrgenommen werden, und beim Fundamentalismus so, dass die Unterschiede durch die vorauslaufende Festlegung auf nur eine Sichtweise von vornherein als Irrtümer oder Fehlentwicklungen angesehen werden.

Die in der Literatur inzwischen häufig evozierte Ablehnung von Relativismus und Fundamentalismus betrifft jedoch nur die äußersten Grenzen, die gemieden werden sollen, während der Raum zwischen diesen Grenzen noch unbestimmt und vage bleibt. Für die genauere Bestimmung eines Bildungsziels reicht das noch nicht aus. Ein kriterienbewusster oder prinzipienorientierter Pluralismus im Blick auf Religion und religiöse Pluralität, wie er mit dem Bildungsziel der Pluralitätsfähigkeit angestrebt wird, bedarf deshalb noch weiterer Klärungen. Zur Pluralitätsfähigkeit gehören bestimmte Fähigkeiten und

Haltungen, die Kinder, Jugendliche oder Erwachsene dazu instand setzen, die Erfahrung der Pluralität zu bearbeiten. An welche Fähigkeiten und Haltungen ist dabei zu denken?

Im Blick auf die entsprechenden Fähigkeiten ist zunächst ein *Wissen* über verschiedene Religionen und Weltanschauungen erforderlich. Was ich nicht kenne, kann ich auch nicht beurteilen. Bildung zielt in diesem Sinne auf eine möglichst angemessene *Wahrnehmung* und auf ein *Verstehen* religiöser und weltanschaulicher Zusammenhänge. Damit ist die Theologie als eine mögliche Quelle eines solchen Wissens über Religion und Religionen angesprochen, daneben kommen aber auch andere Wissenschaften wie die Religionswissenschaft, gemeinsam mit Religionssoziologie, Religionspsychologie usw., in den Blick. Weiterreichend geht es bei den anzustrebenden Fähigkeiten um Möglichkeiten des *Vergleichens* sowie der *Kommunikation* mit Menschen, die andere religiöse oder weltanschauliche Herkünfte, Prägungen und Überzeugungen aufweisen. Dafür ist über das Wissen und Verstehen hinaus eine *Sprache* erforderlich, die sich für die Kommunikation über Religion eignet. Darüber hinaus ist an übergreifende Fähigkeiten des *Reflektierens* und *Argumentierens* bzw. *Urteilens* im Blick auf religiöse Fragen zu denken.

Ohne Zweifel stellt die Entwicklung einer solchen Sprachfähigkeit sowie einer religionsbezogenen Reflexions-, Argumentations- und Urteilsfähigkeit eine Bildungsaufgabe dar, bei der mitunter Theologie und Religionswissenschaft als Bezugsdisziplinen miteinander konkurrieren. Im Blick auf die Schule schlägt sich dies vor allem in dem heute weit verbreiteten Streit um Religionsunterricht und Religionskunde nieder. Verspricht die Religionswissenschaft eine den Religionen und Weltanschauungen vor- und übergeordnete Form der Darstellung (Religionskunde als *Außenperspektive*), so kann die Theologie eine aus der jeweiligen religiösen Tradition erwachsende Kommunikationsfähigkeit unterstützen (Religionsunterricht als *Innenperspektive*). Beide Zugangsweisen können – und sollen – sich allerdings wechselseitig ergänzen, wie es unter bildungstheoretischen Aspekten für religiöse Bildung auch sonst anzustreben ist. Außen- und Innenperspektive müssen keinen Gegensatz darstellen, weshalb sich diese Perspektiven am Ende nicht einfach auf unterschiedliche Wissenschaften oder auch auf verschiedene Schulfächer verteilen lassen. Die Theologie kann sich nicht auf eine Innenperspektive beschränken, sondern muss diese in ein Verhältnis zu anderen Perspektiven setzen. In der Diskussion zwischen Theologie und Philosophie, Soziologie, Psychologie und anderen Wissenschaften wird dies bereits seit langem versucht. Umgekehrt kann sich die Religionswissenschaft schwerlich auf eine Außenperspektive beschränken, wenn sie einer Religion gerecht werden und sie verstehen will.

Die Forderung, Innen- und Außenperspektiven miteinander zu verbinden, kann nicht nur im Blick auf verschiedene wissenschaftliche Zugangsweisen, sondern auch bildungstheoretisch begründet werden. Für religiöse Bildung lässt sich dann argumentieren, dass sie die Fähigkeit einschließen muss, verschiedene Perspektiven auf Religion einnehmen sowie ihr Verhältnis zueinander reflektieren und bestimmen zu können.[82] Im Religionsunterricht vor

---

[82] Zu diesem Verständnis vgl. bes. *Dressler*, Unterscheidungen.

allem der gymnasialen Oberstufe finden sich zahlreiche Beispiele für ein entsprechendes Vorgehen, etwa in der Auseinandersetzung mit der philosophischen Religionskritik oder mit religionspsychologischen Betrachtungsweisen des Glaubens.

Es liegt auf der Hand, dass religiöse Pluralitätsfähigkeit auch bestimmte *Haltungen* erforderlich macht. Sie muss auf das beschriebene Spannungsfeld von Vorurteil und Toleranz bezogen sein und deshalb Einstellungen im Sinne von Respekt und Anerkennung, Empathie oder Solidarität unterstützen. Erst unter dieser Voraussetzung können die genannten Fähigkeiten die angestrebte Rolle für religiöse Pluralitätsfähigkeit spielen. Das bloße Wissen über andere Religionen beispielsweise macht noch nicht pluralitätsfähig, sondern kann auch zu deren Abwertung führen. Erst durch entsprechende Haltungen werden diese Fähigkeiten gleichsam so in der Person verankert, dass sie im Dienste der Toleranz und wechselseitiger Anerkennung eingesetzt werden.

Am Beispiel von Pluralitätsfähigkeit als Bildungsziel wird noch einmal exemplarisch sichtbar, dass der Zusammenhang von Bildung und Religion keineswegs nur in die Geschichte zurückverweist. Im Gegenteil: Er betrifft eine der zentralen Zukunftsherausforderungen, die in einer von internationaler Migration sowie allgemein von Globalisierungsprozessen geprägten Welt aufzunehmen sind. Ein zukunftsfähiges Bildungsverständnis kann an diesen Herausforderungen nicht vorbeigehen.

IV. Aspekte der Bildungspraxis

Bildung als Thema der Theologie zu verstehen ist keine Frage nur der Theorie. Wenn der Zusammenhang von Bildung und Religion beachtet wird, ergeben sich vielmehr auch Konsequenzen für die Bildungspraxis. Dies in wiederum exemplarischer Weise vor Augen zu führen ist die Aufgabe dieses Teils der Darstellung. Insofern geht es um eine Art Probe aufs Exempel: Die theoretischen Analysen und Überlegungen sollen sich in ihrer Praxisrelevanz bewähren. Dabei sollte freilich nicht allzu kleinschrittig gedacht werden. Nicht jeder der in den vorangehenden Teilen des Buches angesprochenen Aspekte eignet sich dazu, unmittelbar in entsprechende pädagogische Maßnahmen umgesetzt zu werden.

Die Praxisrelevanz eines in theologischer Hinsicht reflektierten Bildungsverständnisses erwächst an erster Stelle daraus, dass es eine grundlegende Orientierung für alle Praxis und Theorie der Bildung bietet. Wenn der Transzendenzbezug von Bildung mitgedacht wird, macht sich dies schon in der Art und Weise bemerkbar, wie Bildungsfragen gestellt und bearbeitet werden. Ähnliches gilt für die in der Bildungspraxis wahrzunehmenden sozialen Beziehungen, in denen sich unterschiedliche Menschenbilder insofern widerspiegeln, als verschiedene Sichtweisen von Mensch und Welt jeweils bestimmte Aufmerksamkeitshorizonte eröffnen. Wo Menschen nur unter dem Aspekt in den Blick kommen, ob sie eine wirtschaftlich und technisch definierte Aufgabe erfüllen können oder nicht, werden sie anders wahrgenommen als dort, wo auch ihre Suche nach einem sinnerfüllten Leben bedacht wird.

Auch im Folgenden soll nach zwei Richtungen hin gefragt und argumentieret werden, zum einen hinsichtlich der Bildungspraxis im Allgemeinen, für die speziell die Schule stehen kann, zum anderen hinsichtlich der unmittelbar auf Religion und Glaube bezogenen kirchlichen Bildungspraxis. In beiden Fällen muss die Bedeutung des Zusammenhangs von Bildung und Religion herausgearbeitet werden, allerdings mit unterschiedlichen Akzenten. Denn für die Schule ist es der religiöse Horizont, der zumindest jenseits des Religionsunterrichts häufig vergessen wird, während umgekehrt in kirchlichen Zusammenhängen die mit dem Bildungsbegriff verbundenen Kriterien und Qualitätsansprüche nicht immer selbstverständlich zu sein scheinen.

In übergreifender Weise, also ebenso für die Schule wie für kirchliche Bildungsarbeit, können die entsprechenden Anforderungen auf die Formel gebracht werden: *Keine Bildung ohne Religion – keine Religion ohne Bildung.*

1. Keine Bildung ohne Religion – keine Religion ohne Bildung

Die Formel „keine Bildung ohne Religion – keine Religion ohne Bildung“ klingt einerseits selbstverständlich, steht aber andererseits doch in einer deutlichen Spannung zu den heute in Schule und Kirche leitenden Sichtweisen. In Wissenschaft und Öffentlichkeit wird der Bildungsdiskurs hinsichtlich der Schule weithin ohne Bezug auf Religion geführt. Auf Religion bezogene Bildungsaufgaben erscheinen als ein Spezialthema, von dem nur zu handeln ist, wenn – etwa bei Auseinandersetzungen um den Religionsunterricht – ausnahmsweise besonders danach gefragt wird. In paralleler Weise ist es im kirchlichen Bereich bislang nicht üblich, pädagogische Handlungsfelder wie etwa die Konfirmandenarbeit konsequent mit dem Bildungsbegriff in Verbindung zu bringen und die realisierte Bildungsqualität beispielsweise empirisch zu untersuchen. Bildung wird so, zumindest implizit, mit Schule gleichgesetzt, während kirchliches Bildungshandeln von anderen Zielen her konzipiert und sein Erfolg nicht am Maßstab der Bildung abgelesen wird.

Weil diese nach beiden Seiten hin zu beobachtende Auflösung des Zusammenhangs von Bildung und Religion hinter dem für die christliche Tradition ebenso wie für die Geschichte des Bildungsbegriffs, aber auch für das Verhältnis von Bildung und Religion im Blick auf die Gegenwart konstitutiven Zusammenhang zurückbleibt, gewinnt die Forderung „keine Bildung ohne Religion – keine Religion ohne Bildung" eine kritische Funktion.

Die verschiedenen Gründe für die bleibende Bedeutung des Zusammenhangs von Bildung und Religion brauchen an dieser Stelle nicht wiederholt werden. Stattdessen geht es nun um die Aufgabe, diesen allgemeinen Zusammenhang im Blick auf die Bildungspraxis genauer zu bestimmen.

Keine Bildung ohne Religion

Wenn diese Forderung nicht ganz abstrakt bleiben soll, muss sich angeben lassen, in welcher Gestalt sie praktisch einzulösen ist. Dazu sollen im Folgenden fünf Hinsichten etwas genauer beleuchtet werden.

Religion als Bildungsinhalt: Über die Unverzichtbarkeit von Religion als Bildungsinhalt besteht weitgehend Einigkeit. Selbst in Ländern wie etwa Frankreich, die sich traditionell an einer strikten Trennung zwischen Kirche oder Religion auf der einen und Staat oder Schule auf der anderen Seite orientieren (Laizismus), wird heute neu entdeckt, dass religionsbezogene Inhalte für Bildung unverzichtbar sind.[1] Ohne entsprechende Kenntnisse lassen sich weder Kunst und Literatur noch Musik oder Architektur verstehen, und auch zahlreiche politische Spannungen und Auseinandersetzungen in vielen Ländern der Welt weisen eine religiöse Dimension auf. In Deutschland ergibt sich daraus eine wichtige Begründung für das Schulfach Religion, während in Ländern, in denen es ein solches Fach nicht gibt – neben Frankreich kann hier an die USA gedacht werden –, nach Möglichkeiten gesucht wird, entsprechende Kenntnisse in anderen Fächern wie dem muttersprachlichen Unterricht, Geschichte, Geographie oder auch Politik aufzunehmen.

Die zum Teil kritische Diskussion um den Religionsunterricht sowie über Möglichkeiten, auch unter der Voraussetzung der Trennung von Staat und Religion dennoch religionsbezogene Inhalte in der Schule zu behandeln, hat zu wichtigen Klärungen geführt. Demnach umfasst die Aufgabe der Bildung zum einen einen allgemeinen Informationsauftrag, der als *Religionskunde* bezeichnet wird. Dazu kann auch eine kritische Auseinandersetzung mit Religi-

---

1 Vgl. *Willaime*, Teaching Religious Issues in French Public Schools.

on gehören, etwa unter dem Aspekt der Menschenrechte. Diese religionskundliche Aufgabe sollte in verschiedenen Fächern wahrgenommen werden, eben weil religionsbezogene Fragen der Sache nach bei vielen Themen angesprochen sind, wie sie etwa in der Beschäftigung mit Literatur und Geschichte oder Politik aufbrechen. Davon zu unterscheiden ist zum anderen ein *Religionsunterricht*, der Kindern und Jugendlichen auch die Möglichkeit einer existenziellen Auseinandersetzung mit religiösen Fragen bieten soll. Begründen lässt sich ein solcher Unterricht damit, dass religionsbezogene Fragen ihrer Natur nach immer auch die eigene Person betreffen und zumindest dort, wo sie nicht nur eine entfernte Vergangenheit berühren, mit dem eigenen Leben von Kindern und Jugendlichen verbunden sind.

Beide Formen eines auf Religion als Bildungsinhalt bezogenen Angebots ergänzen einander. Mitunter werden sie als Gegensatz behandelt, etwa wenn über den Zuschnitt unterschiedlicher Fächer gestritten wird (Ethik/Religionskunde oder Religionsunterricht). Genauer betrachtet schließt aber auch der Religionsunterricht notwendig religionskundliche Anteile und Aufgaben ein, und ähnlich lässt sich bei einer religionskundlichen Behandlung religiöser Themen kaum vermeiden, dass in der Bildungspraxis existenzielle Fragen aufbrechen, die dann nicht einfach abgewiesen werden können. Das Ineinandergreifen verschiedener Aspekte wird noch deutlicher, wenn Religion nicht nur als Bildungsinhalt, sondern als Bildungsdimension betrachtet wird.

Religion als Bildungsdimension: Während bei Religion als Bildungsinhalt häufig nur an ein auf Religion bezogenes Schulfach gedacht wird, hält die Bezeichnung von Religion als Bildungsdimension von vornherein das Bewusstsein dafür wach, dass sich die Bildungsbedeutung von Religion nicht etwa auf den Religionsunterricht begrenzen lässt. Das war schon daran abzulesen, dass religiöse Bezüge bei Themen zahlreicher Fächer angesprochen sind, und es kann weiterführend so ausgedrückt werden, dass Religion ein Bestandteil der gesamten Persönlichkeitsentwicklung ist. Hier spielt Religion etwa durch den Bezug auf Sinnfragen eine übergreifende Rolle, die sich ähnlich wie ethische Fragen beispielsweise auch auf die wirtschaftliche und technische Bildung bezieht.

In der erziehungswissenschaftlichen Bildungsdiskussion kann dazu noch einmal an die von Dietrich Benner unterschiedenen Praxisformen erinnert werden.[2] Diese Formen der menschlichen Praxis – Politik, Kunst, Religion, Arbeit, Ethik, Pädagogik – lassen sich ja nur analytisch voneinander trennen. Tatsächlich handelt es sich um Aspekte der menschlichen Gesamtpraxis, die in bestimmten Situationen zwar so realisiert werden, dass möglicherweise nur einer der Aspekte im Vordergrund steht, die anderen Aspekte aber zumindest als Hintergrund immer mit angesprochen sind. Insofern handelt es sich um eine Gesamtpraxis, deren Zusammenhang nicht übergangen werden darf. Folge wäre sonst ein Auseinanderfallen des menschlichen Lebens in voneinander separierte Bereiche, was angesichts der Spezialisierungstendenzen in der Gesellschaft unserer Gegenwart tatsächlich eine Gefahr darstellt. Benner kann deshalb, im Sinne des genannten Zusammenhangs,

---

[2] Vgl. oben, S. 149.

beispielsweise sagen, dass der Mensch – mit Friedrich Schleiermacher gesprochen – „alles mit Religion" tun soll.[3]

In ähnlicher Weise können auch die verschiedenen Weltzugänge, wie sie dem Bildungsverständnis bei Jürgen Baumert zugrunde liegen, durchaus in einem dimensionalen Sinne verstanden werden.[4] Die von ihm vorgeschlagene Unterscheidung zwischen den einzelnen Modi des Weltzugangs ist ja nur sinnvoll, wenn die verschiedenen Weltzugänge aufeinander bezogen bleiben.

Am deutlichsten haben aber wohl religionspsychologische Theorien die Bedeutung von Religion als Dimension der Persönlichkeitsentwicklung ausgearbeitet. Als Klassiker kann hier der deutsch-amerikanische Psychoanalytiker Erik H. Erikson bezeichnet werden, der als einer der Pioniere der Psychologie der Lebensspanne anzusehen ist.[5] Sein Modell des menschlichen Lebenszyklus umfasst das gesamte Leben, von der Geburt bis zum Tod. Die acht Entwicklungsstufen, die er als „Krisen" beschreibt, weisen allesamt eine religiöse Dimension auf. Anders als noch bei dem Begründer der Psychoanalyse Sigmund Freud wird Religion dabei nicht als krankhaft oder als Hindernis für die menschliche Entfaltung verstanden, sondern als eine wichtige Ressource für eine gesunde Entwicklung der Persönlichkeit. Nach Erikson ist Religion eine bleibende Quelle für das menschliche Grundvertrauen und damit für Lebenshoffnung

---

3 Vgl. *Benner*, Bildung und Religion.

4 Vgl. oben, S. 107ff.

5 Zu Erikson sowie zu den religionspsychologischen Theorien, die im Folgenden aufgenommen werden, vgl. mit entsprechenden Literaturhinweisen, *Schweitzer*, Lebensgeschichte und Religion.

insgesamt. Religion biete, dann vor allem im Jugendalter, wichtige Möglichkeiten der Sinnerfahrung und unterstütze damit die Identitätsbildung. Andere Entwicklungspsychologen wie etwa der amerikanische Theologe und Psychologe James Fowler haben im Anschluss an Erikson die Formen der menschlichen Sinnfindung noch genauer untersucht.[6] Auch nach Fowler kann die religiöse Entwicklung – er selbst spricht von einer „Entwicklung des Glaubens", allerdings nicht in einem allein christlichen Sinne – insofern als zentral für die gesamte menschliche Entwicklung bezeichnet werden, als sich Religion und Glaube auf Sinn- und Wertorientierungen beziehen, die weit über den religiösen Bereich im engeren Sinne hinausreichen.

Bildungsziele: Wenn Religion als Inhalt und Dimension zur Bildung gehört, dann müssen sich auch darauf bezogene Bildungsziele angeben lassen. Solche Ziele können, wenn sie die Schule betreffen, allerdings nicht nur religiös begründet werden, sondern müssen im allgemeinen Bildungszusammenhang ausgewiesen werden. Demnach ist von einer mehr oder weniger gebildeten Religion zu sprechen, und dies keineswegs in dem Sinne, dass damit nur eine „Bildungsreligion" als Religion der Gebildeten gemeint sein könnte.

Bei Hartmut von Hentig etwa wird im Sinne eines solchen Bildungsziels von „Wachheit für letzte Fragen" gesprochen[7] – eine Formulierung, die allerdings auffällig blass und unbestimmt bleibt und insofern noch einmal die Vorbehalte vor Augen führt,

---

6 Vgl. dazu *Schweitzer*, Lebensgeschichte und Religion.

7 Vgl. *von Hentig*, Bildung, 94.

die in der Erziehungswissenschaft heute im Blick auf Religion in ihrer institutionell verfassten Gestalt zu finden sind. Im Übrigen sieht von Hentig Religion im Bildungsprozess eingespannt in die Polarität von Fundamentalismus und Aufklärung, so dass gebildete Religion immer als aufgeklärte Religion anzusprechen ist.

Dies entspricht der bereits mehrfach erwähnten Unterscheidung zwischen „fundamental" und „fundamentalistisch" bei Dietrich Benner. Benner benennt aber darüber hinaus auch weitere Bildungsziele, die sich im Sinne „religiöser Kompetenz" auf die Aneignung religionsbezogenen Wissens und Verstehens sowie eine entsprechende Teilhabe oder Partizipation beziehen.[8]

Bildungsinstitutionen: Ich spreche an dieser Stelle bewusst ganz allgemein von Bildungsinstitutionen und nicht etwa nur von der Schule, weil sich die Forderung „keine Bildung ohne Religion" naturgemäß auf alle Institutionen der Bildung beziehen muss. So ist dabei ebenso an den Kindergarten zu denken wie an die Schule oder an außerschulische Formen der Jugendbildung sowie an die Erwachsenenbildung. Auf diese Handlungsfelder soll später noch genauer eingegangen werden.

Bildungsforschung: Die empirische Bildungsforschung steht heute weithin im Zentrum der Aufmerksamkeit. Zu Recht wird dies damit begründet, dass es nicht ausreicht, lediglich Bildungsinhalte zu benennen oder Bildungsziele zu formulieren. Es muss auch gezeigt werden, dass Inhalte tatsächlich

---

[8] Vgl. dazu *Benner u.a.*, Religiöse Kompetenz als Teil öffentlicher Bildung.

angeeignet und Bildungsziele wirklich erreicht werden. Deshalb wird versucht, den vielfach als abstrakt empfundenen Bildungsbegriff durch die Ausformulierung von Kompetenzen zu konkretisieren, so dass der entsprechende Kompetenzerwerb empirisch untersucht werden kann. Naturgemäß fällt es dabei leichter, sprachliche oder mathematisch-naturwissenschaftliche Kompetenzen empirisch zu erfassen, aber grundsätzlich gibt es kein Hindernis dafür, auch religionsbezogene Kompetenzen empirisch zu erforschen.[9]

Die etwa durch die PISA-Untersuchungen wirksam gewordenen Kompetenzmodelle sparen die Frage nach Kompetenzen, die sich auf Religion beziehen, allerdings noch aus. Bei religionsbezogenen Fragen ist nicht nur an eine speziell religiöse Kompetenz zu denken, wie sie in manchen Bildungsplänen gefordert wird (zu der im Einzelnen noch offenen Frage, wie eine solche religiöse Kompetenz zu bestimmen wäre, s. noch unten). Zu denken ist vielmehr auch an allgemeinere Zusammenhänge beispielsweise zwischen Bildungserfolg und religiöser Sozialisation. So wird in der empirischen Bildungsforschung zwar vielfach auf den sogenannten Migrationshintergrund verwiesen sowie darauf, dass sich ein solcher Hintergrund unter den Voraussetzungen des deutschen Bildungssystems als Hindernis für eine erfolgreiche Bildungslaufbahn auswirken kann, aber es wird übergangen, dass sich ein Migrationshintergrund vielfach auch mit nicht-christlichen Prägungen verbindet.

---

[9] Als Beispiel vgl. *Benner u.a.*, Religiöse Kompetenz als Teil öffentlicher Bildung.

Keine Religion ohne Bildung

Nun muss es darum gehen, warum und in welchem Sinne Bildung auch im Blick auf Religion und Kirche unverzichtbar ist. Dabei sind wiederum unterschiedliche Aspekte zu berücksichtigen.

Religiöse Bildung: Die Bedeutung religiöser Bildung scheint zunächst außer Frage zu stehen. Dass Kinder und Jugendliche mit der christlichen Überlieferung und mit dem Glauben, der daraus erwachsen kann, von früh auf vertraut werden können, ist ein von der Kirche immer wieder vertretenes Anliegen. Ein Bildungsanspruch im engeren Sinne ist damit aber nicht immer verbunden. Das ist daran abzulesen, dass vielfach nur von religiöser Sozialisation gesprochen wird oder von einer Bindung an die Kirche als Ziel dieser Form von Sozialisation. Aus dem Zusammenhang von Bildung und Religion erwachsen demgegenüber Anforderungen, die sich nicht einfach als Sozialisation beschreiben lassen. Diese Anforderungen betreffen sowohl die Art und Weise der Begegnung und Auseinandersetzung mit Religion als auch die damit verbundenen Ziele.

Der Bildungsbegriff markiert den Anspruch auf eine bestimmte Qualität, die auch bei religiöser Bildung realisiert werden soll. Wie in der vorliegenden Darstellung mehrfach deutlich geworden ist, geht es dabei um den bei allen Lehr-, Lern- oder auch Erziehungsprozessen konstitutiv zu berücksichtigenden Bezug auf das sich bildende Subjekt. Unter dieser Voraussetzung können beispielsweise nicht einfach religiöse Wissensbestände vermittelt werden, sondern es müssen solche Formen der Aneignung ermöglicht werden, durch die zugleich die Subjektwerdung unterstützt wird.

Zu den konstitutiven Zielen aller Bildung gehört insbesondere die persönliche Mündigkeit, hier also die religiöse Mündigkeit. Demnach müssen religiöse Bildungsprozesse so angelegt sein, dass sie das sich bildende Subjekt nicht determinieren, gerade auch nicht in seinem Verhältnis zum Glauben. Anzustreben ist vielmehr eine Urteils- und Entscheidungsfähigkeit, die sich zumindest im Jugend- oder im Erwachsenenalter auch gegen bestimmte religiöse Überzeugungen sowie gegen den Glauben selbst richten kann. Was bildungstheoretisch als grundlegender Vorbehalt gegen jeden Versuch, das sich bildende Subjekt determinieren zu wollen, ausgedrückt wird, besitzt seine theologische Entsprechung in der gerade für die evangelische Tradition maßgeblichen Einsicht, dass der Glaube nicht lehrbar ist und deshalb auch kein Lern- oder Bildungsziel sein kann.[10]

Die Forderung „keine Religion ohne Bildung" erweist sich bei genauerer Betrachtung also als ein kritischer Maßstab und als eine Norm, an der sich kirchliches Bildungshandeln ebenso wie eine theologisch begründete Pädagogik insgesamt auszurichten haben. Erst wo dieser normative Gehalt des Bildungsbegriffs aufgenommen wird, kann wirklich von religiöser Bildung gesprochen werden.

Religion als Motiv allgemeiner Bildung: In einer Gesellschaft und einem Bildungssystem, dessen verschiedene Bereiche jeweils durch ein hohes Maß der Spezialisierung auf bestimmte Aufgaben gekennzeichnet sind, wird bei Kirche und Theologie weithin nur an religiöse Bildung gedacht. Schon geschichtlich

[10] Vgl. oben, S. 177ff.

gesehen liegt darin aber eine Verengung. Denn soweit Religionen das Menschenbild beeinflussen, wirken sie auch als Motiv für Bildung, weit über den im engeren Sinne religiösen Bereich hinaus.

Aus dem christlichen Verständnis des Menschen erwachsen auch heute für Kirche und Theologie Verpflichtungen, sich für die Eröffnung und Gewährleistung von Bildungsmöglichkeiten einzusetzen. Dies lässt sich in mehreren Hinsichten konkretisieren:

Die jedem Menschen von Gott zugesprochene Gottebenbildlichkeit begründet eine Würde des Menschen, die sich auch als Anspruch aller Menschen – Kinder, Jugendliche und Erwachsene – auf Bildungsmöglichkeiten ausdrücken lässt. Der Einsatz für allgemeine Bildungsmöglichkeiten („Bildung für alle"), verstanden als Voraussetzung und Form der Teilhabe an der Gesellschaft, stellt deshalb eine Grundorientierung für kirchliches Bildungshandeln sowie für die theologischen Beiträge zur Bildungspolitik dar.

Dazu gehört nach heutigem Verständnis unabdingbar der Einsatz für Gerechtigkeit im Bildungswesen. Diese Forderung wird inzwischen weithin geteilt, in der Erziehungswissenschaft ebenso wie in der Bildungspolitik. Umstritten ist aber nach wie vor das dabei zugrundezulegende Gerechtigkeitsverständnis. Nachgewiesen ist allerdings, dass Chancengleichheit allein noch nicht zu mehr Gerechtigkeit führt.[11] Denn die angebotenen Bildungschancen können von Kindern und Jugendlichen nur in un-

---

[11] Heute stehen dafür die Befunde der PISA-Studien. Nach den großen Bildungsreformen der 1960er und 1970er Jahren, die in vielen Ländern im Zeichen der Chancengleichheit standen, hat die Untersuchung von *Jencks*, Inequality, gezeigt, wie gering die faktische Wirksamkeit der Reformen tatsächlich war.

gleicher Weise genutzt werden, je nach den Voraussetzungen, die sie mitbringen. Bildungsgerechtigkeit setzt deshalb eine solche Gestaltung des Bildungswesens voraus, die den tatsächlichen Bildungsmöglichkeiten gerecht wird.

Mit der so genannten Befähigungsgerechtigkeit erfährt das Verständnis von Bildungsgerechtigkeit eine weitere bedeutsame Zuspitzung. Dieses Verständnis geht auf den in den USA entwickelten Capability Approach zurück.[12] Maßgeblich ist hier die Einsicht, dass Gerechtigkeit nur dann realisiert werden kann, wenn nach den individuellen Lebenslagen und den daraus erwachsenden Bedürfnissen gefragt wird. Damit etwa Menschen mit Behinderung tatsächlich an Bildungsangeboten teilhaben können, brauchen sie Formen der Unterstützung, die für andere Menschen nicht erforderlich sind. Maßstab der Gerechtigkeit ist dann nicht einfach ein für alle gleichermaßen offenes Angebot, sondern die tatsächlich realisierte oder jedenfalls realisierbare Befähigung zur Teilhabe für alle Menschen. Damit ist nicht behauptet, dass eine solche Befähigung auf kurze oder auch auf mittlere Sicht wirklich zu erreichen wäre. Der Maßstab der effektiven Befähigung eignet sich aber gleichwohl zur Orientierung eines religiös motivierten Bildungshandelns.

Bildung als Grundaufgabe der Kirche: Eine evangelische Kirche sieht ihre Grundaufgabe für gewöhnlich in der Verkündigung sowie in der Feier des Gottesdienstes. Darüber hinaus werden vielfach auch die Seelsorge genannt sowie die Diakonie, in der sich die christliche Nächstenliebe ausdrückt. Bei solchen Auf-

[12] Vgl. dazu *Nussbaum*, Frontiers of Justice.

fassungen von Kirche wird Bildung nicht genannt. Es wird übergangen, dass bereits die im Neuen Testament beschriebenen frühen Formen der christlichen Gemeinschaft, Gemeinde oder Kirche auch die Aufgabe und zunehmend ein eigenes Amt für Unterricht oder Bildung einschließen.[13] Wenn Bildung im vorliegenden Zusammenhang als Grundaufgabe der Kirche bezeichnet wird, so wird also an eine immer wieder vergessene Aufgabenstellung erinnert. In neuerer Zeit ist die Kirche in dieser Absicht auch ausdrücklich als „Bildungsinstitution" bezeichnet worden.[14]

Im Blick auf religiöse Bildungsaufgaben, auf die sich auch die neutestamentlichen Vorbilder zunächst beziehen, ist leicht zu erkennen, warum Bildung als Grundaufgabe der Kirche anzusprechen ist. Darüber hinaus, also im Blick auf allgemeine Bildungsaufgaben, werden in der Schrift „Bildung und Kirche", die 2009 von der Evangelischen Kirche in Deutschland veröffentlicht wurde, folgende Begründungen genannt:

- Bildung ist Motiv und Folge des Glaubens
- Kirche ist ohne Bildung nicht möglich
- der Mensch ist bildungsfällig und bildungsbedürftig zugleich
- Bildung gründet im christlichen Verständnis des Generationenverhältnisses
- mit ihrem Bildungshandeln nimmt Kirche gesellschaftliche und globale Verantwortung wahr
- das kirchliche Bildungshandeln entspricht dem demokratischen Prinzip der Religionsfreiheit

[13] Vgl. oben, S. 62ff.

[14] Vgl. *Preul*, Kirchentheorie, 140ff.

- in der Pluralität ist Kirche auf interreligiöse Bildung und die Auseinandersetzung mit nicht-religiösen Weltanschauungen angewiesen.[15]

Auch wenn diese „Grundsätze für das evangelische Verständnis kirchlichen Bildungshandelns" hier nicht mehr weiter entfaltet werden können, ist doch deutlich, dass sowohl religiöse als auch allgemeine Bildung als Grundaufgabe der Kirche zu verstehen sind. Darin liegt eine Selbstverpflichtung der Kirche, an der sie sich messen lassen will und an der sie gemessen werden sollte.

Bildungsforschung in der Theologie: In der Theologie wird das Thema Bildung häufig nur mit der Religionspädagogik assoziiert und vielleicht noch mit der Praktischen Theologie, etwa wenn die Bildungsbedeutung des Gottesdienstes oder auch der Seelsorge in den Blick genommen werden soll. Diese Darstellung hat demgegenüber deutlich gemacht, dass das Thema Bildung im Sinne der Forschung tatsächlich alle theologischen Disziplinen betrifft, angefangen bei der alt- und neutestamentlichen Exegese über die Kirchengeschichte und die Systematische Theologie bis hin zur Religionswissenschaft. Erkenntnisse aus allen diesen Disziplinen tragen zu einem theologisch reflektierten Bildungsverständnis bei.

Dieser Feststellung steht nun allerdings die Beobachtung gegenüber, dass Bildungsfragen in der Theologie faktisch vielfach als eine Art Spezialthema angesehen und deshalb nicht allzu häufig behandelt werden. Obwohl die vorliegende Darstellung immer

[15] *Evangelische Kirche in Deutschland*, Kirche und Bildung, 32ff. (die Formulierungen finden sich dort als Überschriften der entsprechenden Teilkapitel).

wieder auf wichtige Beiträge aus allen theologischen Disziplinen zurückgreifen konnte, sind solche Beiträge insgesamt doch selten. Zum Teil hängt dies, bei den historischen Fächern der Theologie, wohl auch damit zusammen, dass der Bildungsbegriff eben erst im Spätmittelalter und vor allem in der Neuzeit Verbreitung gefunden hat. Doch wird heute manchmal auch aus kirchengeschichtlicher Perspektive beklagt, dass Bildungsfragen, die sich ganz unabhängig vom Bildungsbegriff stellen – etwa im Blick auf Familienerziehung, Schule oder katechetische Unterweisung –, zu Unrecht nur beiläufig wahrgenommen werden.[16]

Wenn ich von Bildungsforschung in der Theologie spreche, so zielt diese Forderung auf eine veränderte Schwerpunktsetzung. Das Thema Bildung sollte nicht länger nur als Spezialthema der Religionspädagogik behandelt werden, auch wenn deren spezielle Expertise durchaus auch in Zukunft genutzt werden sollte. Eine theologische Bildungsforschung ist letztlich nur als ein theologisch-interdisziplinäres Unternehmen denkbar, so dass verschiedene theologische Disziplinen miteinander kooperieren und zugleich auch die Zusammenarbeit mit anderen Wissenschaften suchen.

[16] Etwa bei *Gemeinhardt,* Das lateinische Christentum.

2. Religion in der Schule: Bildungsinhalt, Bildungsdimension und dialogisches Zusammenleben

Sofern die Schule einen umfassenden Bildungsauftrag wahrnehmen soll, wie es ihre Grundaufgabe ist, muss sowohl der Zusammenhang von Bildung und Religion insgesamt als auch speziell die religiöse Bildung aufgenommen werden. Damit rückt natürlich zunächst der Religionsunterricht in den Blick, aber zugleich ist von Anfang an bewusst zu halten, dass Religion in der Schule mehr als Religionsunterricht bedeutet. Prinzipiell betrifft der Zusammenhang von Bildung und Religion alle Fächer der Schule. Das ist gemeint, wenn Religion im Folgenden nicht nur als fachbezogener Bildungsinhalt für den Religionsunterricht angesprochen wird, sondern auch als eine allgemeine Bildungsdimension aller Schulfächer. Darüber hinaus wird die Schule in einer multireligiösen Gesellschaft zu einem Ort, an dem Kinder, Jugendliche und Erwachsene mit unterschiedlichen religiösen und weltanschaulichen Glaubensüberzeugungen und Prägungen zusammenleben und einander auch bewusst wahrnehmen sollten. Auf alle drei Aspekte soll nun etwas genauer eingegangen werden.

Religion als Bildungsinhalt: Religionsunterricht

Dass die Schule religiöse Bildung ermöglichen und deshalb ein entsprechendes Angebot gewährleisten muss, ist fast weltweit kaum umstritten. Nur unter den Voraussetzungen eines staatlich geforderten Atheismus, wie er in früherer Zeit besonders für staatssozialistische Länder bezeichnend war, oder im Horizont einer strikten Trennung von Staat und

Religion oder Kirche wird Religion als Bildungsinhalt grundsätzlich in Zweifel gezogen und von den Bildungsaufgaben ausgeschlossen, die in einer staatlichen Schule unterstützt werden. Selbst etwa in Frankreich, das mit dem Laizismus eine besonders strenge Form der Trennung von Staat und Kirche als maßgeblich ansieht, wird inzwischen vermehrt über Möglichkeiten nachgedacht, die für das Verständnis von Kultur und Geschichte erforderlichen religiösen Kenntnisse sicherzustellen. Ob dazu ein eigenes Schulfach Religion erforderlich ist, wie ich selbst meine, oder ob Religion in anderen Fächern angemessen berücksichtigt und thematisiert werden kann, stellt eine Frage dar, die an dieser Stelle nicht weiter geklärt werden kann. Stattdessen konzentriere ich mich auf einige Anforderungen, die aus dem Bildungsinhalt Religion erwachsen.

Wie sich in den vorangehenden Teilen dieser Darstellung gezeigt hat, sind in der europäischen Geschichte ganz bestimmte religiöse Traditionen wirksam geworden und also nicht nur etwa ein allgemeiner Transzendenzbezug. Im Einzelnen nachgewiesen wurde dies im vorliegenden Band für die biblisch-christliche Tradition. In anderer Weise ließe sich dies aber auch für die jüdische und islamische Tradition belegen. Daraus folgt, dass Religion als Bildungsinhalt eine Erschließung solcher Traditionen zur Aufgabe haben muss, wobei im Folgenden darüber hinaus deutlich werden soll, dass zunehmend auch das Verhältnis der verschiedenen Traditionen zueinander zur Bildung gehört.

Weiterhin muss diese Erschließung naturgemäß der Eigenart solcher Traditionen gerecht werden. Deshalb beschränkt sich der Religionsunterricht nicht nur auf Sachinformationen, sondern zielt auf ein eigenes Verstehen, das auch kritische Urteilsfähigkeit einschließt. Darüber hinaus enthalten religiöse Traditionen einen Wahrheitsanspruch, der sich zwar durchaus sachlich beschreiben, der sich letztlich aber doch nur in existenzieller Auseinandersetzung erfassen lässt. Der Begriff der Auseinandersetzung verweist dabei darauf, dass nicht einfach die persönliche Zustimmung zu solchen Glaubensüberzeugungen gemeint ist, sondern eine reflektierte Stellungnahme oder Entscheidung. Dies entspricht einer philosophischen Hermeneutik, die etwa mit Hans-Georg Gadamer davon ausgeht, „dass Verstehen immer so etwas wie eine Anwendung des zu verstehenden Textes auf die gegenwärtige Situation des Interpreten“ einschließen muss.[17] Traditionen erschließen sich demnach erst dann, wenn sie – versuchsweise – auf die eigene Situation angewendet werden, in Zustimmung ebenso wie in Ablehnung. Gadamer beschreibt das Verhältnis zwischen Verstehen und Anwenden (Applikation) so: „Die These ist nun, dass auch die historische Hermeneutik eine Leistung der Applikation zu vollbringen hat, weil auch sie der Geltung von Sinn dient, indem sie ausdrücklich und bewusst den Zeitenabstand überbrückt, der den Interpreten vom Text trennt, und die Entfremdung überwindet, die dem Texte widerfahren ist“.[18] Der Bildungsgewinn von Tradition erschließt sich in Lernprozessen demnach in dem Maße, in dem der Wahrheits- oder Geltungsanspruch von Lebens- und Wirklichkeitsdeutungen, die Gadamer mit dem Begriff „Sinn“ bezeichnet, thematisiert wird.

[17] *Gadamer*, Wahrheit und Methode, 313.

[18] Ebd., 316.

Ist Traditionserschließung damit die erste Aufgabe religiöser Bildung, so legt diese Darstellung noch eine weitere Grundaufgabe nahe. Die Einsicht in den Zusammenhang von Bildung und Religion selbst, die über eine solche Traditionserschließung hinausreicht, muss ebenfalls realisiert werden. Eben dies war ja gemeint, wenn oben davon gesprochen wurde, dass der Zusammenhang von Bildung und Religion in der religiösen Bildung selbstreflexiv werden soll. Konkret ist dabei etwa an die Beschäftigung mit religiös begründeten und bestimmten Menschenbildern zu denken sowie an deren Wirkungsgeschichte und Implikationen. Zu Religion als Bildungsinhalt gehören deshalb auch beispielsweise politische und wirtschaftliche Zusammenhänge, in denen sich die Implikationen eines bestimmten Verständnisses von Mensch und Welt niedergeschlagen haben. Die von Max Weber entwickelte These hinsichtlich eines grundlegenden Zusammenhangs von Protestantismus und Kapitalismus in der neuzeitlichen Entwicklung stellt dafür eines der berühmtesten Beispiele dar, aber ebenso ist hier an die zahlreichen, zum Teil konflikthaften oder sogar kriegerischen politischen Entwicklungen zu denken, die eine mehr oder weniger deutliche religiöse Bestimmtheit aufweisen – von Nordirland über den Konflikt zwischen Russland und der Ukraine bis hin zum Nahen Osten.

Damit ist bereits eine dritte Grundaufgabe religiöser Bildung angesprochen, die sich nun explizit auf das Verhältnis verschiedener religiöser Traditionen und ihrer Angehörigen zueinander bezieht. Je mehr Gesellschaften durch Migration und andere Faktoren multireligiös werden und je mehr der globale Horizont die religiösen und weltanschaulichen Traditionen in einen auch alltäglichen Kontakt miteinander führt, desto mehr muss sich auch die religiöse Bildung im Horizont der religiös-weltanschaulichen Pluralität bewegen. Eine solche Entwicklung wird manchmal als eine bloß äußere Anforderung verstanden, eben weil religiöse Bildung unter den Voraussetzungen der Gegenwart zu Frieden und Toleranz beitragen soll. Tatsächlich kann die Wahrnehmung interreligiöser Bildungsaufgaben aber auch aus dem religiösen Selbstverständnis erwachsen. Das gilt für das Christentum, lässt sich aber auch für andere Religionen behaupten, wobei freilich nicht die naive Auffassung vertreten werden sollte, die Religionen seien letztlich allesamt friedlich eingestellt. Eine kritische religiöse Bildung wird vielmehr immer auch die gegenläufigen Tendenzen in den Blick nehmen, hinsichtlich der eigenen Religion ebenso wie hinsichtlich anderer Religionen.

Religion als Bildungsdimension aller Fächer

Die Einrichtung eines speziellen Faches Religionsunterricht führt leicht dazu, dass alle religiösen Bildungsaufgaben auf dieses eine Fach beschränkt werden. Dass eine solche Beschränkung jedoch kontraproduktiv ist, lässt sich leicht an analogen Beispielen aus anderen Bereichen ablesen. So gehört ein auf die Muttersprache bezogenes Fach weltweit zur Grundstruktur der Schule, aber es wäre nicht sinnvoll, daraus ableiten zu wollen, die Pflege der Muttersprache sollte allein in diesem Fach wahrgenommen werden.

Genauer gesagt sind es zwei Gründe, die dafür sprechen, Religion als Dimension in allen Fächern der Schule aufzufassen. Zum einen ist Religion Bestandteil der allgemeinen Persönlichkeitsentwicklung. Deshalb kann ihre Unterstützung nicht auf ein einzelnes Fach begrenzt sein. Zum anderen berühren die Inhalte anderer Fächer immer wieder auch religiöse Fragen, die dann auch im entsprechenden Zusammenhang wahrgenommen werden sollten. Für den Literatur-, Geschichts- oder Politikunterricht ist dies unmittelbar deutlich, eben weil Religion in alle diese Zusammenhänge mit hineinspielt. Es gilt aber auch etwa für den Biologieunterricht, wenn beim Thema Evolution das Verhältnis zwischen Evolutionstheorie und Schöpfungsglaube berührt ist. Auch wenn dieses Verhältnis im Unterricht nicht direkt angesprochen wird, stellen sich Schülerinnen und Schüler darauf bezogene Fragen. Die vor allem in den USA viel diskutierte Folgerung, dass neben der Evolutionstheorie auch die Auffassungen des Intelligent Design gelehrt und als Alternative zur Evolutionstheorie vorgestellt werden müssten, ist bildungstheoretisch allerdings abzulehnen. Die biblischen Schöpfungserzählungen stehen nicht in Konkurrenz zu naturwissenschaftlichen Erklärungsmodellen. Dies den Kindern und Jugendlichen einsichtig zu machen ist aber nicht nur eine Aufgabe des Religionsunterrichts, sondern auch eines Biologieunterrichts, der die eigenen Formen des Weltzugangs reflexiv erschließt.[19] Darüber hinaus ergeben sich hier auch wichtige Möglichkeiten für einen fächerverbindenden Unterricht.

---

[19] Vgl. *Gemballa/Schweitzer*, Was können Biologieunterricht und Religionsunterricht voneinander erwarten?

Schule als Ort des dialogischen Zusammenlebens in der religiösen Pluralität

Viele Schulen verstehen sich heute auch als Orte der interkulturellen Begegnung, in Entsprechung zu einer zunehmend multikulturell zusammengesetzten Schülerschaft. Noch zu selten hingegen wird realisiert, dass Multikulturalität schulisch gesehen in vielen Fällen auch Multireligiosität bedeutet und dass Schulen sich selbst deshalb auch als Orte der interreligiösen Begegnung verstehen sollten. Das Verhältnis zwischen Religion und Kultur ist allerdings nicht leicht zu bestimmen, worauf bereits oben verwiesen wurde.[20]

Die praktische Ausgestaltung der Schule als Ort des dialogischen Zusammenlebens in der religiösen Pluralität schließt verschiedene Möglichkeiten ein:

Schon seit mehr als 20 Jahren wird über den herkömmlichen konfessionellen Religionsunterricht hinaus ein kooperativer Religionsunterricht praktiziert, bei dem evangelische und katholische Lerngruppen miteinander zusammenarbeiten.[21] Mit der Einrichtung eines islamischen Religionsunterrichts, gegebenenfalls aber auch anderer Formen wie dem jüdischen Religionsunterricht, ergibt sich die Möglichkeit, diese Zusammenarbeit in einem interreligiösen Sinne weiter zu entwickeln. Dies entspricht zugleich den Erfahrungen, die unter anderen institutionellen und rechtlichen Voraussetzungen beispielsweise in England und zum Teil in Hamburg gemacht wurden.[22]

[20] Vgl. S. 188ff.

[21] Vgl. *Schweitzer/Biesinger u.a.*, Gemeinsamkeiten stärken.

[22] Vgl. *Doedens/Weiße (Hg.)*, Religionsunterricht für alle.

Von großer Bedeutung sind auch Möglichkeiten für interreligiös ausgerichtete Arbeitsgemeinschaften, Projekte und Studientage. Solche Möglichkeiten werden in den Schulen noch zu selten genutzt.

Das Zusammenleben in der religiösen Pluralität, wie es an der eigenen Schule zu finden ist, bedarf der ausdrücklichen Reflexion. Darin kann eine neue Aufgabe des Religionsunterrichts gesehen werden, der damit zu einem Ort des Nachdenkens über diese schulisch gelebte Pluralität werden kann. Daneben muss diese Reflexion aber auch im Kollegium der Schule sowie bei der Elternarbeit gewährleistet werden.

3. Bildung auch in kirchlichen Handlungsfeldern

Der Zusammenhang von Bildung und Religion, so hat sich immer wieder gezeigt, muss nach zwei Seiten hin bedacht werden. Einerseits sollen die religiösen Voraussetzungen und Bezüge des Bildungsverständnisses vor allem gegenüber der Erziehungswissenschaft, die sich heute weithin säkular versteht und sich deshalb auf nicht-religiöse Zusammenhänge beschränkt, bewusst gemacht werden. Andererseits sollen Theologie und Kirche wahrnehmen können, warum Bildung ein auch für sie konstitutiv bedeutsames Thema darstellt. Auf seine praktische Probe wird dieses zweite Ziel gestellt, wenn nun nach Bildung auch in kirchlichen Handlungsfeldern gefragt wird. Denn dabei soll es nicht in einem bloß allgemeinen Sinne darum gehen, dass in kirchlichen Handlungsfeldern Bildung geschieht. Stattdessen wird von einem ausdrücklichen Bildungsanspruch im Sinne einer spezifischen Qualität ausgegangen, dem kirchliches Bildungshandeln gerecht werden soll. Dies wird im Folgenden zunächst in allgemeiner Form und dann im Blick auf drei Beispiele – Kindergarten, Konfirmandenarbeit und Bildungsarbeit mit Erwachsenen – erläutert.

Warum kirchliche Bildungsangebote einem Bildungsanspruch gerecht werden sollen

In kirchlichen Zusammenhängen wird beim Thema Bildung weithin Schule assoziiert. Da kirchliche Bildungsangebote häufig im außerschulischen Bereich angesiedelt sind, sollen sie auch anderen Regeln und Ansprüchen folgen als die Schule. Das gilt besonders für die kirchliche Jugendarbeit, die sich zumindest teilweise als ausgesprochenes Kontrastprogramm zur Schule verstanden hat und auch noch heute oft so versteht. Unter diesen Voraussetzungen fällt es schwer, kirchliche Bildungsangebote mit einem ausdrücklichen Bildungsanspruch zu verbinden, eben weil davon eine Verschulung befürchtet wird.

Die Gleichsetzung von Bildung mit Schule greift jedoch zu kurz. Die Tradition des Bildungsdenkens setzt gerade auch dort, wo der Zusammenhang von Bildung und Religion hervortritt, viel weiter an. Im theologischen Horizont bezieht sich Bildung als Selbstwerdung auf den gesamten menschlichen Lebenslauf sowie, zumindest teilweise, auf die Geschichte der Menschheit in einem letztlich kosmischen Sinne. Bildung betrifft alle Lebensalter, angefangen bei der frühen Kindheit und bis ins hohe Alter.

Die neuere erziehungswissenschaftliche Diskussion kehrt ebenfalls zu einem solchen umfassenden Bildungsverständnis zurück und grenzt sich damit gegen die seit dem 19. Jahrhundert geläufigen Verengungen auf die Schule ausdrücklich ab. Auch hier wird nun der lebenslange Bildungsprozess betont, so dass Bildung die mit der in der Kindheit beginnenden Welterschließung verbundene Selbstwerdung insgesamt bezeichnet. In diese Richtung weist auch die heute geläufige Unterscheidung zwischen informeller, non-formaler und formaler Bildung, die sich auf nicht organisierte (informelle), organisierte, aber nicht verpflichtende (non-formale) sowie organisierte und zugleich verpflichtende (formale) Bildungsbereiche bezieht. Die Schule gehört, schon aufgrund der Schulpflicht, zur formalen Bildung, aber viele hochwirksame Bildungsprozesse vollziehen sich im informellen Bereich. Das heute auch im Blick auf Bildung als so bedeutsam angesehene erste Lebensjahr beispielsweise ist ganz von informellen Bildungsprozessen bestimmt. Auch die Medien mit ihrer freilich zum Teil zweifelhaften Bildungswirkung gehören zum informellen Bereich. Kirchliche Bildungsangebote zählen in dieser Begrifflichkeit zum non-formalen Sektor. Hier gibt es keine pflichtmäßige Teilnahme, was solche Angebote von der Schule unterscheidet, aber zugleich handelt es sich doch um planvolle, in reflektierter Form organisierte und ausgestaltete sowie zum Teil auch mit zu erwerbenden kirchlichen Berechtigungen etwa zum Patenamt verbundene Angebote. Insofern ist es sachgemäß, wenn auch für nonformale Angebote ein Bildungsanspruch erhoben wird. Denn für die Selbstwerdung von Kindern und

Jugendlichen kann die Beteiligung beispielsweise an der Jugend- oder Konfirmandenarbeit sehr viel bedeuten.

Für die Kirche ist die Realisierung eines Bildungsanspruchs in ihren Angeboten auch deshalb wichtig, weil davon die gesellschaftliche Anerkennung abhängig ist. Eine solche Anerkennung ist für die Kirche nicht nur in einem allgemeinen Sinne wichtig – ihr Bildungshandeln qualifiziert sie als Bildungsträger von gesamtgesellschaftlicher Bedeutung –, sondern sie besitzt zugleich finanzielle Implikationen. Allgemein bekannt ist dies im Bereich der Erwachsenenbildung, die vom Staat dann finanziell unterstützt wird, wenn es sich nachweislich um ein Bildungsangebot handelt. Im Gegensatz dazu wird etwa die Konfirmandenarbeit von staatlicher Seite bislang nicht unterstützt, weil ihre Durchführung als im allein kirchlichen Interesse wahrgenommen wird. Wie im Folgenden noch gezeigt werden soll, entspricht dies aber keineswegs der tatsächlichen Bildungsbedeutung dieses Angebots.

Auch wenn Motive der gesellschaftlichen Anerkennung und der finanziellen Unterstützung nicht gering geachtet werden sollten, bliebe es doch unbefriedigend, wenn der Bildungsanspruch kirchlicher Angebote allein durch solche Motive begründet wäre. Deshalb ist es wichtig, an dieser Stelle erneut an die religiösen Ursprünge des Bildungsbegriffs sowie an die theologischen Bestimmungen des Bildungsverständnisses zu erinnern. Wenn in das Bildungsverständnis gerade religiöse und theologische Bestimmungen eingegangen sind, erwächst daraus auch eine Verpflichtung für Kirche und Theologie, Bildung als eigene Aufgabe wahrzunehmen.

In der Gegenwart kommt dies durch die beiden hier einschlägigen Stellungnahmen der Evangelischen Kirche in Deutschland klar zum Ausdruck. Mit der Denkschrift „Maße des Menschlichen" setzt sich die Kirche für ein Bildungsverständnis ein, das sich in grundlegender Weise am Maßstab der Humanität orientiert.[23] Mit ihrer Schrift „Kirche und Bildung" bringt die Kirche zugleich zum Ausdruck, dass aus einem solchen Bildungsverständnis eine Selbstverpflichtung erwächst, an die sich die Kirche gebunden weiß.[24] So gesehen genügt es nicht, dass in der Kirche Bildungsangebote bereitgehalten werden. Es muss auch dafür gesorgt werden, dass dabei tatsächlich ein Bildungsanspruch realisiert wird.

Zum Beispiel: Kindergarten in kirchlicher Trägerschaft

Vielfach wird es noch immer als erstaunlich empfunden, im Blick auf den Kindergarten oder, wie es heute korrekt heißen muss: Tageseinrichtungen für Kinder von Bildung zu sprechen. Bildung gilt weithin noch immer als Domäne der Schule, während die Zeit vor der Schule mit den Aufgaben der Betreuung und der Erziehung verbunden scheint.

Tatsächlich wurde der Kindergarten im 19. Jahrhundert vor allem als eine Einrichtung für die *Betreuung* von Kindern eingeführt, und die Gestalt solcher Einrichtungen bot vielfach kaum mehr als eine Beaufsichtigung der Kinder. Wenn vorausschauende Pädagogen wie Friedrich Fröbel den Kindergarten von Anfang an mit viel weiterreichenden Erwartun-

23 Vgl. *Evangelische Kirche in Deutschland,* Maße des Menschlichen.
24 Vgl. *Evangelische Kirche in Deutschland,* Kirche und Bildung.

gen und Aufgaben verbunden sahen, änderte das zunächst nur wenig an der zum Teil eher traurigen Realität der Betreuungseinrichtungen.

Durch die weiterreichende Aufgabe der *Erziehung*, die dann später dem Kindergarten ausdrücklich zugesprochen wurde, gewann diese Einrichtung deutlich an pädagogischer Qualität. Erst mit der heute auch gesetzlich festgeschriebenen dreifachen Aufgabenbestimmung von *Betreuung, Erziehung und Bildung* (Kinder- und Jugendhilfegesetz § 22) ist die Verbindung mit dem Bildungsbegriff auch offiziell anerkannt. Bildung beginnt nicht erst mit der Schule. Auch pädagogische Angebote in der Zeit vor der Schule müssen einen Bildungsauftrag wahrnehmen.

Die rechtliche Anerkennung des Bildungsauftrags von Tageseinrichtungen für Kinder ist nicht isoliert zu sehen. Sie vollzieht vielmehr den für das heutige Verständnis insgesamt maßgeblich gewordenen Wandel im Bildungsverständnis nach, in dessen Folge Bildung in einem weiten Sinne zu verstehen ist. Bildung als Selbstwerdung im Prozess der Welterschließung beginnt schon am Anfang des Lebens, und sie umfasst mehr als das, was in Schulfächern geboten und gelernt werden kann.

Pädagogisch oder psychologisch ist es so gesehen zu begrüßen, wenn nun auch die Bildungsaufgabe des Kindergartens offiziell anerkannt wird. Es entspricht auch dem theologischen Verständnis von Bildung, das den Menschen als ganzen in den Blick nehmen will. Alle Bestimmungen zum Zusammenhang von Bildung und Religion, die oben entfaltet wurden, lassen sich durchaus auch auf den Kindergarten beziehen. Zugespitzt ließe sich sogar sagen: Die Überzeugungskraft dieser Forderungen hängt davon ab, dass sie auch im Blick auf die Kindheit vor der Schule sinnvoll sind. Denn soweit dies nicht zutrifft, handelt es sich am Ende doch bloß um Bestimmungen zur Schule, nicht aber zu Bildung insgesamt.

Leicht zu erkennen ist dies etwa bei der Frage nach der Bestimmung des Menschen. Kindergärten in evangelischer Trägerschaft verweisen mit besonderem Nachdruck auf das Menschenbild, von dem sie sich leiten lassen. Dass dabei Werte und ein gelebtes Ethos eine besondere Rolle spielen sollen, liegt auf der Hand. Fraglich wird wahrscheinlich am ehesten die interreligiöse Dimension kindlicher Bildung sein, speziell, ob Pluralität ein Bildungsziel schon in der Kindheit darstellen soll. In der Vergangenheit wurde häufig davon ausgegangen, dass die Begegnung mit anderen Religionen und nicht-religiösen Weltanschauungen noch kein Thema für Kinder sei. Kinder sollten doch zuerst eine eigene religiöse Identität ausbilden, ehe sie sich mit anderen Glaubensüberzeugungen befassen. Inzwischen ist allerdings deutlich geworden, dass gerade der Kindergarten vielfach die erste Begegnung mit Kindern bedeutet, die eine andere Religionszugehörigkeit oder andere weltanschauliche Überzeugungen mitbringen. Deshalb brauchen die Kinder auch schon in diesem Alter eine kompetente religionspädagogische Begleitung, mit der nicht etwa bis zum Jugendalter gewartet werden kann.

In einem eigenen Forschungsprojekt, das unter dem sprechenden Titel „Wie viele Götter sind im Himmel?" veröffentlicht wurde, konnten Gespräche mit Kindern über ihre Wahrnehmung anderer Religionen geführt werden.[25] In erstaunlicher und

[25] Vgl. *Edelbrock u.a. (Hg.)*, Wie viele Götter sind im Himmel?

eindrücklicher Weise wurde dabei klar, dass schon Kinder im Alter von fünf oder sechs Jahren darüber streiten, ob es nun keinen Gott oder mehrere Götter im Himmel gebe. Teilweise fallen die Antworten der Kinder dabei versöhnlich und friedfertig aus (Gott werde eben unterschiedlich benannt). In anderen Fällen kommt es hingegen zu auch heftig ausgetragenen Meinungsunterschieden, bei denen den Kindern allerdings leicht die Worte und Argumente ausgehen.

Solche Gespräche mit Kindern machen deutlich, warum das herkömmliche Verständnis von religiöser Erziehung als Einführung in eine bestimmte Glaubensweise inzwischen nicht mehr ausreicht und weshalb auch hier von religiöser Bildung gesprochen werden muss. Schon Kinder sehen sich heute herausgefordert, auf kritische Fragen beispielsweise zwischen Christen und Muslimen zu antworten, aber auch unabhängig von solchen direkten Fragen nehmen sie die religiöse Vielfalt wahr und müssen damit zurechtkommen. Nicht nur die eigene, vom Elternhaus mitgegebene Religion gehört zur kindlichen Welterschließung, sondern auch die religiöse Pluralität, wie sie etwa in der eigenen Kindergartengruppe begegnet. Unseren Befunden zufolge weist im bundesweiten Durchschnitt jedes siebte Kind im Kindergarten eine muslimische Religionszugehörigkeit auf, und ein noch höherer Prozentsatz der Kinder ist ohne formale Religionszugehörigkeit, also konfessionslos.

Wenn religiöse Bildung tatsächlich einem Bildungsanspruch gerecht werden soll, betrifft dies allerdings nicht nur die interreligiöse Dimension. Es geht vielmehr darum, dass der Bezug auf die Selbstwerdung des Kindes auch bei der religiösen Dimension wahrgenommen werden muss. Unter dieser Voraussetzung müssen religionspädagogische Aufgaben im Kindergarten von Anfang an so konzipiert werden, dass sie die kindliche Entwicklung insgesamt unterstützen. Wie weit diese Anforderung derzeit bereits erfüllt ist, wäre dabei durch empirische Untersuchungen genauer zu prüfen.

Tageseinrichtungen für Kinder sind im Blick auf die Wahrnehmung eines religiösen Bildungsauftrags insofern besonders interessant, als es hier anders als in der Schule keine speziellen Fächer gibt. Alle Bildungsaufgaben müssen daher als übergreifende Bildungsfelder oder -dimensionen dargestellt werden, so wie es etwa bei den in den letzten Jahren neu entwickelten Orientierungs- oder Bildungsplänen für den Elementarbereich versucht wurde. Zumindest in einem Teil der Bundesländer werden auf Religion bezogene Bildungsaufgaben dabei unter Bezeichnungen wie „Sinn, Werte, Religion" ausgebracht.[26] Auf diese Weise soll sichergestellt werden, dass sich die pädagogische Arbeit im Kindergarten tatsächlich auf alle Bereiche der kindlichen Entwicklung bezieht und der religiöse Bereich nicht etwa, wie bislang in vielen kommunalen Einrichtungen der Fall, einfach ausgespart bleibt.

Zum Beispiel: Konfirmandenarbeit

Auch der Konfirmandenunterricht oder, wie die Bezeichnung heute vielfach lautet: die Konfirmandenarbeit wird bislang nicht als Bildungsangebot wahr-

[26] Vgl. als Beispiel *Ministerium für Kultus, Jugend und Sport Baden-Württemberg (Hg.),* Orientierungsplan für Bildung und Erziehung.

genommen. Kirchlich gesehen zählt sie zwar zum Bildungsbereich, aber wie schon bei der Frage deutlich wurde, ob die Konfirmandenarbeit mit staatlichen Mitteln gefördert werden kann, wird dieses Arbeitsfeld in staatlicher Sicht nicht als Bildung anerkannt. Auch die in den Gemeinden für die Konfirmandenarbeit verantwortlichen Pfarrerinnen und Pfarrer denken dabei wohl nur selten an Bildung, und mitunter lehnen sie eine Zuordnung dieser Arbeit zum Bildungsbereich ausdrücklich ab, wohl ebenfalls aus dem Grund, dass sie dieses kirchliche Angebot nicht mit der Schule verwechselt sehen wollen.

Anders als beim Kindergarten, der in der Vergangenheit aufgrund des jungen Alters der Kinder gleichsam unterhalb der damals als maßgeblich angesehenen Bildungsschwelle des Schuleintritts zurückblieb, ist es bei der Konfirmandenarbeit nicht das Alter der Jugendlichen, das einer Anerkennung als Bildung entgegensteht. Eher ist an die besondere Gestaltung dieses Angebots zu denken, die sie von der Schule unterscheidet. Der Begriff der Konfirmandenarbeit klingt nicht zufällig an die Jugendarbeit an und steht dann wie diese in einem gewollten Kontrast zur Schule. Konfirmandenarbeit soll bewusst nicht-schulische Arbeitsweisen sowie einen auf die Personen statt auf unpersönliche schulische Leistungsanforderungen eingestellten Umgang miteinander pflegen.

Vom geschichtlichen Herkommen aus gesehen kann dies zunächst überraschen. In der Geschichte der evangelischen Kirche ging es zunächst gerade um einen Unterricht für junge Menschen, der ihnen einen verständigen Zugang zum christlichen Glauben ermöglichen sollte. Als der daraus resultierende Konfirmandenunterricht mit der flächendeckenden Einführung der Konfirmation im 18. Jahrhundert zu einem allgemein verfügbaren Angebot geworden war, schloss er vielfach unmittelbar an den vorauslaufenden schulischen Religionsunterricht an, um diesen zu vollenden. Vielfach wurde der Religionsunterricht von einem Lehrer ohne spezielle theologische Vorbildung erteilt, während der Konfirmandenunterricht im letzten Jahr der Schulzeit, die bei der Volksschule im Alter von ungefähr 14 Jahren endete, vom Pfarrer übernommen wurde. Konfirmandenunterricht stellte in dieser Sicht einen besseren Unterricht dar. Der kirchliche Unterricht stand keineswegs im Gegensatz zur Schule, sondern verwirklichte vielmehr genau das, was Schule und schulische Bildung eigentlich sein sollten.

Zu einer Entgegensetzung von Religions- und Konfirmandenunterricht kam es zunächst, zu Beginn des 20. Jahrhunderts, durch die Wahrnehmung, dass der kirchliche Unterricht faktisch immer deutlicher hinter dem Bildungsanspruch der Schule zurückblieb. Statt religiöser Bildung, so hieß es damals, strebe der kirchliche Unterricht bloß Bindung an, und statt auf religiöse Mündigkeit ziele er allein auf die Übernahme vorgegebener Glaubenssätze. Ein solches kirchliches Angebot geriet mehr und mehr in die pädagogische Kritik, weshalb der schulische Religionsunterricht, der sich im Horizont eines auch pädagogisch ausweisbaren Bildungsverständnisses legitimieren musste, immer deutlicher vom kirchlichen Unterricht abgesetzt und gegen diesen profiliert wurde.

Mit dem Übergang vom herkömmlichen Konfirmandenunterricht zur Konfirmandenarbeit, der die Reformen dieses Arbeitsfeldes in den letzten 50 Jahren bestimmt hat, gewinnt die Unterscheidung der nun sogenannten Konfirmandenarbeit vom Religionsunterricht sowie von der Schule insgesamt noch eine weitere Bedeutung.[27] Hatte ursprünglich die Schule das Modell geboten, an das sich der Konfirmandenunterricht anlehnen wollte, so war es nun die außerhalb der Schule angesiedelte Jugendarbeit, an der für den kirchlichen Unterricht Maß zu nehmen und von der zu lernen war. Am deutlichsten abzulesen ist dies an der Vielfalt der Lern- und Arbeitsformen, die seither in der Konfirmandenarbeit zu finden sind – kreative und spielerische Methoden, entdeckendes Lernen sowie erlebnispädagogische Elemente. Zudem tritt die Beziehungsdimension stark in den Vordergrund, sowohl in der Gestalt von Beziehungen in der eigenen Gruppe der Jugendlichen als auch hinsichtlich der Beziehung der Jugendlichen zu den Pfarrerinnen und Pfarrern. Freizeiten werden zu einem wichtigen Bestandteil der Konfirmandenarbeit, die nun zunehmend nicht mehr allein von den Pfarrerinnen und Pfarrern getragen wird, sondern auch von Ehrenamtlichen, die selbst noch im jugendlichen Alter sind. Zumindest tendenziell wird die Konfirmandenarbeit damit zu einem Kontrastprogramm zur Schule. Deshalb lag es nicht nahe, die Reform von Konfirmandenarbeit im Zeichen eines mit der Schule assoziierten Bildungsanspruchs voranzutreiben.

Will sich die Konfirmandenarbeit positiv von der Schule abheben und deshalb nicht auf einen – schulisch definierten – Bildungsanspruch reduziert werden, so ist zugleich an die umgekehrte Wahrnehmungs- und Argumentationsform zu erinnern, für die die Konfirmandenarbeit in einem negativen Sinne hinter einem

[27] Vgl. dazu etwa *Comenius-Institut (Hg.)*, Handbuch.

Bildungsanspruch zurückbleibt. In diesem Falle ist es das kirchliche Interesse, mit dem die Konfirmandenarbeit identifiziert wird und das einen Bildungsanspruch auszuschließen scheint. In dieser Sicht kann eine Einführung in den christlichen Glauben von vornherein nicht als Bildung bezeichnet werden, weil Bildung nicht auf Zustimmung, sondern auf Kritikfähigkeit ziele. Nicht die Kirche könne bei Bildungsangeboten, die ihrem Anspruch gerecht werden, im Vordergrund stehen, sondern allein das sich bildende Subjekt, dessen informierte Entscheidungsfähigkeit gestärkt werden soll. Konfirmandenarbeit wäre dann zwar als privates Unternehmen, im Sinne von Religion als Privatangelegenheit, zu tolerieren, aber eine gesellschaftliche Bedeutung, die öffentlich – als Bildung – anerkannt werden müsste, ginge ihr von vornherein ab.

Gegen den auf diese Weise gleich mehrfach bedingten Gegensatz zwischen Konfirmandenarbeit und Bildung muss nun allerdings ein ebenfalls mehrfacher Einspruch erhoben werden. Drei Aspekte seien besonders hervorgehoben:

Bei der Zuordnung von Religion, religiöser Bildung und Konfirmandenarbeit bloß zum privaten Bereich wird übergangen, dass es durchaus von allgemeinem Interesse für die Gesellschaft ist und sein muss, welchen religiösen Angeboten Kinder und Jugendliche begegnen. Kritisch diskutiert wird dies derzeit zwar weniger im Blick auf den christlichen Bereich, umso mehr aber am Beispiel der religiösen Unterweisung in Moscheegemeinden. Die zumindest teilweise wohl berechtigte Befürchtung, dass hier fundamentalistische Überzeugungen begründet, unterstützt und gepflegt werden, macht dies schlaglichtartig deutlich. Und weil solche Überzeugungen weit über den Privatbereich hinaus auf die Gesellschaft ausstrahlen, liegt auch eine an reflektierten Bildungszielen ausgerichtete Beschäftigung mit religiösen Traditionen im Bereich der Religionsgemeinschaften durchaus im öffentlichen Interesse. Die prinzipielle Unterscheidung zwischen Bildung und pädagogischen Angeboten, die von Religionsgemeinschaften getragen werden, ist deshalb gesellschaftlich gesehen kontraproduktiv.

Die aus der kontrastierenden Unterscheidung zur Schule gewonnene Entgegensetzung zwischen einem auf Bildung zielenden Religionsunterricht einerseits und der Konfirmandenarbeit andererseits kann auch aus kirchlicher Sicht problematisiert werden. Es stellt sich nämlich die Frage, ob die Konfirmandenarbeit ihre kirchlichen Ziele überhaupt realisieren kann, wenn sie dabei nicht dem Anspruch religiöser Bildung gerecht wird. Die Selbstwerdung von Kindern und Jugendlichen, die nach heutigem Verständnis den Kern von Bildung ausmacht, entspricht ja gerade auch einem theologisch begründeten Bildungsverständnis. Zugleich kann es in evangelischer Sicht keine Form der Einführung in den christlichen Glauben geben, die nicht auf religiöse Mündigkeit und insofern auch auf eine reflektierte Entscheidung im Blick auf den Glauben zielt. Dazu kommt die heute durch empirische Untersuchungen begründete Einsicht, dass die Jugendlichen, die sich an der Konfirmandenarbeit beteiligen, keineswegs schon vom christlichen Glauben überzeugt sind oder an der Kirche in besonderem Maße interessiert wären.[28] Vielmehr bringen sie zahlreiche Fragen und

[28] Vgl., auch zu den Angaben im Folgenden, *Ilg u.a.*, Konfirmandenarbeit in Deutschland, 124ff.

Zweifel mit, abzulesen etwa daran, dass einer vor wenigen Jahren durchgeführten bundesweiten Untersuchung zufolge lediglich 49% der Konfirmandinnen und Konfirmanden der Aussage zustimmen, dass Gott die Welt geschaffen hat. Wo sich die Konfirmandenarbeit auf solche Fragen einlässt, wird sie zur religiösen Bildung. Wo dies unterbleibt, geht sie an den Jugendlichen vorbei.

Die positive Bedeutung von Konfirmandenarbeit sowohl für die Kirche als auch für die Gesellschaft insgesamt ist in den letzten Jahren, ebenfalls aufgrund entsprechender empirischer Befunde, im Blick auf die Entwicklung sozialer Einstellungen und die Eröffnung von Wegen zu ehrenamtlichem Engagement vor Augen getreten.[29] Jahr für Jahr beteiligen sich etwa 60.000 Menschen vor allem im jugendlichen Alter ehrenamtlich an der Konfirmandenarbeit. Dies bedeutet, dass auf etwa vier Konfirmandinnen und Konfirmanden eine ehrenamtlich tätige Person kommt, woran die eindrückliche Ausprägung dieses Engagements exemplarisch deutlich wird. In der Konfirmandenarbeit begegnen die Konfirmandinnen und Konfirmanden anderen Jugendlichen, die sich ehrenamtlich engagieren und die dadurch für sie zum Vorbild werden können. Gleichzeitig lernen sie auf diese Weise auch konkret Möglichkeiten eines solchen Engagements kennen. Darüber hinaus werden in der Konfirmandenarbeit prosoziale Einstellungen unterstützt, die dann als Motiv für ein solches Engagement wirksam werden können. Daher ist es berechtigt, Konfirmandenarbeit als Bildung für die Zivilgesellschaft zu bezeichnen. Denn die heute

[29] Vgl. ebd., bes. 88ff.

als wichtige Voraussetzung für eine lebendige Demokratie angesehene Zivil- oder Bürgergesellschaft setzt Menschen voraus, die sich aktiv engagieren und organisieren, nicht zuletzt im Bereich ehrenamtlicher Tätigkeit.

So sprechen in der Tat verschiedene Gründe dafür, die traditionelle Entgegensetzung zwischen Konfirmandenarbeit und Bildung zu überwinden. Konfirmandenarbeit gehört zu den größten Angeboten non-formaler Bildung in Deutschland und sollte als ein solches Angebot auch öffentlich anerkannt werden. Umgekehrt ist erneut auf den verpflichtenden Charakter des Bildungsanspruchs hinzuweisen: Die Bildungsqualität von Konfirmandenarbeit muss gesichert und weiter entwickelt werden.

Zum Beispiel: Kirchliche Bildungsarbeit mit Erwachsenen

Die Kirche kann auf eine lange Tradition der Bildungsarbeit mit Erwachsenen verweisen. Diese Arbeit gilt zu Recht als eine der historischen Wurzeln der Erwachsenenbildung überhaupt. Neben dem Taufunterricht für Erwachsene, dem Katechumenat in den ersten Jahrhunderten der Kirche, ist dabei auch an die Predigt zu denken, vor allem seit der Reformation. Mit der Predigt in deutscher Sprache, wie sie im 16. Jahrhundert in der evangelischen Kirche allgemein eingeführt wurde, verbinden sich Möglichkeiten nicht nur der religiösen Unterweisung, sondern auch einer weiterreichenden Bildung. Beispielsweise wurde die Predigt vor allem im 18. und 19. Jahrhundert auch dazu genutzt, Menschen lebenspraktische und sogar berufsbezogene Einsichten und Erkenntnisse zu bieten (worin später allerdings, nicht ohne Grund, eine Zweckentfremdung gesehen wurde). Schon im 16. Jahrhundert wurden spezielle Katechismuspredigten eingeführt. Vor allem im 20. Jahrhundert kamen dazu noch die Bibelarbeit in kleinen Gruppen sowie die Sonntagsschule, an der zum Teil auch junge Erwachsene beteiligt waren.

Dieses weite Feld einer kirchlich-pädagogischen Arbeit mit Erwachsenen weist in seiner heutigen Gestalt zwei unterschiedliche Ausformungen auf. Auf der einen Seite steht die sich ausdrücklich so bezeichnende kirchliche Erwachsenenbildung, die ihrem ganzen Selbstverständnis nach einen Bildungsanspruch realisieren will.[30] Dazu wurden besondere Organisationsformen geschaffen, einschließlich einer begleitenden theologisch-erziehungswissenschaftlichen Reflexionsebene. Auf der anderen Seite kann die kirchliche Arbeit mit Erwachsenen in der Gemeinde gesehen werden, mit vielfältigen Formen, vom Gottesdienst über einzelne Veranstaltungen zu besonderen Themen bis hin zu regelmäßigen Gruppentreffen, bei denen beispielsweise gemeinsam biblische Texte ausgelegt werden. Bei dieser zweiten Form der pädagogischen Arbeit ist eher unklar, in welchem Sinne hier von Bildung gesprochen werden kann oder gesprochen werden soll. Zum Teil erscheint schon die Frage nach einer Bildungsbedeutung der entsprechenden Gemeindeveranstaltungen eher fremd, eben weil bei Bildung auch hier vor allem an die Schule gedacht wird, an die sich viele Erwachsene nicht unbedingt gerne zurückerinnern.

---

30 Vgl. *Seiverth/Deutsche Evangelische Arbeitsgemeinschaft für Erwachsenenbildung (DEAE) (Hg.),* Re-Visionen Evangelischer Erwachsenenbildung.

Auch die evangelische Predigt wird heute, selbst in der Theologie, nur selten unter dem Aspekt ihrer Bildungsbedeutung oder ihrer auf Bildung bezogenen Wirkungen thematisiert. Gelegentlich wird als Kuriosum auf die sogenannte „Bildungspredigt" hingewiesen, die dann deshalb kritisch wahrgenommen wird, weil in diesem Falle die besondere Gebildetheit des Predigenden im Vordergrund steht.

Bei der für die Praxis in Gemeinden bezeichnenden Form der Bibelauslegung steht weithin das Interesse an persönlicher Erbauung im Vordergrund. Gemeint ist damit die Bedeutung biblischer Texte für die eigene Frömmigkeit und Lebensführung. Mit Bildung scheint dies wiederum nur wenig zu tun zu haben.

Auch wenn ich hier die Forderung vertrete, dass die pädagogische Arbeit in kirchlich-gemeindlichen Kontexten einem Bildungsanspruch gerecht werden soll, ist damit nicht gemeint, dass die uns heute vertraute Form der speziell organisierten kirchlichen Erwachsenenbildung künftig für alle anderen Bereiche zum einzigen Vorbild werden sollte. Unterschiedliche Arbeitsformen bleiben auch dann sinnvoll, wenn der Bildungsanspruch nicht auf die speziell so bezeichnete Erwachsenenbildung begrenzt sein kann. Ziel muss es vielmehr sein, Bildung als eine allgemeine Dimension kirchlicher Arbeit zur Geltung zu bringen, bei der organisierten Erwachsenenbildung ebenso wie bei anderen Formen der pädagogischen Arbeit in der Gemeinde. Dabei wiederholen sich die bereits mehrfach beschriebenen Begründungen: Der Bildungsanspruch tritt der Kirche keineswegs bloß von außen entgegen, sondern er erwächst aus der eigenen kirchlichen und theologischen Tradition. Darüber hinaus sind es die Fragen und Zweifel heutiger Menschen, die sich vorzugsweise im Modus der Bildung aufnehmen lassen.

Mit der Ausrichtung an Bildungsaufgaben verbindet sich ein bestimmter Qualitätsanspruch für kirchlich-pädagogisches Handeln mit Erwachsenen. Dieser Anspruch bedeutet nicht einfach eine Qualitätssteigerung, sondern eine bestimmte Ausrichtung, von der die Bildungsqualität von Angeboten abhängig ist. Diese Qualität wird in dem Maße realisiert, in dem konsequent nach der Bedeutung des jeweiligen Angebots für die Selbstwerdung von Menschen gefragt wird, für ihre Urteilsfähigkeit und religiöse Mündigkeit.

Am Beispiel der Predigt lässt sich zeigen, dass die konsequente Wahrnehmung von Bildungsaufgaben im kirchlichen Bereich keineswegs bedeutet, dass Bildung damit zur einzigen Aufgabe stilisiert werden soll, die dann alles andere bestimmen würde. Die Predigt hat nach heutigem Verständnis ihre erste und wichtigste Bedeutung im Zusammenhang des Gottesdienstes als einer Feier. Auf diesen Kontext muss sich die Predigt beziehen. Sie verfehlt deshalb ihre Aufgabe beispielsweise dann, wenn sie aus diesem gottesdienstlichen Rahmen herausfällt und sich isoliert. Diese wichtige Einsicht spricht aber keineswegs dagegen, auch eine vom Gottesdienst als ganzem her konzipierte Predigt zugleich unter dem Aspekt ihrer Bildungsqualität wahrzunehmen und kritisch zu reflektieren.

Schließlich ist bei alldem noch eine weitere Frage aufzunehmen: die Bildung des einzelnen Menschen, hier also des einzelnen Christenmenschen, um es etwas altertümlich auszudrücken. Zur evangelischen

Tradition gehört auch das Bewusstsein, dass Bildung zum Christsein gehört. Dies gilt in wiederum mehrfacher Hinsicht:

In der Begegnung mit der christlichen Tradition eröffnen sich neue Bildungsmöglichkeiten, speziell im Blick auf den christlichen Glauben und dessen vielfache Ausdrucksformen in Geschichte und Gegenwart.

Aus dem christlichen Glauben erwächst aber auch eine Verpflichtung zur persönlichen Bildung. Nach evangelischem Verständnis hat jeder und jede Einzelne teil an der gemeinsamen Verantwortung für die Leitung der Kirche, was natürlich entsprechende Kenntnisse und Fertigkeiten voraussetzt. Darüber hinaus gehört zum Christsein die Wahrnehmung von Verantwortung im individuellen und gesellschaftlichen Leben, bis hin zu globalen Herausforderungen. Ohne Bildung bliebe diese Anforderung leer.

Am Ende dieses Teilkapitels ist noch einmal hervorzuheben, dass der Anspruch – „Bildung auch in kirchlichen Handlungsfeldern" – keine zusätzliche Belastung meint. Vielmehr geht es um eine Bereicherung, sowohl für jeden und jede Einzelne als auch für die Kirche insgesamt.

Hinsichtlich des individuellen Lebens wird schließlich noch einmal exemplarisch sichtbar, welche Bereicherung religiöse Bildung darstellen kann. Dass Bildung mehr sein muss als alles Nützliche, dass das Nachdenken über die Bestimmung des Menschen, auch angesichts von Lebenskrisen oder angesichts der eigenen Endlichkeit, zum Menschsein hinzugehört, all dies sind Einsichten, die sich aus dem Zusammenhang von Bildung und Religion erschließen. Letztlich geht es um das Verhältnis von Bildung und

Transzendenz – als Möglichkeit, das Bildungsverständnis zugleich entschieden zu erweitern und dabei doch Grenzen zu finden, ohne die menschliches Leben nicht gelingen kann.

V. Bildung und Transzendenz: Das Bildungsverständnis entgrenzen und begrenzen

Diese Darstellung zielt von Anfang an auf eine *Entgrenzung* des Bildungsverständnisses, die als Bereicherung verständlich werden soll. Deshalb wurde im zweiten Teil der historische, aber vielfach vergessene oder übergangene Zusammenhang von Bildung und Religion vor Augen geführt. Im dritten Teil sollte über die historischen Sachverhalte hinaus die bleibende, weil in der Sache selbst begründete Bedeutung von Religion für das Bildungsverständnis herausgearbeitet werden. Die Argumentation führte dabei zu einer Entgrenzung von Bildung durch den Bezug auf die Bestimmung des Menschen, auf den inneren Menschen sowie auf den Glauben.

Bildung als Thema der Theologie zu begreifen heißt insofern, über eingespielte Bestimmungen und festgefahrene Vorannahmen hinauszugehen, um sich auf weiterreichende Denkhorizonte einzulassen. Wo von Transzendenz die Rede ist, wird die Begrenztheit der alltäglichen innerweltlichen Horizonte des Denkens und Handelns bewusst. Das Überschreiten innerweltlicher Grenzen gehört schon zur Wortbedeutung von Transzendenz (von lateinisch transcendere = überschreiten). Auch in der Sache sichert der Transzendenzbezug die bleibende Offenheit des Bildungsverständnisses. Deshalb spricht für den sonst immer wieder als unscharf kritisierten Bildungsbegriff, dass er diesen Bezug auf Transzendenz gleichsam als Erbe in sich trägt. Schon der Begriff erinnert daran, dass zum Menschsein mehr gehört als das bloße Überleben und mehr als aller Erfolg und Karriere.

So mag es überraschen, wenn sich am Ende dieses Buches die Perspektive noch einmal umkehrt und gerade von der Notwendigkeit einer *Begrenzung* gesprochen wird. Beides – das Bildungsverständnis zu entgrenzen und es zu begrenzen – erweist sich jedoch als notwendig, um gesellschaftlich bedingten Tendenzen einer Verflachung von Bildung entgegenzuwirken. Darüber hinaus gehört die Gefahr, sich in der ungeordneten Vielfalt und Endlosigkeit möglicher Gegenstände und Themen zu verlieren, zu den Grundproblemen der Schule ebenso wie der Bildung allgemein. Ohne Grenzen kann es weder eine sinnbezogene Mitte noch erkennbare Strukturen geben. Der Bezug auf Transzendenz kann in dieser Hinsicht eine wichtige Rolle spielen, denn durch diesen Bezug öffnet sich für die Menschen nicht nur ein Horizont über alle alltäglichen Aufgaben, Tätigkeiten, Fragen und Probleme hinaus, sondern treten zugleich prinzipielle Grenzen vor Augen. Um diese Grenzen soll es nun gehen.

Dass der Transzendenzbezug einen neuen Horizont eröffnet, liegt auf der Hand. Darin kann auch eine wesentliche Begründung für religiöse Bildung gesehen werden. Demgegenüber liegt der Hinweis auf den Zusammenhang zwischen Transzendenz und den Grenzen der menschlichen Existenz zunächst vielleicht weniger nahe. Dieser Zusammenhang muss daher etwas genauer erläutert werden.

Natürlich ist schon mit der Unterscheidung zwischen Immanenz und Transzendenz als solcher, also zwischen innerweltlichen Abläufen einerseits und diese allesamt übersteigenden Bezügen andererseits, eine Grenze markiert, die allerdings bloß formaler Natur ist. Aus einer solchen formalen Unterscheidung erwächst noch kein Grenzbewusstsein, das das menschliche Selbstverständnis wirksam orientieren könnte. Dies ist von vornherein anders bei der Unterscheidung zwischen Schöpfer und Geschöpf, deren grundlegende Bedeutung für die biblische Sicht von Mensch und Gott mehrfach deutlich geworden ist. Im Schöpfungsglauben wird wahrgenommen, dass der Mensch in einem letzten Sinne nicht für seine Existenz verantwortlich sein kann und dass diese Existenz nicht von seinen Leistungen und Erfolgen abhängig ist. Als Geschöpf verdankt sich der Mensch einer Herkunft und Zukunft, die nicht in seinen eigenen Händen liegt.

Natürlich ist es auch möglich, solche oder zumindest ähnliche Aussagen im Horizont etwa der Evolutionstheorie zu formulieren. In diesem Falle ist es dann die evolutionäre Entwicklung von Natur und Menschheit, aus der der einzelne Mensch zu einer bestimmten Zeit hervorgeht. Ein wirksames Grenzbewusstsein erwächst aus solchen evolutionstheoretischen Sichtweisen aber nicht. Die von der Evolutionstheorie als Motoren der Entwicklung identifizierten Prinzipien der Variation und Selektion im „Kampf ums Überleben“, belegen eher, dass sich der Mensch dem Prinzip des Überlebens der Stärksten bzw., wie man angemessener übersetzen sollte, der am besten an die Umweltbedingungen Angepassten („survival of the fittest“) verdankt. Allzu leicht kann dies auch zu einer Handlungs- und Lebensorientierung führen, die den „Kampf ums Überleben“ oder die durchsetzungsstarke Anpassung an die Umwelt als Streben nach Überlegenheit weiterführt. Auch wenn es durchaus andere Gestalten einer evolutionsbezogenen Ethik geben kann, die den Menschen im Zusammenhang der natürlichen Lebensverhältnisse zu sehen lehren und damit zu Bescheidenheit und vielleicht ebenfalls zu einem Grenzbewusstsein anhalten, ist die Evolutionstheorie als wissenschaftliches Erklärungsinstrument doch keineswegs ethisch ausgerichtet und auch nicht am menschlichen Selbstverständnis interessiert. Eine naturwissenschaftliche Theorie hat wissenschaftliche Erklärungsaufgaben, zu denen die Ausrichtung des menschlichen Selbstverständnisses gerade nicht zählen soll und kann.

Demgegenüber ist die Unterscheidung zwischen Schöpfer und Geschöpf ganz anders angelegt. Gott als Schöpfer ist kein übermächtiges und übermächtigendes Gegenüber, das den Menschen gleichsam despotisch in seine Grenzen weist. Der biblische Schöpfergott erschafft den Menschen vielmehr als sein Ebenbild (Gen 1,27), das eine unverlierbare Würde besitzt. Auf diese Weise verbinden sich das Selbstverständnis als Geschöpf und eine neue Freiheit als aktiv handelndes und verantwortliches Subjekt, als Gottes freies Gegenüber. Hier bedingen Grenzbewusstsein und Freiheit einander wechselseitig. Ein Mensch, der nicht mehr versuchen muss, sich selbst hervorzubringen, wird frei für andere und für anderes. In der biblischen Schöpfungserzählung ist das daran abzulesen, dass der Mensch als Ebenbild Gottes auch den Auftrag erhält, Mitverantwortung für die anderen Kreaturen zu übernehmen, wie die uns fremd gewordenen biblischen Formulierungen „untertan machen“ und „herrschen“ (Gen 1,28) heute ausgelegt werden müssen. Verantwortlich wahrgenommen werden kann dieser Auftrag freilich nur in dem bleibenden Bewusstsein, dass das Geschöpf nicht Schöpfer ist und Menschen deshalb beispielsweise nicht einfach über das Leben anderer Menschen verfügen dürfen.

In der aktuellen Bildungsdiskussion gewinnt das durch den Transzendenzbezug ermöglichte Grenzbewusstsein eine spezifische, zugleich orientierende, kritische und befreiende Bedeutung. Moderne Gesellschaften unterliegen in mehrfacher Hinsicht Entgrenzungstendenzen, durch die sie selbst gefährdet werden. Sie bauen auf das Leistungsprinzip, das auf immer weitere Steigerung zielt und dadurch unmenschlich zu werden droht. Sie bedingen eine immer weiterreichende Beschleunigung, unter der immer mehr Menschen leiden, bis hin zu psychosomatischen Folgen. Und sie stehen in einem sich immer weiter erstreckenden, tendenziell globalen Horizont des Wettbewerbs, der auf einer Aufhebung aller Grenzen wirtschaftlicher Art beruht und der kein Ansehen besonderer Lebensumstände vor Ort kennen kann. Wenn sich das Bildungsverständnis auf die sich daraus ergebenden Anforderungen, die häufig genug als „Sachzwänge" identifiziert werden, einstellen soll, wird es selbst in einem schlechten Sinne grenzenlos. Dies führt weiterhin dazu, dass sich der sich bildende Mensch in einer entgrenzten Welt zu verlieren droht. Nicht zufällig gilt dies als die gefährlichste Mitgift der Aufklärungspädagogik mit ihrer ganz auf Entgrenzung eingestellten Idee der menschlichen Vervollkommnung (perfectibilité).

Ein solches sich in einer entgrenzten Welt Verlieren kann leicht als eine Spielart der schon bei Wilhelm von Humboldt beschriebenen Entfremdung verstanden werden. Um sich zu bilden, muss sich der

Mensch in die Welt hineingeben; aber in diesem Prozess der Entäußerung wird er sich zwangsläufig verlieren, wenn es keine Grenzen gibt. Statt sich selbst in der Welt zu gewinnen, löst sich das menschliche Selbst gleichsam auf in den vielfältigen Erfahrungs- und Handlungsvollzügen, die nicht als sinnvoller Zusammenhang erlebt werden können. Bei von Humboldt ergibt sich daraus die Notwendigkeit des Bezugs auf eine Ganzheit, die der Mensch für sich finden soll. Gerade bei diesem Bildungsverständnis bleibt aber offen, wie diese Ganzheit identifiziert und gefunden werden kann. In biblisch-christlicher Sicht ist diese Ganzheit vom Gegenüber eines Schöpfergottes her zu finden, der den Menschen zu seinem Ebenbild beruft und damit zugleich heilsame Grenzen als Ermöglichung einer menschlichen Bildung im Zeichen neuer – umgrenzter und umgrenzender – Ganzheit zieht.

Eine Beziehung zu Gott, als Schöpfer des Menschen, gibt es nur im Glauben. Der Transzendenzbezug von Bildung ist und bleibt deshalb einerseits eine Frage des Glaubens. Zugleich lässt sich der Sinn eines Transzendenzbezugs von Bildung aber auch dann zumindest nachvollziehen, wenn man diesen Glauben selbst nicht teilt. Vielen Menschen wird dies bewusst, wenn sie sich unerwartet mit existentiellen Fragen konfrontiert sehen, etwa angesichts von Krankheit, Sterben und Tod. Hier werden die Grenzen des menschlichen Daseins unmittelbar bewusst und damit auch die Frage nach dem, was jenseits dieser Grenzen zu finden sein mag.

Die Bedeutung von Transzendenz als Grenze und Begrenzung des menschlichen Lebens betrifft aber keineswegs nur die individuelle Existenz. Für die Diskussion über das Bildungsverständnis liegt die gesellschaftliche Bedeutung vielleicht sogar näher. Denn auch in dieser Hinsicht kann der Sinn eines solchen Transzendenzbezugs für Menschen einsichtig werden, die sich selbst nicht als religiös verstehen. Dieser Annahme folgen beispielsweise Verfassungstexte, wenn sie, etwa in ihren Präambeln, einen ausdrücklichen Gottesbezug aufweisen. Solche Formulierungen sollen keineswegs alle Bürgerinnen und Bürger des Landes zum Glauben verpflichten, aber sie halten fest, dass die Unterscheidung zwischen Schöpfer und Geschöpf eine Selbstbegrenzung bedingt, ohne die das Gemeinwesen und besonders der Staat entarten können. Die Verfassung des Freistaats Bayern (in Kraft getreten im Jahr 1946) spricht in ihrer Präambel, damals im Rückblick auf den Nationalsozialismus, ausdrücklich von einem „Trümmerfeld", „ zu dem eine Staats- und Gesellschaftsordnung ohne Gott, ohne Gewissen und ohne Achtung vor der Würde des Menschen" geführt habe.

Zumindest versuchsweise lässt sich das auch auf das Bildungsverständnis übertragen. Dann müsste es etwa heißen: Ein Bildungsverständnis „ohne Gott" kann leicht zu einer Ordnung der Bildung führen, die „ohne Gewissen und ohne Achtung vor der Würde des Menschen" auszukommen droht. Es kann sie grenzen- und maßlos werden lassen: im immer weiterreichenden Streben nach einer Bildung, die den Menschen perfektioniert – was nur um den Preis seiner Menschlichkeit möglich ist.

Umgekehrt kann sich ein Bildungsverständnis, das seine Begrenzung aus dem christlichen Glauben erfährt, als Voraussetzung für ein versöhntes Leben bewähren. Das gilt für das individuelle Leben, das im Glauben an die von Gott her geschehende

Versöhnung auch die eigene Fehlbarkeit nicht verleugnen muss, und es gilt in anderer Weise für das gesellschaftliche Leben, das so neue Möglichkeiten für Toleranz, wechselseitigen Respekt und Frieden gewinnt. Am Ende gehört beides eng zusammen, die Entgrenzung des Bildungsverständnisses und seine Begrenzung. Und zu beidem trägt es bei, wenn der Zusammenhang von Bildung und Religion nicht aus dem Blick gerät – als historischer Sachverhalt, der bewusst gehalten wird; als bleibender Reflexionshorizont, den zu pflegen sich lohnt; und als Aufgabe der Bildungspraxis, in der Kirche ebenso wie im staatlichen Bildungswesen.

Literatur

Auernheimer, Georg, Einführung in die interkulturelle Erziehung, Darmstadt 1990

Augustinus, Aurelius, Vom ersten katechetischen Unterricht, übers. u. bearb. v. *Werner Steinmann/Otto Wermelinger,* München 1985

Barth, Karl, Evangelium und Bildung, Zollikon-Zürich ²1947

Baumert, Jürgen, Deutschland im internationalen Bildungsvergleich, in: *Nelson Killius/Jürgen Kluge/Linda Reisch* (Hg.), Die Zukunft der Bildung, Frankfurt/M. 2002, 100-150

Behr, Harry Harun, Islamische Bildungslehre, Garching 1998

–/Krochmalnik, Daniel/Schröder, Bernd (Hg.), Der andere Abraham. Theologische und didaktische Reflektionen eines Klassikers, Berlin 2011

Benner, Dietrich, Allgemeine Pädagogik. Eine systematisch-problemgeschichtliche Einführung in die Grundstruktur pädagogischen Denkens und Handelns, Weinheim/München 1987

–, Thesen zur Bedeutung der Religion für die Bildung, in: *ders.*, Studien zur Theorie der Erziehung und Bildung. Pädagogik als Wissenschaft, Handlungstheorie und Reformpraxis. Bd. 2, Weinheim/München 1995, 179-190

–, Bildung und Religion. Überlegungen zu ihrem problematischen Verhältnis und zu den Aufgaben eines öffentlichen Religionsunterrichts heute, in: *Achim Battke u.a.* (Hg.), Schulentwicklung – Religion – Religionsunterricht. Profil und Chance von Religion in der Schule der Zukunft, Freiburg u.a. 2002, 51-70

– Religiöse Bildung. Überlegungen zur Unterscheidung zwischen „fundamentalen" und „fundamentalistischen"

Konzepten, in: *Friedrich Schweitzer/Volker Elsenbast/ Christoph T. Scheilke* (Hg.), Religionspädagogik und Zeitgeschichte im Spiegel der Rezeption von Karl Ernst Nipkow, Gütersloh 2008,151-164

–/Schieder, Rolf/Schluß, Henning/Willems, Joachim (Hg.), Religiöse Kompetenz als Teil öffentlicher Bildung. Versuch einer empirisch, bildungstheoretisch und religionspädagogisch ausgewiesenen Konstruktion religiöser Dimensionen und Anspruchsniveaus, Paderborn u.a. 2011

Böckenförde, Ernst-Wolfgang, Recht, Staat, Freiheit. Studien zur Rechtsphilosophie, Staatstheorie und Verfassungsgeschichte, Frankfurt/M. [2]1992

Bollenbeck, Georg, Bildung und Kultur. Glanz und Elend eines deutschen Deutungsmusters, Frankfurt/M. 1994

Bollnow, Otto Friedrich, Wesen und Wandel der Tugenden, Frankfurt/M. 1964

Brettfeld, Katrin/Wetzels, Peter, Muslime in Deutschland. Integration, Integrationsbarrieren, Religion sowie Einstellungen zu Demokratie, Rechtsstaat und politisch-religiös motivierter Gewalt. Ergebnisse von Befragungen im Rahmen einer multizentrischen Studie in städtischen Lebensräumen, Hamburg 2007

Bunge, Martha J. (Hg.), The Child in Christian Thought, Grand Rapids/Cambridge 2001

Clines, David J.A./Lichtenberger, Hermann/Müller, Hans-Peter (Hg.), Weisheit in Israel, Münster u.a. 2003

Comenius, Johann Amos, Pampaedia, hg. v. *Dimitrij Tschižewskij,* Heidelberg [2]1965

Comenius-Institut (Hg.), Handbuch für die Arbeit mit Konfirmandinnen und Konfirmanden, Gütersloh 1998

Crenshaw, James L., Education in Ancient Israel: Across the Deadening Silence, New York 1998

Dawkins, Richard, Der Gotteswahn, Berlin [2]2007

Die deutschen Bischöfe, Die bildende Kraft des Religionsunterrichts. Zur Konfessionalität des katholischen Religionsunterrichts, Bonn 1996

Doedens, Folkert/Weiße, Wolfram (Hg.), Religionsunterricht für alle. Hamburger Perspektiven zur Religionsdidaktik, Hamburg 1997

Dohmen, Günther, Bildung und Schule. Die Entstehung des deutschen Bildungsbegriffs und die Entwicklung seines Verhältnisses zur Schule. Bd. 1: Der religiöse und der organologische Bildungsbegriff, Weinheim 1964

Dörpfeld, Friedrich Wilhelm, Ausgewählte pädagogische Schriften, hg. v. *Albert Reble,* Paderborn 1963

Dressler, Bernhard, Unterscheidungen. Religion und Bildung, Leipzig 2006

Ebeling, Gerhard, Die Toleranz Gottes und die Toleranz der Vernunft, in: *ders.*, Umgang mit Luther, Tübingen 1983, 101-130

Edelbrock, Anke/Schweitzer, Friedrich/Biesinger, Albert (Hg.), Wie viele Götter sind im Himmel? Religiöse Differenzwahrnehmung im Kindesalter, Münster 2010

Evangelische Kirche in Deutschland, Maße des Menschlichen. Evangelische Perspektiven zur Bildung in der Wissens- und Lerngesellschaft. Eine Denkschrift, Gütersloh 2003

–, Religionsunterricht. 10 Thesen des Rates der Evangelischen Kirche in Deutschland, Hannover 2006

–, Kirche und Bildung. Herausforderungen, Grundsätze und Perspektiven evangelischer Bildungsverantwortung und kirchlichen Bildungshandelns, Gütersloh 2009

Fetz, Reto Luzius/Reich, Karl Helmut/Valentin, Peter, Weltbildentwicklung und Schöpfungsverständnis. Eine strukturgenetische Untersuchung bei Kindern und Jugendlichen, Stuttgart u.a. 2001

Flitner, Wilhelm, Die Geschichte der abendländischen Lebensformen, München 1967

–, Hochschulreife und Gymnasium. Vom Sinn wissenschaftlicher Studien und von der Aufgabe der gymnasialen Oberstufe, Heidelberg ³1967.

–, Allgemeine Pädagogik, in: *ders.*, Ges. Schriften, Bd. 2: Pädagogik. Systematische Pädagogik. Allgemeine Pädagogik, Paderborn u.a. 1983, 123-283

Foucault, Michel, Überwachen und Strafen. Die Geburt des Gefängnisses, Frankfurt/M. 2005

–, Wahnsinn und Gesellschaft. Eine Geschichte des Wahns im Zeitalter der Vernunft, Frankfurt/M. 2007

Gadamer, Hans-Georg, Wahrheit und Methode. Grundzüge einer philosophischen Hermeneutik, Tübingen ⁶1990

Gärtner, Michael, Die Familienerziehung in der Alten Kirche. Eine Untersuchung über die ersten vier Jahrhunderte des Christentums mit einer Übersetzung und einem Kommentar zu der Schrift des Johannes Chrysostomus über Geltungssucht und Kindererziehung, Köln/Wien 1985

Gemballa, Sven/Schweitzer, Friedrich, Was können Biologieunterricht und Religionsunterricht voneinander erwarten?, in: *Bernd Janowski/Friedrich Schweitzer/Christoph Schwöbel* (Hg.), Schöpfungsglaube vor der Herausforderung des Kreationismus, Neukirchen-Vluyn 2010, 172-191

Gemeinhardt, Peter, Das lateinische Christentum und die antike pagane Bildung, Tübingen 2007

Gerner, Berthold, Einführung in die Pädagogische Anthropologie, Darmstadt ²1986

Habermas, Jürgen, Theorie des kommunikativen Handelns. 2 Bde., Frankfurt/M. 1981

–, Glauben und Wissen. Friedenspreis des Deutschen Buchhandels 2001, Frankfurt/M. 2001

Hammelsbeck, Oskar, Glaube und Bildung, München 1940
Härle, Wilfried/Preul, Reiner (Hg.), Menschenwürde, Marburg 2005
Harth-Peter, Waltraud, Religion und Bildung im Lichte des modernen Personalismus, in: *Marian Heitger/Angelika Wenger* (Hg.), Kanzel und Katheder. Zum Verhältnis von Religion und Pädagogik seit der Aufklärung, Paderborn u.a. 1994, 513-551
Hegel, Georg Wilhelm Friedrich, Phänomenologie des Geistes, hg. v. *Gerhard Göhler,* Frankfurt/M. ²1973
Heitmeyer, Wilhelm/Müller, Joachim/Schröder, Helmut, Verlockender Fundamentalismus. Türkische Jugendliche in Deutschland, Frankfurt/M. 1997
Hentig, Hartmut von, Bildung. Ein Essay, München/Wien 1996
Herder, Johann Gottfried, Journal meiner Reise im Jahr 1769, in: *Clemens Menze* (Hg.), Johann Gottfried Herder. Humanität und Erziehung, Paderborn ²1968, 5-94
–, Ideen zur Philosophie der Geschichte der Menschheit, Wiesbaden 1985
Herms, Eilert, Pluralismus aus Prinzip, in: *ders.*, Kirche für die Welt. Lage und Aufgabe der evangelischen Kirchen im vereinigten Deutschland, Tübingen 1995, 467-485
–, Art. Ethos, RGG 2 (1999), 1640f.
Heydorn, Heinz-Joachim, Ungleichheit für alle. Zur Neufassung des Bildungsbegriffs. Bildungstheoretische Schriften, Bd. 3, Frankfurt/M. 1980
–, Überleben durch Bildung. Umriß einer Aussicht, in: *ders.*, Ungleichheit für alle. Zur Neufassung des Bildungsbegriffs. Bildungstheoretische Schriften Bd. 3, Frankfurt/M. 1980, 282-301
Hoheisel, Karl, Art. Religionstypologie, RGG 7 (2004), 386-388

Humboldt, Wilhelm von, Theorie der Bildung des Menschen, in: *ders.,* Schriften zur Anthropologie und Geschichte (Werke in 5 Bdn., Bd. 1), hg. v. *Andreas Flitner/Klaus Giel,* Darmstadt ³1980, 234-240

–, Ideen zu einem Versuch, die Gränzen der Wirksamkeit des Staats zu bestimmen (1792), in: *ders.,* Schriften zur Anthropologie und Geschichte (Werke in 5 Bdn., Bd. 1), hg. v. *Andreas Flitner/Klaus Giel,* Darmstadt ³1980, 56-233

Huntington, Samuel P., Der Kampf der Kulturen. Die Neugestaltung der Weltpolitik im 21. Jahrhundert, München u.a. 1996

Ilg, Wolfgang/Schweitzer, Friedrich/Elsenbast, Volker, Konfirmandenarbeit in Deutschland. Empirische Einblicke, Herausforderungen, Perspektiven. Mit Beiträgen aus den Landeskirchen, Gütersloh 2009

Janowski, Bernd, Die Welt als Schöpfung, Neukirchen-Vluyn 2008

–, Auf dem Weg zur Buchreligion. Transformationen des Kultischen im Psalter, in: *Johannes Bremer/Frank-Lothar Hossfeld/Till Magnus Steiner* (Hg.), Trägerkreise in den Psalmen, Göttingen 2014 (im Druck)

Jencks, Christopher, Inequality: a reassessment of the effect of family and schooling in America, New York u.a. 1972

Joas, Hans, Braucht der Mensch Religion? Über Erfahrungen der Selbsttranszendenz, Freiburg u.a. 2004

–, (Hg.), Braucht Werterziehung Religion? Göttingen 2007

–, Sakralität der Person. Eine neue Genealogie der Menschenrechte, Frankfurt/M. 2011

–/*Wiegandt, Klaus* (Hg.), Die kulturellen Werte Europas, Frankfurt/M. 2005

Johann, Horst-Theodor (Hg.), Erziehung und Bildung in der heidnischen und christlichen Antike, Darmstadt 1976

Jüngel, Eberhard, Wertlose Wahrheit. Christliche Wahrheitserfahrung im Streit gegen die „Tyrannei der Werte", in: *Carl Schmitt/Eberhard Jüngel/Sepp Schelz,* Die Tyrannei der Werte, Hamburg 1979, 45-76

Kant, Immanuel, Beantwortung der Frage: Was ist Aufklärung?, in: *ders.,* Werke in 6 Bdn., hg. v. *Wilhelm Weischedel,* Frankfurt/M. 1964, 51-61

Kittsteiner, Heinz D., Die Entstehung des modernen Gewissens, Frankfurt/M. 1995

Koch, Klaus, Imago Dei – Die Würde des Menschen im biblischen Text (Berichte aus den Sitzungen der Joachim Jungius-Gesellschaft der Wissenschaften 18, H. 4), Hamburg 2000

Korsch, Dietrich, Bildung und Glaube. Ist das Christentum eine Bildungsreligion?, in: NZSTh 36 (1994), 190-214

–, Religion – Identität – Differenz. Ein Beitrag zur Bildungskompetenz des Religionsunterrichts, in: Evangelische Theologie 63 (2003), 271-279

Koselleck, Reinhart, Einleitung – Zur anthropologischen und semantischen Struktur der Bildung, in: *ders.* (Hg.), Bildungsbürgertum im 19. Jahrhundert. Teil II: Bildungsgüter und Bildungswissen, Stuttgart 1990, 11-46

Krimmer, Evelyn, Evangelischer Religionsunterricht und reflektierte Toleranz. Aufgaben und Möglichkeiten religiöser Bildung im Pluralismus, Göttingen 2013

Lange, Armin, Art. Weisheitsliteratur, RGG 8 (2005), 1366-1369

Leppin, Volker, Martin Luther, Darmstadt 2006

Lichtenstein, Ernst, Zur Entwicklung des Bildungsbegriffs von Meister Eckhart bis Hegel, Heidelberg 1966

Luther, Martin, An den christlichen Adel deutscher Nation: Von des christlichen Standes Besserung. 1520, in: Martin Luther. Ausgewählte Schriften, hg. v. *Karin Born-*

kamm/Gerhard Ebeling, Bd. 1: Aufbruch zur Reformation, Frankfurt/M. [2]1983, 150-237
–, Von der Freiheit eines Christenmenschen. 1520, in: Martin Luther. Ausgewählte Schriften, hg. v. *Karin Bornkamm/Gerhard Ebeling,* Bd. 1: Aufbruch zur Reformation, Frankfurt/M. [2]1983, 238-263
–, Vorrede zu: Deutsche Messe und Ordnung Gottesdiensts. 1526, in: Martin Luther. Ausgewählte Schriften, hg. v. *Karin Bornkamm/Gerhard Ebeling,* Bd. 5: Kirche, Gottesdienst, Schule, Frankfurt/M. [2]1983, 73-82
–, Vorrede zum Großen Katechismus, in: Die Bekenntnisschriften der evangelisch-lutherischen Kirche, Göttingen [7]1976, 545-554
Marrou, Henri-Irénée, Geschichte der Erziehung im klassischen Altertum, Freiburg/München 1957
Meister Eckhart, Das Buch der göttlichen Tröstung, in: Meister Eckharts Traktate (Meister Eckhart, Die deutschen und lateinischen Werke, Bd. 5), hg. v. *Josef Quint,* Stuttgart 1963, 471-497
Ministerium für Kultus, Jugend und Sport Baden-Württemberg (Hg.), Orientierungsplan für Bildung und Erziehung für die baden-württembergischen Kindergärten, Pilotphase, Weinheim 2006
Mokrosch, Reinhold, Das religiöse Gewissen. Historische und sozialempirische Untersuchungen zum Problem einer (nach)reformatorischen, religiösen Gewissensbildung bei 15- bis 19-Jährigen, Stuttgart u.a. 1979
Müller, Peter, In der Mitte der Gemeinde. Kinder im Neuen Testament, Neukirchen-Vluyn 1992
Niethammer, Friedrich Immanuel, Der Streit des Philanthropinismus und Humanismus in der Theorie des Erziehungs-Unterrichts unsrer Zeit, Jena 1808
Nipkow, Karl Ernst, Bildung in einer pluralen Welt, 2 Bde., Gütersloh 1998

Numbers, Ronald L., The Creationists. From Scientific Creationism to Intelligent Design, Cambridge, Mass./London 2006

Nussbaum, Martha C., Frontiers of Justice. Disability, Nationality, Species Membership, Cambridge/London 2006

Oelkers, Jürgen/Osterwalder, Fritz/Tenorth, Heinz-Elmar (Hg.), Das verdrängte Erbe. Pädagogik im Kontext von Religion und Theologie, Weinheim/Basel 2003

Pannenberg, Wolfhart, Gottebenbildlichkeit und Bildung des Menschen, in: Theologia Practica 12 (1977), 259-273

Paul, Eugen, Geschichte der christlichen Erziehung, Bd. 1: Antike und Mittelalter, Freiburg u.a. 1993

Pestalozzi, Johann Heinrich, Brief an einen Freund über seinen Aufenthalt in Stans, in: *ders.*, Ausgewählte Schriften, hg. v. *Wilhelm Flitner*, Düsseldorf/München ^{3}1961, 223-246

Petersen, Peter, Der Kleine Jena-Plan, Weinheim/Basel $^{54/55}$1974

Peukert, Helmut, Praxis universaler Solidarität. Grenzprobleme im Verhältnis von Erziehungswissenschaft und Theologie, in: *Edward Schillebeeckx* (Hg.): Mystik und Politik. Theologie im Ringen um Geschichte und Gesellschaft, Mainz 1988, 172-185

Preul, Reiner, Kirchentheorie. Wesen, Gestalt und Funktionen der Evangelischen Kirche, Berlin/New York 1997

–, Evangelische Bildungstheorie, Leipzig 2013

Rad, Gerhard von, Weisheit in Israel, Neukirchen-Vluyn 1970 (4. durchgesehene und erweiterte Auflage 2013)

Radtke, Frank-Olaf, Kulturen sprechen nicht. Die Politik grenzüberschreitender Dialoge, Hamburg 2011

Rat der Evangelischen Kirche in Deutschland, Weltentstehung, Evolutionstheorie und Schöpfungslaube in der Schule. Eine Orientierungshilfe, Hannover 2008

Reformationsgeschichtliche Sozietät der Martin-Luther-Universität Halle-Wittenberg (Hg.), Spurenlese. Wirkungen der Reformation auf Wissenschaft und Bildung, Universität und Schule, Leipzig 2014

Ricken, Norbert, Die Ordnung der Bildung. Beiträge zu einer Genealogie der Bildung, Wiesbaden 2006

Rittelmeyer, Christian, Bildung. Ein pädagogischer Grundbegriff, Stuttgart 2012

Rousseau, Jean-Jacques, Emil oder über die Erziehung, hg. v. *Ludwig Schmidts,* Paderborn 1971

–, Vom Gesellschaftsvertrag oder Grundsätze des Staatsrechts, hg. v. *Hans Brockard,* Stuttgart 1977

–, Die Bekenntnisse. Übers. v. *Alfred Semerau,* München 1981

Rutter, Michael u.a., Fifteen Thousand Hours. Secondary Schools and their Effects on Children, Cambridge 1980

Schaarschmidt, Ilse, Der Bedeutungswandel der Begriffe „Bildung" und „bilden" in der Literaturepoche von Gottsched bis Herder, in: *Franz Rauhut/Ilse Schaarschmidt,* Beiträge zur Geschichte des Bildungsbegriffs, eingel. v. *Wolfgang Klafki,* Weinheim 1965, 25-88

Schäfer, Gerd E., Bildungsprozesse im Kindesalter. Selbstbildung, Erfahrung und Lernen in der frühen Kindheit, Weinheim 1995

Schilling, Hans, Bildung als Gottesbildlichkeit. Exegetische und motivgeschichtliche Studie zum Bildungsbegriff, Diss. München 1957

Schleiermacher, Friedrich, Christliche Sitte, hg. v. *Ludwig Jonas,* Berlin 1843

–, Die praktische Theologie nach den Grundsätzen der evangelischen Kirche im Zusammenhange dargestellt, hg. v. *Jacob Frerichs,* Berlin 1850

–, Die Vorlesungen aus dem Jahre 1826, in: *ders.*, Pädagogische Schriften. Hg. v. *Theodor Schulze/Erich Weniger*, Bd. 1., Düsseldorf/München ²1966
–, Über die Religion. Reden an die Gebildeten unter ihren Verächtern (1799). Hg. v. *Rudolf Otto*, Göttingen ⁶1967
–, Monologen (1800) nebst den Vorarbeiten, hg. v. *Friedrich Michael Schiele/Hermann Mulert*, Hamburg ³1978
–, Ethik (1812/13) mit späteren Fassungen der Einleitung, Güterlehre und Pflichtenlehre, hg. v. *Hans-Joachim Birkner*, Hamburg 1981
Schmid, Konrad (Hg.), Schöpfung, Tübingen 2012
Schweitzer, Friedrich (Hg.), Der Bildungsauftrag des Protestantismus, Gütersloh 2002
–, Pädagogik und Religion. Eine Einführung, Stuttgart 2003
–, Religionspädagogik, Gütersloh 2006
–, Lebensgeschichte und Religion. Religiöse Entwicklung und Erziehung im Kindes- und Jugendalter, Gütersloh ⁷2010
–, Menschenwürde und Bildung. Religiöse Voraussetzungen der Pädagogik in evangelischer Perspektive, Zürich 2011
–, Schöpfungsglaube – nur für Kinder? Zum Streit zwischen Schöpfungsglaube, Evolutionstheorie und Kreationismus, Neukirchen-Vluyn 2012
–, Interreligiöse Bildung. Religiöse Vielfalt als religionspädagogische Herausforderung und Chance, Gütersloh 2014
–/Biesinger, Albert u.a., Gemeinsamkeiten stärken – Unterschieden gerecht werden. Erfahrungen und Perspektiven zum konfessionell-kooperativen Religionsunterricht, Freiburg/Gütersloh 2002

–/*Englert, Rudolf/Schwab, Ulrich/Ziebertz, Hans-Georg,* Entwurf einer pluralitätsfähigen Religionspädagogik, Gütersloh 2002

–/*Schwöbel, Christoph* (Hg.), Religion – Toleranz – Bildung, Neukirchen-Vluyn 2007

Schwenk, Bernhard, Hellenistische Paideia und christliche Erziehung, in: *Carsten Colpe/Ludger Honnefelder/Matthias Lutz-Bachmann* (Hg.), Spätantike und Christentum. Beiträge zur Religions- und Geistesgeschichte der griechisch-römischen Kultur und Zivilisation der Kaiserzeit, Berlin 1992, 141-158

Schwöbel, Christoph, Toleranz aus Glauben. Identität und Toleranz im Horizont religiöser Wahrheitsgewissheiten, in: *ders.*, Christlicher Glaube im Pluralismus. Studien zu einer Theologie der Kultur, Tübingen 2003, 217-244

–, Art. Bildung, Taschenlexikon Religion und Theologie 1 (2008), 172-175

–/*von Tippelskirch, Dorothee* (Hg.), Die religiösen Wurzeln der Toleranz, Freiburg u.a. 2002

Seiverth, Andreas/Deutsche Evangelische Arbeitsgemeinschaft für Erwachsenenbildung (DEAE) (Hg.), Re-Visionen Evangelischer Erwachsenenbildung. Am Menschen orientiert, Bielefeld 2002

Spranger, Eduard, Lebensformen. Geisteswissenschaftliche Psychologie und Ethik der Persönlichkeit, Halle ³1922

–, Psychologie des Jugendalters, Leipzig 1925

Steinkamp, Hermann, Die sanfte Macht der Hirten. Die Bedeutung Michel Foucaults für die praktische Theologie, Mainz 1999

Stock, Konrad, Art. Tugenden, RGG 8 (2005), 650-654

Taylor, Charles, Quellen des Selbst. Die Entstehung der neuzeitlichen Identität. Frankfurt/M. 1994

Tenorth, Heinz-Elmar, „Alle alles zu lehren". Möglichkeiten und Perspektiven allgemeiner Bildung, Darmstadt 1994

Tulasiewicz, Witold/To, Cho-Yee (Hg.) World Religions and Educational Practice, London/New York 1993

Vierhaus, Rudolf, Art. Bildung, in: *Otto Brunner/Werner Conze/Reinhart Koselleck* (Hg.), Geschichtliche Grundbegriffe. Historisches Lexikon zur politisch-sozialen Sprache in Deutschland, Bd. 1, Stuttgart 1974, 508-551

Walzer, Michael, Lokale Kritik – globale Standards. Zwei Formen moralischer Auseinandersetzung, Hamburg 1996

Weber, Hans Ruedi, Jesus und die Kinder, Hamburg 1980

Willaime, Jean-Paul, Teaching Religious Issues in French Public Schools. From Abstentionist *Laïcité* to a Return of Religion to Public Education, in: *Robert Jackson/Siebren Miedema/Wolfram Weisse/Jean-Paul Willaime* (Hg.), Religion and Education in Europe. Developments, Contexts and Debates, Münster u.a. 2007, 87-102